Vywamus/Petronella Tiller

Die Vergessene Weisheit

Die Kunst des Channelns
Teil 4

ch. falk-verlag

Originalausgabe

© ch. falk-verlag, seeon 2013

Umschlaggestaltung: Dirk Gräßle, München
Satz: P S Design, Lindenfels
Druck: Druckerei Sonnenschein, Hersbruck
Printed in Germany

ISBN 978-3-89568-244-5

Inhalt

Vorwort von Meister Djwhal Khul

Meine über alles geliebten Schüler aus längst vergangenen und meist vergessenen Zeiten – ja, ihr seid wieder da und jetzt mit allen anderen Lesern dieses Buches Schüler von Vywamus – ich begrüße euch voller Liebe und einer unbeschreiblich tiefen Freude. Einmal über das Wiedersehen mit meinen einstigen Schülern und dann auch über die jetzige Möglichkeit, eure Entwicklung aus dieser unmittelbaren Nähe, die wir während des Unterrichtes – dem Lesen dieser vielen weisen und wissenden Worte unseres großen geistigen Lehrers Vywamus – erleben können. Doch ich erfreue mich ebenso an jedem anderen Schüler, dem die Erfahrungen mit mir als einstigem Lehrer fremd sind und der jetzt hier an meiner Seite sitzt, um die Worte, die dieses Buch füllen, zu lesen.

Nachdem ich im dritten Band dieser wundervollen Serie mit meiner Begrüßungsrede ausgefallen bin, melde ich mich jetzt wieder zu Wort. Ich empfinde eine Begrüßungsrede in einem Buch immer als eine wichtige Voraussetzung, die zusammenführt und Nähe schafft, und in unserem Falle zusätzlich für unser aller Zusammenkunft im Hier und Jetzt eurer Zeit während des Unterrichtes. Und das bedeutet, dass ich jetzt schon einmal sehr nahe bei euch bin.

Doch nun möchte ich mich gerne noch näher an euch anschließen. Ich bin wieder da, um mich als einer von euch zu erkennen zu geben und mich zu euch zu gesellen, sozusagen mit euch die Schulbank zu drücken.

Wir sind getrennt und doch sind wir eins. Versucht doch bitte, die Trennung in eurer Vorstellung aus unserem jetzigen Zusammensein herauszuhalten. Bitte spürt meine Nähe und bildet euch ruhig ein, dass ihr mich physisch seht. Einbildung kann wahr werden!

Was bisher schon alles in den drei Büchern von Vywamus steht, ist sehr viel, und was in diesem dazu kommt, ist wirklich phantastisch. Es verbindet uraltes Wissen mit neuem und erklärt auch vieles, was wir immer schon in uns gespürt, doch zeitweilig verdrängt hatten.

Vielleicht fragt ihr euch, was ich immer wieder im Vorwort von Vywamus' Serie über *Die Kunst des Channelns* zu suchen habe. Das möchte ich euch jetzt gerne mitteilen. Falls ihr noch versucht habt, es zu erraten, übergebe ich euch nun des Rätsels Lösung.

Ich bin ein Schüler, wie ihr gerade erfahren habt, ebenso wie ihr, und ich sitze sozusagen an eurer Seite und nehme den Lehrstoff ebenso auf wie ihr. In den Meditationen bin ich an eurer Seite und folge der vorgegebenen Entspannungsreise als Schüler – und ich genieße es mit tiefer Freude und allen Sinnen meines *Seins*.

Einige von euch wissen, dass auch ich schon Bücher habe schreiben lassen. Auch in ihnen steht schon sehr viel Wissenswertes, das in der damaligen Zeit ungestraft veröffentlicht werden durfte. Damals waren die Zeiten schwieriger und die Zahl der Leser sehr gering. Die Sprache war nur für wenige verständlich und führte dazu, dass Menschen, die weniger Bildung genossen hatten, sie rundweg ablehnten. Das hat sich inzwischen, Gott und euch sei Dank, geändert. Und gerade deshalb freue ich mich umso mehr auch darüber. Und dass wir jetzt hier, ohne Strafe befürchten zu müssen, zusammensein dürfen, ist für mich ein wundervolles Geschenk. Doch weiß ich wohl, dass wir geistigen Wesen noch immer eine gewisse Vorsicht walten lassen müssen, um es zu einer Veröffentlichung kommen lassen zu können. Und darum freue ich mich auch so sehr, dass mit eurer Hilfe schon so viel mehr an Informationen fließen kann. Eurer Hilfe deshalb, weil ihr euch für den Bewusstseinsentwicklungsprozess entschieden habt und dies mit immer größerer Resonanz. Durch euren Mut ist das alles möglich geworden.

Ich danke euch von ganzem Herzen.

Voller Liebe BIN ICH
euer Freund

Djwhal Khul

Vorwort von Vywamus

Meine so sehr geliebten Menschen, ich heiße euch voller Freude und tiefer Liebe zu euch in meinem Herzen willkommen. So sage auch ich euch von Herzen *Danke* für vieles und noch einmal ganz besonders für eure körperliche Existenz. Doch ich danke euch ebenso für alles, was ihr durch eure ganzheitliche Existenz bewirkt habt. Es ist mir ein großes Anliegen, euch immer wieder meinen Dank zu übermitteln. Er kommt tief aus meinem Herzen, von dem Ort, an dem sich die zu mir gehörende göttliche Kraft durch mich verströmt und sich mit eurem Herzen verbinden möchte. Auf diese Weise möchte mein Herzensdank helfen, euer Selbstwertgefühl anzuheben und euch fühlen zu lassen, dass auch ihr diesen zu euch gehörenden göttlichen Kraftpunkt in euren Herzen tragt.

Sollte es euch jetzt so scheinen, als ob ich damit auf die Trennung der Individuen hingewiesen habe, so erkennt doch darin bitte vielmehr auch, dass ich wieder einmal auf unsere gemeinsame Ausgangsbasis – die Einheit – hingewiesen habe. Jeder trägt diesen göttlichen Kraftpunkt in sich, und das bedeutet, dass wir alle von Ihm abstammen und in Seiner Ebene ein Ganzes bilden – mit der ganzheitlichen Gottheit gemeinsam! Macht euch ruhig wieder einmal bewusst, wer ihr seid, und tut dies immer wieder – auch ruhig mit den beiden Worten „ICH BIN!", die wahre Wunder in eurer Gefühlswelt bewirken werden.

Ihr seid, aus der göttlichen Ebene kommend, in ein tiefes Wasser gesprungen und habt euch, ohne dort atmen zu können, weil ihr vergessen hattet, wie Energie aufgenommen und eingeatmet wird, an die Oberfläche bewegt. Ihr habt dies meist unbewusst getan und wart oftmals selbst überrascht über die genialen Ergebnisse eures unbewussten Handelns. Ihr wusstet kaum, woher ihr die Kraft und die Weisheit erhalten hattet, so zu handeln, wie ihr es schließlich getan habt.

Ihr habt Möglichkeiten erschaffen, die körperliche Existenz zu nutzen, die für uns alle zu Beginn der vielen Experimente, auf die sich so viele aus unseren Reihen eingelassen haben, außerhalb unserer damaligen Vorstellungskraft lagen. Anders gesagt:

Ihr habt immer wieder Wunder vollbracht!

Während ihr den Unterrichtsstoff dieses Buches aufnehmt, werdet ihr beginnen zu begreifen, was an diesen Wundern so unbeschreiblich wundervoll ist, und jedes noch so klein und unbedeutend erscheinende Teilchen menschlicher Tat lieben. Ja, jedes Teilchen Tat werdet ihr lieben können, denn ihr werdet besser verstehen, warum es erfolgt ist!

Auch für jedes Teilchen Tat sei euch unendlicher *Dank* und unendliche Liebe aus unseren Reihen entgegengebracht!

Wir können euch nur immer wieder dasselbe sagen, doch ob ihr es annehmt, bleibt eurer Entscheidung überlassen. Euer Glaube an uns und unsere Botschaften und eure Bereitschaft, unsere Liebe anzunehmen, werden jedoch sehr bald zu unseren Gunsten ausfallen. Die Entscheidung, uns anzunehmen, wird dann auch vielen von jenen immer leichter fallen, die uns bis dahin abgelehnt haben. Die Folge ist, dass ihr alle euch in dieser Liebe sonnen und aus leichtem Herzen heraus glücklich sein könnt.

Ich liebe euch von ganzem Herzen!

Jetzt danke ich euch noch zusätzlich dafür, dass ihr meiner Einladung gefolgt seid, die ich euch in Form des vorliegenden Buches, wie auch durch all meine anderen Bücher und Nachrichten, überreicht habe.

Um Kontakt zu euch zu bekommen, verteile ich gerne Einladungen, das heißt, ich melde mich auf die eine oder andere Weise bei den Menschen, zu denen ich den Kontakt herstellen möchte. Einige von euch treffen mich in Meditationen, doch dieses Zusammensein ist meist nur kurz. Und da ihr euch dann auch nur selten getraut, mich anzusprechen, beantworte ich das, was euch auf dem Herzen liegt und auf Antwort wartet und was euch in eurer Bewusstheit weiterbringt, gerne ausführlicher in Büchern.

Doch um das tun zu können, benötige ich schon einige Helfer auf der wunderschönen Erde, mit denen ich auch bereits länger sehr effektiv zusammenarbeite.

Das „effektiv" meine ich in diesem Falle ebenso in finanzieller Hinsicht wie auch in bewusstseinserweiternder Form. Denn auch die menschlichen Helfer profitieren durch den Kontakt zu meiner Energie und erfahren dadurch Bewusstseinserweiterung. Der Kontakt ist schon dann hergestellt, wenn nur ein Blatt mit meinem durchgegebenen Text mit ihren Händen in Berührung kommt. Durch meine Energie, die in diesem Moment zu ihnen überfließt, werden Programmierungen im Bewusstsein aktiviert, die eine Bewusstseinserweiterung nach sich zieht. Diejenigen, die den Text im Buch verarbeiten und ihn auf diese Weise lesen, profitieren natürlich noch schneller und effektiver von dem, was ich euch allen mitteile, und sie alle zählen selbstverständlich auch zu den Menschen, zu denen ich von Herzen gerne direkteren und intensiveren Kontakt haben möchte.

Nun liest sich das vielleicht so, als ob ich nur einen auserwählten Kreis von Menschen kontaktieren möchte, doch im Grunde wisst ihr doch sicherlich, dass ich alle Menschen kontaktieren möchte. Und so beginne ich schon einmal, den Kontakt mit jenen herzustellen, die bereit sind, meine geistige Energie aufzunehmen und sich ebenfalls mit mir verbinden möchten. Voller Freude sehe ich dazu auch diejenigen meiner Helfer an, die schon jetzt von Herzen gerne bereit sind, sich mit mir zu verbinden.

Wie bei fast allen meinen Büchern haben sich als wundervolle Helfer Christa Falk und ihr Verlagsteam auch jetzt wieder eingesetzt, damit die Einladung rechtzeitig an euch ergehen konnte. Ich danke auch euch, ihr Lieben, von ganzem Herzen für euren Einsatz. Und ebenso danke ich von Herzen meinem Kanal, der meine Worte entgegengenommen hat, um sie aufzuschreiben.

Ihr alle, Leser, Leserinnen, Verlagsteam, mein Kanal und all die lieben Menschen, die sie schließlich in die Buchläden und die Versand-Firmen gebracht haben, die wiederum Verkäufer – ebenfalls zum Team gehörig – eingesetzt haben, seid ein wundervolles Team, ohne das meine Arbeit sowohl sinnlos wäre wie auch unmöglich, überhaupt in dieser Weise durchgeführt zu werden. Und so bilden wir alle gemeinsam ein wundervolles Team.

Wenn ich mir anschaue, wer an der Verteilung meiner Einladungen mitarbeitet, so ist dies ein wahrlich großes Team, das sich selbst nur selten bewusst macht, wenn überhaupt, wie auch hier ein herzöffnendes Netzwerk wirkt, welches euch in eine von euch ungeahnte Verbundenheit führt. All das sehen zu können, erfreut mein Herz zutiefst.

Durch das Erscheinen dieses Buches kann ich nun meine Einladung allen Menschen überreichen. Denn das Buch ist eine öffentliche Einladung – für jedermann zu sehen. Doch nur, wer seinen Weg offenen Auges geht und mit der geistigen Welt verbunden sein möchte, dessen Blick wird bewusst auf das Buch fallen und in ihm den Wunsch erwecken, es zu erwerben – eben weil die Zeit für diesen Menschen reif ist, meine Einladung anzunehmen und sich mit mir beim Lesen zu verbinden. Und da die jetzige, wundervolle Zeit mit der goldenen Energie mit fortschreitender Zeit immer mehr Menschen erwachen lässt, so liegt dann schließlich auch für die ein wenig später Hinzukommenden ein Exemplar bereit. Das ist der Vorteil bei Büchern, denn sie sind immerhin eine Zeitlang verfügbar, und so können auch Nachzügler davon profitieren.

Ihr, liebe Freunde, habt meine Einladung angenommen. Doch obwohl ich, wie es scheint, die Einladung zuerst ausgesprochen habe, konnte ich das nur deshalb tun, weil viele von euch mich darum gebeten haben. Und auf diese Weise habt auch ihr mich eingeladen – nach eurem Zeitverständnis – zuerst.

So wurde ich von euch als Lehrer gerufen und bin gekommen, um euch weiter zu unterrichten. Und wie sollte ich das zum jetzigen Zeitpunkt am effektivsten tun als über ein Buch, welches in absehbarer Zeit allen Menschen zugänglich ist – wenn auch die einzelnen Schritte dahin auf der Erde noch zu gehen sind (zum Beispiel durch Übersetzungen in andere Sprachen). Noch einmal sage ich von Herzen *Danke* euch allen.

Ist euch eigentlich schon einmal in den Sinn gekommen, dass jedes Buch, gleich von wem es geschrieben wurde, einer Einladung gleichkommt? Und nehmt ihr diese an, so ergibt sich daraus ein Weg, immer wieder neue Verbindungen herzustellen. Das Unbewusste im Menschen kann mit diesen Verbindungen ausgezeichnet arbeiten.

Denn ebenso wie durch einen Besuch der Kontakt zum Gastgeber erfolgt, findet über ein Buch ein verbindender Kontakt zu demjenigen, der eine solche Art von Einladung ausgesandt hat, statt. Das gilt natürlich auch für diejenigen, die der Öffentlichkeit kleine Artikel zur Verfügung stellen. Die Verbindung findet immer statt, in dem Moment, in dem jemand diese Texte liest.

Ich empfinde den Gedanken, Texte auch als Einladung zu betrachten, als wunderschön, bewirkt er doch auch wieder ein wenig mehr Nähe zu den Menschen, die sich durch ihn anziehen lassen. Und zieht ein Gedanke an, so erfolgt immer eine Verbindung mit Gleichdenkenden. Dass der Gedanke dadurch immer mehr Volumen erhält, ist die natürliche Folge. Und was dadurch wieder geschieht, dürft ihr euch gerne weiter ausmalen. Dies ist in jedem Falle fruchtbar.

Darum habe ich diesen Gedanken jetzt einmal ausgesandt und sehe, dass einige von euch ebenso fühlen wie ich. Sie fühlen sich angesprochen und haben ihn auch aufgegriffen, denn alle suchen die Verbindung zueinander immer intensiver. Und ich möchte die Verbindung zu euch immer tiefer herstellen– und dafür nutze ich wahrlich jede mögliche Gelegenheit.

Ihr habt viele Netzwerke aufgebaut, die sichtbar sind, doch im Grunde sind die unbewussten verbindenden Netzwerke bei euch auf der Erde diejenigen, die von weit größerer Kraft sind und dahingehend wirken, dass sich diese Netzwerke eines Tages auch bewusst im menschlichen Bewusstsein verbinden werden. Und was euch sicher auch interessiert, ist, dass wir Geistwesen genau dieses den Menschen unbewusste Potenzial nutzen, um bewusste Verbindungen herzustellen, die ihr dann vielleicht zunächst noch als Zufallsbegegnungen einordnet. Auch über dieses Thema teile ich euch in den nächsten Unterrichtsstunden noch mehr mit.

Verbindung war seit jeher das Thema für mich, das mich dazu brachte, die Trennung, die unsere Gedankenwelt uns allen immer wieder vorgegaukelt hat, zu überwinden. Denn tief in meinem Inneren wusste ich immer, dass es das Einssein gibt und dass dies unsere wahre Seinsform ist.

Während meine diversen Körper in den Inkarnationen steckten und ich in ihnen versucht habe, Trennung zu erfahren, tauchte dieses Wissen manchmal unter, doch es kam oftmals viel zu schnell wieder an die Oberfläche und verhinderte so auch oftmals eine sehr tiefe Erfahrung. Wie ich in anderen Büchern schon mitgeteilt habe, hatte ich dennoch auch tiefe Erfahrungen und kann euch daher sehr gut verstehen. Und jetzt, da ich an euren Erfahrungen teilhaben darf, in eure tiefen Empfindungen eintauchen darf, empfange ich diese als heiliges Geschenk von euch Menschen an mich und fühle mich sehr geehrt und glücklich dadurch. Auch dafür danke ich euch von Herzen.

Das Wissen um unsere wahre Seinsform hat mich dazu gebracht, nach Wegen zu suchen, die uns alle wieder verbinden und uns bewusst machen, wie sehr wir verbunden sind. Jeder mit jedem!

Das nächste meiner bevorzugten Themen ist das Thema *Frieden*. Und dieses hat mich weitere Wege suchen lassen. Im Grunde sind die beiden Themen Verbindung und Frieden kaum voneinander zu trennen, denn das eine bedingt das andere. Ihr werdet auch das noch selbst erkennen.

Obwohl jeder, der die Verbundenheit fühlt – und das sind weit weniger Menschen, als ihr vielleicht glaubt –, auch seinen inneren Frieden spürt, bedurfte es für diejenigen, die anders empfinden, einer Themen- und Erarbeitungstrennung, allein schon wegen der vielen Erfahrungswünsche und des unterschiedlichen Bewusstseins-Erwachensprozesses des Einzelnen.

Viele Ebenen und Facetten dieser Entwicklung sind zu beachten, will man den Menschen wieder in das Gefühl seines eigenen Seins führen und daraus folgend in das Einssein mit allem, was ist.

Auch ein Buch ist ein Weg, mit dem dieses Ziel erreicht werden kann. Und meines lädt die Leser zudem dazu ein, mitzuwirken – und zwar in der Weise, wie sie es in ihrem Herzen seit langer Zeit ersehnt haben.

Nun haltet ihr mein Buch in euren Händen und lest voller Erwartung meine Worte, womit ihr euch auch, wie ich hoffe, vertrauensvoll in meine Lehrerhände begebt. So seid ihr jetzt wieder einmal meine Schüler, die mich zu sich gerufen haben, weil sie unbedingt wissen möchten, was ich ihnen noch beibringen kann. Als Lehrer danke ich euch dafür, und als Meister bin ich überglücklich, wieder eine Gelegenheit zu erhalten, mit euch in engen Kontakt treten zu dürfen. Was kann es Schöneres für mich geben?

Es ist wundervoll, zu sehen, wie sehr ihr mittlerweile wieder an euch selbst interessiert seid und auch immer angstfreier dazu steht. Es ist so schön, dies zu sehen, gerade weil es doch viele, viele Jahrtausende in den meisten irdischen Kulturen als Egoismus galt, sich mit sich selbst auseinanderzusetzen und dabei im Vordergrund der eigenen menschlichen Bewusstheit zu stehen. Und sogar heute findet ihr dieses Phänomen noch. Ich erwähne das, weil sich noch sehr viele Lichtträger an diese einstigen Vorstellungen klammern und Angst haben, sie loszulassen.

Also kann man davon ausgehen, dass die Angst vor der Strafe Gottes immer noch in den meisten Menschen sitzt und ihnen den freien Weg ins lichtvolle Dasein verbietet.

Sich selbst für wichtig zu halten, galt als höchst verwerflich. Und die moralischen Vorstellungen der damaligen und vieler heutiger Menschen haben sie dazu gebracht, sich entgegen ihrem eigenen intuitiven Wissen diesem ungeschriebenen, doch sehr wirksamen moralischen Gesetz zu unterwerfen, was zur Selbstunterdrückung geführt hat, und, wie bereits gesagt, den eigentlichen Weg mit großen Hindernissen zu spicken.

Im Laufe dieser Jahrtausende haben die Menschen so viel von ihrer Kraft eingebüßt, so vieles ihrer ganzheitlichen Existenz verdrängt, dass sie sich selbst und gegenseitig nur noch als kleine Schattenwesen, die ihrer einstigen Größe verlustig gegangen sind, wahrnehmen. Und um alle Menschen wieder zusammenführen zu können, ihnen das Bewusstsein dafür zu öffnen, dass sie ihre einstige Größe wieder erkennen, habe ich die Serie über *Die Kunst des Channelns* überhaupt begonnen, aufschreiben zu lassen. Auch wenn einige Menschen durch den Titel irritiert wurden, dachten sie doch, dass hier ein eingeschränktes Thema besprochen wird, das nur wenige interessieren könnte, ist dieses Werk ein äußerst umfassendes, das alle Zusammenhänge von physischem und feinstofflichen Körper erklärt. Und jeder Teil legt euch Schritt für Schritt die Zusammenhänge dar.

Eure einstige Größe reicht über den feinstofflichen Bereich bis in die Reiche allen Seins hinein. Das Gefühl dieser Verbundenheit wieder erfahrbar zu machen – jeder in der seiner Entwicklung entsprechenden Tiefe – ist mein Anliegen in diesem Buch. Und ihr werdet erkennen, dass das Channeln eure kraftvollste Fähigkeit ist, die sich über den gesamten ganzheitlichen Körper ausdehnt. Nehmt nun auch bitte meine Erklärungen an, die euch diese Kunst wieder verständlich und zugänglich macht.

Von ganzem Herzen freue ich mich, den vierten Band meiner Serie über *die Kunst des Channelns* jetzt aufschreiben lassen zu können. Es werden viele Worte sein, die ihr zu lesen bekommt. Wieder gebe ich euch vergessenes Wissen bekannt, doch auch einiges, welches sich weiterentwickelt hat, nachdem ihr ihm durch eure verschiedenen körperlichen Manifestationen dazu verholfen habt. Und diese Manifestationen waren bei fast allen von euch sehr zahlreich.

Wenn man bedenkt, dass doch im Grunde nur die gefühlte Trennung aufgehoben werden sollte, ist das schon eine Entwicklung, die, wie es scheint, kaum noch Erfahrungspotenzial erschaffen kann, scheint doch alles bereits erreicht zu sein. Doch alles ist offen und so auch der Weg, weitere solche Erfahrungen zu erschaffen und zu sammeln.

Wie in allen meinen Büchern gebe ich auch in diesem wieder Meditationen durch. Sie sind dazu da, euch zu helfen, das Gesagte auf der für euch höchstmöglichen Ebene in euer erwachtes Bewusstsein aufzunehmen. Ich freue mich auf unsere Begegnungen während der Meditationen, denn sie werden sehr intensiv und persönlich sein – für jeden von uns, also auch für mich.

Das vorliegende Buch lässt euch weitere Schritte in eure Bewusstheit gehen, die euch mit eurer eigenen inneren Weisheit und der aller anderen Wesen, die existieren, verbinden. Gemeinsam erwandern wir weitere Gebiete eures Bewusstseins, welche euch bisher noch verborgen waren.

Von meinem ganzen Herzen, welches von meinem vollkommenen Licht durchströmt ist, nehme ich euch auf in dieses ganzheitliche Licht, das für all jene vorhanden ist, die sich mit ihm verbinden möchten. Ich bringe euch in die intergalaktische Ebene des Wissens um die Weisheit menschlicher Verbindungen zu ihrem göttlichen Ursprung. Diese Ebene öffne ich wieder für euch und erkläre euch die ganzheitlichen Zusammenhänge eurer Existenz, die aus der göttlichen Weisheit geboren ist.

Unser Unterricht wird eine spannende Reise, so viel kann ich euch jetzt schon versprechen. Und am Ende dieser Reise werdet ihr vor euch selbst niederknien und euch voller Dankbarkeit endlich ganz annehmen können.

Ich freue mich außerordentlich darauf, mit euch hinknien zu dürfen und diesen Moment mit euch zu teilen und zu feiern.

Doch bevor es soweit ist, habe ich euch noch auf etwas aufmerksam zu machen. Im Buch gebe ich euch verschiedene Heilmöglichkeiten an die Hand, die, von euch angewandt, durchaus auch eine Erstverschlimmerung eurer momentanen Situation bewirken können. Das ist jedoch nur zunächst der Fall. Die Verschlimmerung löst sich auf, sobald ihr bereit seid, die Verantwortung für die Situation zu übernehmen.

Alles, was euch geschieht, habt ihr auch selbst zu verantworten! Die Zeit, in der „Gott und die Welt" für alles verantwortlich gemacht wurde, ist vorüber. Ihr könnt mittlerweile selbst tiefere Erkenntnis über die Ursache eures momentanen Zustandes oder eure momentane Situation erwerben – entweder selbst oder mithilfe von anderen Menschen, doch auch mit den von mir erwähnten Techniken – und diese Erkenntnis in euer Bewusstsein integrieren. Mit dem Schritt in die Integration beginnt die dauerhafte ganzheitliche Heilung.

Zusätzlich möchte ich euch jedoch auch sagen, dass weder die Mitarbeiter des Verlages noch mein Kanal die Verantwortung für meine Durchgaben – und eure Heilung – tragen. Wendet euch direkt an mich, wenn ihr Beschwerden vorbringen möchtet. Rechtliche Schritte sind ausgeschlossen, denn durch die vorigen Sätze ist eurem irdischen Gesetz Genüge getan. Habt ihr jedoch Fragen, so dürft ihr euch gerne an Petronella wenden – sie ist einverstanden – und ich gebe euch die Antwort über sie weiter, wenn ihr selbst glaubt, noch außerstande zu sein, meine Worte zu empfangen! Doch ihr dürft auch mir Fragen stellen und das Abenteuer, eine Antwort von mir zu empfangen, erleben.

Ihr seid meinem Herzen sehr nahe, und ich liebe euch über alles.

Voller Demut und Dankbarkeit, doch auch voller Vorfreude auf unser gemeinsames Lernen
BIN ICH in diesem Buch
euer geistiger Bruder und Lehrer

Vywamus

Begrüßung und einleitende Worte

Geliebte Freunde, lasst mir bitte noch einen weiteren Moment Zeit, um mich mit eurem Herzen zu verbinden, um dann, von dort ausgehend, gemeinsam mit der euren, so wundervollen, liebevollen Herzensenergie euren gesamten Körper in diese Verbindung mit einzubeziehen. Immer wieder ist mir dieses Ritual von einer solchen Heiligkeit, dass ich mich nur dankbar vor euch verneigen mag. Könnt ihr meine tiefe Liebe zu euch verstehen oder gar nachempfinden?

Wollt ihr meine zuvor gesagten und nachfolgenden Worte auch in eurem Herzen nachklingen lassen und mit der ihm eigenen Weisheit in euer ganzheitliches Körpersystem integrieren, so scheint mir die relativ kurze Zeit, die wir für unsere Verbindung benötigen, ausgesprochen nützlich verbracht zu sein. Und darum gebt sie uns – diese Zeit – bitte!

Im Vorwort habe ich unsere Verbindung bereits hergestellt, und mit dieser Begrüßung möchte ich sie weiter vertiefen.

Sobald ihr mich deutlich spürt, macht euch bitte *bewusst*, dass ihr jetzt mit mir verbunden seid und in den Schwingungen meiner Liebe zu euch mit mir tanzt. Spüren mich einige von euch allerdings weniger deutlich, so sollten sie sich vorstellen, dass sie mich trotzdem fühlen und dass es auch wirklich so ist. Denn jede Vorstellung wird auch Manifestation werden, wenn der wirkliche Herzenswunsch dazu besteht. Doch auch dann, wenn die Vorstellung mit Unsicherheiten einhergeht, so wisst, dass ich trotzdem bei euch bin, während ihr in meinem Buche lest und immer dann, wenn ihr mich ruft.

Was ihr auch tut oder fühlt, für euch persönlich ist es immer richtig, denn alles ist dem augenblicklichen Stand eurer Bewusstseinsentwicklung angepasst. Doch sie verändert sich ja in jedem Moment, denn sie schreitet immer weiter voran, und so wird sich auch euer Fühlen und Handeln immer bewusster dem Wohle der Ganzheit zuwenden, und ihr werdet auch mich wieder ganz bewusst fühlen.

Solange das noch anders ist, ist es notwendig, zuerst einmal Vorstellungen zu gebären, zumindest so lange, bis ihr in der Lage seid, ohne sie auszukommen, und das ist dann für euch eine neue Zeit, in der ihr lernt, geschehen zu lassen, was außerhalb eures menschlichen Willens geschieht und was bedeutet, dass ihr aus eurem eigenen göttlichen Willen in grenzenloser Liebe denkt und handelt. Ihr wünscht euch das schon lange, denn eure Gedanken und Handlungen suchen immer wieder Wege, die euch ein warmes Gefühl des „Gutseins" vermitteln. Ich denke, ihr könnt mir hierin zustimmen?

Jetzt habe ich etwas sehr Schönes mit euch vor. Während ihr mein Buch lest, sitzt oder liegt ihr sicherlich. Und so seid ihr nach irdischen Vorstellungen auch sicher aufgehoben bei dem, was ich nun mit euch vorhabe – eine kleine Meditation innerhalb des normalen Textes. Ihr dürft also – trotz meditieren – weiterlesen.

Ich bitte jeden von euch, mich zunächst einmal als persönlichen Tanzpartner zu betrachten und auf diese Weise Zweisamkeit anzunehmen. Jeder Einzelne von euch und ich. So reiche ich nun jedem Einzelnen meine Hände, und wir beginnen ganz sanft und langsam, uns im Kreis zu bewegen und dabei diesen Kreis mental zu manifestieren.

Stellt euch nun bitte vor, wie wir Schritt für Schritt neue Kreise bilden, die übereinander liegen und immer größer werden. Wir verbinden sie immer wieder mit den bereits vorhandenen darunterliegenden. So gestalten wir gemeinsam eine sich nach oben öffnende Spirale von ganz besonderer Art. Es erscheint ein wundervolles Muster von vielen Kreisen und Verbindungsschnüren auf dem Untergrund, auf dem wir uns noch bewegen und auf dem wir nun beginnen, uns als Paar innerhalb dieser Kreise zu drehen und langsam innerhalb dieser Spirale aufzusteigen. Ich nenne es: „Kreise tanzen".

Jeder von euch genießt nun seine eigenen Vorstellungen und die sich daraus ergebenden Erlebnisse. Lasst euch bitte von mir führen, denn wir beschreiten während unseres Tanzens immer höhere Ebenen, in denen ihr euch ohne meine Führung vielleicht verirren könntet.

Langsam begonnen, drehen wir uns nun immer schneller und schneller, bis ihr vielleicht glaubt, ein leichtes bis starkes Schwindelgefühl zu empfinden. Vertraut mir bitte, und nehmt es auch bitte an.

Während einige bei dieser Art Tanz in jauchzende, freudvolle Gefühle ausbrechen und sich immer freier fühlen, bewirkt er bei anderen, dass sie sich wieder einschränken möchten.

Bei Schwindelgefühlen verfallen viele Menschen in Ängste, die sie sogleich zum Arzt gehen lassen, damit er ihnen ein Mittelchen dagegen verschreibe. Doch, meine lieben Freunde, Schwindelgefühle zu erleben, bedeutet einfach nur, dass man Schwingungsfrequenzen wechselt. Und solltet ihr glauben, dass eure Gesundheit durch unseren Tanz gelitten hat und nun mit dieser Antwort des Schwindelgefühls ein Zeichen setzt, so lasst euch auch hier wieder einmal sagen, dass ihr euch auf eurem Weg in die Meisterebene befindet.

Dieser Weg ist auch mit körperlichen Empfindungen und Gefühlen übersät, die euch sehr oft unangenehm sein oder sogar ängstigen können, doch im Grunde lediglich auf eine Befreiung aus eurem engen physischen Körpersystem hinarbeiten, obwohl ihr euch im Physischen auch weiterhin im gewohnten Körper seht.

Was sich hier verändert, ist das Fühlen eures eigenen Körpers. Er wird durchlässiger für feine und lichte Schwingungen, und ihr erfahrt immer deutlicher ein Gefühl von Verbundenheit mit allem, was ist. Ihr fühlt euch einfach befreiter und leichter und – ob ihr es nun glaubt oder euch weigert – *glücklicher!* Probiert es aus! Lasst euch auf meine Führung ein! Vertraut wieder!

Schwindelgefühle erfährt der Mensch häufig und erklärt sich das, indem er seinen Kreislauf als labil versteht und/oder sich als wetterfühlig empfindet. Ein labiler und wetterfühliger Kreislauf deutet jedoch ebenso daraufhin, dass sich hier eine ständig wechselnde Schwingungsfrequenz bemerkbar macht. Ihr, die ihr darunter leidet, solltet wissen, dass ihr bereits sehr stark auf die feinstoffliche Welt der Naturgeister reagiert und einige Ebenen der Engel aufsucht – doch wie es euch meist geschieht –, auch hier wieder unbewusst und aufgrund dessen oft mit viel unverstandener Angst verbunden. Denn was der Mensch, ohne es zu verstehen, erfährt, macht ihm nun mal häufig Angst. Und da gibt es Vieles, was ihr noch verstehen möchtet und auch werdet, was dann dazu führt, dass sich durch das Verstehen eure Ängste auflösen.

Ihr möchtet dieses Ergebnis sicher sofort erreichen. Doch habt Geduld und lasst jeder Zelle eures Körpers Zeit, alles aufzunehmen und sich dabei zu befreien. Denn Ängste aufzulösen, ist der Weg in die Freiheit, an die sich die Zellen erst einmal wieder gewöhnen möchten.

Sollte euch jetzt das Schwindelgefühl, welches durch unseren Tanz entstanden ist, zunächst noch unangenehm sein, legt eine Hand oder beide Hände für ca. 10 Minuten in den Nacken und danach ebenso für ca. 10 Minuten auf die Ohren und, wer mag, auch auf die Augen. Stellt euch währenddessen vor, dass gerade jetzt goldene Energie durch eure Hände fließt, und lasst einmal geschehen, was geschieht. Allemal löst sich die Spannung auf, die durch Verkrampfung einiger Nerven im Nackenbereich auftritt. Und Verkrampfung entsteht natürlich auch wieder durch Angst!

Die Ängste, die euch durch den Schwindel befallen, sind von ursprünglicher Art. Im Grunde habt ihr Angst davor zu fallen. Und diese Angst ist insofern erklärlich, als ihr oftmals sozusagen vom Himmel in die niedrigen Schwingungsebenen der Erde oder auch in die einiger anderer Planeten gefallen seid. Der starke Unterschied zwischen den höheren Ebenen und der Kraft dieser niedrigen Schwingungen, die euch festgehalten haben, hat euch Angst gemacht. Ihr wart Freiheit eurer Körpersysteme gewohnt und musstet diese für die Manifestation erst einmal aufgeben. Das kann sich einfach sehr unangenehm anfühlen.

Die Angst davor zu fallen, ist auch aus anderer Sicht sehr gut zu verstehen, bedeutet das im physischen Bereich doch, dass der Fall immer mit körperlichen Schmerzen und oftmals auch mit Verletzungen einhergeht. Und vor solchen Erfahrungen laufen die meisten Menschen davon. Auch das ist sehr verständlich. Die wenigen Ausnahmen, die sich körperliche Schmerzen bewusst zufügen oder sie als gerechte Strafe für irgendeine ihrer Taten ansehen, haben dafür ihre speziellen, persönlichen Gründe, und auch die sind sehr gut zu verstehen.

Im Laufe des irdischen Erfahrungsweges habt ihr unendlich viele Möglichkeiten gefunden, Ängste zu entwickeln. Wir aus den geistigen Welten achten alle Wege, die ihr beschritten habt. Und glaubt mir ruhig, dass viele von uns euch oftmals die Schmerzen abnehmen möchten. Doch das dürfen wir erst, wenn eure hohe Seelenführung uns darum bittet, weil die Stärke des Schmerzes, körperlich oder seelisch, für euch unerträglich geworden ist.

Ihr bezeichnet disharmonische Zustände eures Körpersystems als Krankheiten und katalogisiert diese in bestimmte Schablonen. Das ist sicher eine gute Sache, verhindert jedoch, die individuelle Seite des *Warum* anzusehen.

Über verschiedene Krankheiten, auch über einige, die von Schwindelgefühlen begleitet werden, spreche ich noch in anderen Kapiteln. Bei allen Krankheiten, die mit Schwindelgefühlen verbunden sind, versucht ruhig immer wieder, meinen zuvor erwähnten Heilvorschlag anzuwenden, und ihr werdet sehen, dass sich der Zustand mit der Zeit bessert und oft auch verflüchtigt.

Und was den Schwindel betrifft, je öfter ihr ihn auch als das annehmt, was ich euch zuvor gesagt habe, stellt sich eine Art Gewohnheit ein und ihr verliert die Angst vor diesem Gefühl. Damit ist schon viel gewonnen, denn dadurch habt ihr mehr Energie zur Verfügung, die bei einer Krankheit den Heilungsprozess effektiver unterstützt.

Tanzen ist eine Art, Schwingungen zu erhöhen. Je mehr ihr euch im Rhythmus eures eigenen Körpers bewegt, umso höher schwingt ihr hinauf. Schwingungen können so hoch ausgelebt werden, wie der physische Körper sie gerade noch ertragen kann. Und solange ihr sitzt oder liegt, sollte euch der Schwindel erfreuen. Gebt euch ihm hin – ohne Angst.

Derwische, die wohl den meisten von euch dem Namen, doch weniger der Bedeutung ihres Tuns nach bekannt sind, tun genau das, was ich gerade sagte. Sie schwingen sich in immer höhere Ebenen ihres Seins hinauf. Indem sie jede dieser Ebenen, drehend und tanzend, für einen kleinen Moment ihrer Zeit aufsuchen, empfinden sie sich selbst in andächtiger Stimmung und sind voller Liebe – auch sich selbst gegenüber –, was sie sehr glücklich macht. Doch sie tragen auch dazu bei – und das ist ihre Hauptaufgabe für die Erde und alle ihre Lebewesen –, die Schwingungen der Welt zu erhöhen und somit die allen Seins ebenfalls.

Um die Aufgabe eines Derwisches erfüllen zu können, braucht es eine lange Zeit der Übung, die meist bereits im Kleinkindalter beginnt. Täglich ist die Fertigkeit mehr und mehr zu vervollkommnen. Somit ist hier ein diszipliniertes Verhalten vonnöten. Doch da Derwische ihre Aufgabe mit höchster Freude erfüllen, fällt ihnen die notwendige Disziplin leicht und sie erkennen sie weniger als Last denn als freudvolles Tun. Und Disziplin auf diese Art zu leben, ist der harmonischste Weg zum Glücklichsein.

Ein Derwisch ist ein Channel!

Obwohl ihm selbst selten bewusst, erfüllt er genau diese Aufgabe. Er ist beim versonnenen Tanzen an die höchste Stufe der göttlichen Existenz angeschlossen.

Nun ist dies allerdings nur eine Art, in der diese Verbindung stattfinden kann. Ich möchte jedoch genau diese Art der Verbindung in diesem, meinem neuen Buch anwenden. Das heißt, ich möchte mich mit euch im Kreise bewegen, tanzend und mit Leichtigkeit, während ihr im Buch lest. Ich lade euch dazu ein, selbst Derwisch zu sein. Wo ihr sitzt oder liegt, stellt euch vor, dass ihr in stehender Position den Tanz vollführt und dadurch helft, die Schwingungen auf der Erde noch weiter zu erhöhen. Und wichtige Aspekte dabei sind, dass sich gleichzeitig alle eure Chakren und euer Bewusstsein öffnen und die folgenden Weisheiten eures Lehrers besser aufgenommen werden. Vielleicht sogar dauerhaft.

Es macht Spaß, probiert es aus!

Erlaubt ihr euch, im geistigen Bereich Derwisch zu sein, bedeutet das, dass ihr euch bitte von mir in diese Schwingung drehen lasst. Ich drehe euch links herum, denn dadurch bin ich direkt mit eurer Herzensschwingung verbunden, die selbstständig agiert, sobald sie die Schwingungsebene erst einmal wiedererkennt.

Während ihr das Buch lest, ist es durchaus möglich, dass ihr spürt, wie ich euch durch die Drehung anhebe, doch es ist ebenso möglich, dass ihr später wieder leichte Schwindelanfälle spürt, oder ihr bleibt in der stabilen Verfassung, die euch bekannt ist. Alles ist gut so, wie ihr es empfindet.

Schwindel empfindet ihr, wenn Angst in euch versteckt ist, die euch schützen möchte. Sie blockiert dann das Fließen aus den Gründen, die ich bereits erwähnte. Doch es existieren auch Gründe, die aus den Erfahrungen vieler Menschen herrühren, die besagten, sich dem Fließen der Energien hinzugeben, bedeutet, sich auszuliefern und dadurch unweigerlich zu Tode zu kommen. Diese Gründe wiederum haben dabei geholfen, euer Bedürfnis nach Kontrolle zu gebären. Und um dieses Verhalten vor euch selbst zu rechtfertigen, habt ihr einen netten Spruch erdacht: Vertrauen ist gut, Kontrolle ist besser! Und an diesem Satz, der ein großes Verhaltenspotenzial in sich birgt, hängen sehr viele Menschen fest – und wie so oft, ohne es bewusst zu erkennen. Hingabe ist diesen Menschen, wenn überhaupt, nur selten vergönnt, denn auch hier agiert die Angst sehr stark.

Doch seid ohne Sorge. Sich hinzugeben, bedeutet einfach, frei zu werden. Es bedeutet, dass die Seele auch im physischen Körper Platz findet und euren Lebensplan auf höchster Ebene mit eurer physischen Hilfe durchführen kann.

Da ich selbst eine Spirale aus Licht bin, die sich unentwegt weiter hinaufschwingt, möchte ich euch an diesen Erfahrungen teilhaben lassen. Doch wie immer dürft ihr selbst entscheiden, wie weit ihr dieses Geschenk annehmen möchtet und wie stark eure Hingabe sein soll.

Ich grüße euch mit der tiefen Liebe, die mein Sein ausmacht, und von ganzem Herzen übermittle ich euch einen weiteren Teil meines Wissens, welches einige von euch schon so sehnsüchtig erwarten.

Seht, liebe Freunde, ich wollte dieses Buch erst zu einem späteren Zeitpunkt schreiben lassen, doch immer mehr von euch haben mich direkt kontaktiert und um die Fortsetzung der Folge über *die Kunst des Channelns* gebeten. Und da bin ich, um diesen Wunsch zu erfüllen.

Immer wieder sind wir aus den geistigen Welten bemüht, eure Wünsche zu erfüllen, und tun es dann auch, wenn der Wunsch mit euren Herzensschwingungen übereinstimmt.

Ich möchte nun noch etwas zum Titel meines neuen Buches sagen. Er spricht von Vergessen, doch hier ist ein grundlegendes menschliches Fehldenken bereits im Titel angesprochen.

Vergessen ist etwas, was ihr euch aus unterschiedlichen Gründen gerne vormacht. Und einer der Hauptgründe ist der innerliche Druck, der sich aufbaut, wenn zu viele Situationen zusammenkommen. Jeder Mensch hat dazu einen Mechanismus entwickelt, der vergessen lässt, wenn die Zeit zur Bewältigung dieses Situationsaufkommens zu knapp bemessen wurde oder/ und die Kraft des Menschen überfordert zu sein scheint, um sich allen auf ihn einstürmenden Geschehnissen stellen zu können.

Hier habe ich nur ein Beispiel angeführt, was euch die Vergessens-Schublade öffnen lässt, um abzuladen und sie dann schön fest zu verschließen. Es gibt viele weitere Beispiele.

Vergessen verändert sich in dem Moment in Erinnern, in dem die Schublade wieder geöffnet und die Situation angeschaut wird, die gerade angeschaut werden will. Die Entscheidung, was gerade wichtig ist, anzusehen, ist die des Menschen, der in seine eigene Schublade schaut, doch die unerledigte Situation wird ihm von der Seelenebene gezeigt. Oder man kann auch sagen, dass hier wieder die Seele in Form von intuitiver Führung handelt. Trotzdem kann der Mensch die Schublade wieder schließen, wenn es ihm so lieber ist.

Wie kann er jedoch die Schublade öffnen, die er selbst so fest verschlossen hat und oft auch noch den Schlüssel zu ihr verlegt hat?

Jeder Mensch hat in seinem feinstofflichen Körpersystem ein erweitertes Bewusstsein oder, anders gesagt, ein allumfassendes Archiv, zu dem er jederzeit Zugang hat, wenn er sich darauf einstellt. Mehr über sich zu erfahren, ist von großem Vorteil, denn auch das trägt dazu bei, Verständnis für viele Dinge zu erlangen und somit auch seinem

Nächsten mit Verständnis begegnen zu können. Es ist ebenfalls ein Teil des Weges in den Frieden miteinander.

Ihr alle habt eine Höhere Führung, eine „Innere Stimme", eine Intuition, die eine Ausdrucksart der Inneren Führung ist, und viele andere Verbindungen zum Ursprung eures Seins. Jede Kultur hat ihren eigenen Namen für das, was den Menschen kaum begreiflich scheint. Ihr eigener Ursprung und das „Gebilde" des Einen oder des „Alles, was ist", gehört zu den „Dingen", die sie als unbegreiflich verstehen. Manch einer versucht verzweifelt, doch zu verstehen, und manch einer lässt los, weil er glaubt, dass es aussichtslos sei, dieses Phänomen verstehen zu können. Und viele andere Reaktionen bezüglich dessen, was sich auf euren eigenen Ursprung bezieht, könnt ihr bei euch Menschen erkennen.

Was ihr alles für ein Menschenleben aufgegeben habt, ist wahrlich kaum zu beschreiben. Und wen wundert es da, dass so viele Menschen vergessen möchten. Daraus hat sich mit der Zeit ein Muster entwickelt, welches all das, was euch unangenehm und zu schmerzlich zu sein scheint, in der Schublade des Vergessens vergessen wird.

Vergessen bedeutet, dass ihr etwas von euch weist, mit dem ihr euch erst viel später befassen möchtet – viel später, vielleicht sogar erst in einer der folgenden Inkarnationen. Und so habt ihr ein Wort erfunden, das euch im Moment, wo ihr es gebraucht, vorgaukelt, dass ihr etwas ausgelöscht habt. Das jedoch ist ausgeschlossen. Ihr habt lediglich etwas verdrängt! Irgendwann wird es euch wieder einholen, und ihr dürft euch damit auseinandersetzen.

Die Krankheit, die ihr Alzheimer Syndrom nennt, ist auch einmal von dieser Seite aus zu betrachten. Ich werde mich in einem speziellen Kapitel etwas eingehender mit dieser Krankheit befassen, und vielleicht ist es einigen von euch dadurch möglich, dieser Krankheit, die anscheinend immer mehr um sich greift und häufig sogar in eurem nahen Umfeld zu finden ist, anders entgegentreten zu können und mit der medizinischen, wissenschaftlichen Seite und dem, was ich euch bekanntgebe, zusammenzuarbeiten. Bei dieser Gelegenheit werde ich euch auch sagen, wie die Schublade geöffnet wird, wenn auch einige von euch dies bereits wissen.

Da alles, was ich euch sage, auch bei euch Reaktionen hervorruft, bin ich voller Vorfreude auf die Ergebnisse. Und schon jetzt kann ich allen sagen, dass ihr ein hervorragendes „Abschlusszeugnis" erhalten werdet, denn eure Leistungen sind in jedem Falle hervorragend.

Nun habe ich viel davon gesprochen, dass ich euch anhebe und trage. Doch auch ihr seid es, die mich empfangen wollen, und dadurch fühle ich mich von euch getragen und bin auch darüber voller Glücksgefühle, die meine Liebe zu euch noch stärker wachsen lassen.

Liebe Freunde, inzwischen sind die Schwingungen auf der Erde und erst recht bei euch um vieles höher geworden, sodass ihr mich viel leichter empfangen und die Verbindung auch halten könnt. Ich kann also von weiteren vorbereitenden „Verbindungsstrategien" Abstand nehmen. Und ich sehe, dass ihr, obwohl ich in den beiden Kapiteln Vorwort und Begrüßung schon einigen Unterrichtsstoff weitergegeben habe, nach weiteren Lehren dürstet. Nun, so sei es! Denn ihr seid bereit!
Wir beginnen gleich mit der ersten Stunde.

Ich danke euch sehr, dass ihr dieses Buch lest. Ich danke euch für eure Liebe zu mir und für die Möglichkeit, die ihr mir damit gebt, diese wundervolle Liebe zu allen Wesen zu tragen, die sie annehmen möchten. Und ich danke euch noch mehr dafür, dass ich durch diese Möglichkeit die Heilung eures göttlichen Aspektes aktivieren und mit euch gemeinsam in meine Hände legen kann.

ICH BIN Vieles,
doch im Moment, während des Unterrichts, euer Lehrer und Friedensbotschafter

Vywamus

Einstieg in das Wissen um die kosmische Weisheit, die den menschlichen Körper erschaffen hat

Zu unserem jetzigen Zusammensein gratuliere ich uns allen von ganzem Herzen. Lasst bitte auch jetzt meine Freude wieder euer Herz berühren, was euch helfen kann, euch noch mehr zu entspannen und meine Worte sowohl auf der Ebene eures Tagesbewusstseins zu empfangen wie auch auf einer tieferen Ebene.

So ergibt sich, dass in dem Falle, dass ihr meine Worte und einiges von dem Wissen, das ich euch weitergebe, vergessen zu haben scheint, es dennoch auf dieser tieferen Bewusstseinsebene vorhanden ist. Und glaubt oder ahnt ihr, dass da etwas war, das ihr gewusst habt, und dass dieses jetzt „ungreifbare Wissen" zur Unterstützung eures täglichen Lebens benötigt werden könnte, stattet eurer tieferen Bewusstseinsebene einen Besuch ab, wo ihr alles abrufen könnt, was euch weiterhelfen wird. Selbst dann, wenn ihr euch vollkommen hilflos fühlt und scheinbar wirklich alles vergessen zu haben scheint, hilft euch dieser Kontakt weiter.

Im Tagesbewusstsein verliert sich vieles wieder, doch kommt ihr in eine Situation, wie oben schon erwähnt, in der ihr glaubt, ohne Hilfe zu versagen, habt ihr die Möglichkeit, in einer Meditation oder gar während des täglichen Arbeitsablaufs diese tiefere Bewusstseinsebene zu kontaktieren und euch dort die Information zu holen, die euch sagt, was ihr im Moment benötigt und wie es weitergehen kann oder gar sollte.

Es kommt immer wieder vor, dass ein Mensch aus unterschiedlichen Gründen etwas verdrängt. Euch scheint es dann so, als ob ihr vergessen habt. Oft seid ihr jedoch einfach unkonzentriert, was dann ebenso zu einer Art Vergessen führt. Nun kann man viel Zeit darauf verwenden, sich zu erinnern zu suchen, doch es geht schneller, wenn ihr eure tiefere Bewusstseinsebene ansprecht, die euch immer weiterhilft, wenn auch manchmal ein wenig zeitverzögert. Ihr empfindet dies dann oft als ein „Erinnern"! Und das ist gut so, denn es zeigt euch, dass ihr mit euch umgehen und allen Situationen trotzen könnt. Obwohl euch dies kaum bewusst ist und eure Angst vor Versagen verhindert, dass ihr diese Wahrheit annehmen könnt, hilft das „kleine Fünkchen Erinnern" im Moment schon einmal weiter.

Dieser Hinweis wird euch eine kleine Sicherheit vermitteln, täglich zu bewältigenden Situationen gelassener gegenüberzustehen. Doch er sollte euch auch sagen, dass alles wieder abrufbar ist, was ihr im Moment zu benötigen glaubt. Und so trifft das auch auf Lese- oder Lernstoff zu.

Ich habe beobachtet, dass viele Menschen gerne das, was sie gelesen oder gehört haben, in einen Bereich ihres riesigen Bewusstseinsspeichers verdrängen. Die Schnelligkeit eures täglichen Lebens verhindert auch hier, dass ungeteilte Aufmerksamkeit erfolgt.

Ich bitte euch, das Buch langsam und sehr bewusst zu lesen, und zwar von Anfang bis zum Ende, ohne wieder in einzelne Kapitel vorzudrängen, die ihr dann sowieso nur teilweise verstehen werdet. Übt euch hier doch einmal in Geduld.

Es ist interessant, dass ich in fast allen meinen Büchern auf eure Ungeduld hinweise. Und das zeigt doch, dass ihr immer noch daran arbeitet, ruhiger zu werden. Das ist einerseits sehr schön, doch es zeigt auch, dass ihr Zeit für Veränderungen benötigt. Nehmt das doch bitte an, ohne euch immer wieder dafür zu verurteilen oder gar zu bestrafen.

Wenn ihr bedenkt, dass eure Aufmerksamkeit und die Ruhe, die ich euch immer wieder sende, beim Lesen auch dabei hilft, dass sich alles, was im Buch steht, in eurem ganzheitlichen Körper entfalten wird, so habt ihr vielleicht sogar Freude an der langsamen Verarbeitung des Textes.

Seid also bitte sehr aufmerksam und lasst das, was ich euch sage, zur freien und weiten Entfaltung in euer ganzheitliches Bewusstsein einfließen.

Die ersten Worte, die ihr sehr bewusst aufnehmen dürft, sind folgende:

Ihr seid in mir und in allem, was ist, geborgen und betreut – durch alle Zeiten hindurch.

Und weil das so ist und weil ihr mich als Lehrer zu euch gerufen habt, begrüße ich euch nun voller Freude zur ersten Unterrichtsstunde, die in der fortgeschrittenen Stufe meines für euch erdachten Schulungssystems stattfindet.

Zuerst einmal möchte ich den weltlichen Begriff „System" mit euch „erarbeiten". Ich weiß schon, dass jeder eine Vorstellung von ihm hat, doch es gilt, einen Unterschied zwischen den weltlichen und den kosmischen Bedeutungen der menschlichen Sprache zu erkennen und dem, was euer Zellkörper darunter versteht. Vielleicht glaubt ihr ja, dass er eure Worte ebenso versteht, wie ihr sie „gemeint" habt.

Warum ihr die kosmische Bedeutung der menschlichen Sprache kennen solltet, hat den Sinn zu wissen, dass sie auch dort gehört wird und die kosmischen Bedeutungen vieler irdischer Begriffe und Worte sehr direkte Auswirkungen auf euren irdischen Lebensraum und euer Leben haben. Für kosmische Wesen sagt eure Sprache noch seltener das aus, was ihr in der Regel aus ihr entnehmt und versteht, als es bei eurem Zellkörper der Fall ist. Und weil diesen Wesen das bewusst ist, suchen sie sich euch durch eure Bilderwelt zu nähern, um zu verstehen.

Dass eure Sprache auch im Kosmos eine Bedeutung hat, ist den meisten Menschen kaum bewusst, doch ist dies sehr bedeutungsvoll für die nächsten Schritte in eure wachsende Bewusstheit, und es wäre ratsam, euch immer daran zu erinnern, wenn ihr sprecht. Doch obwohl ihr eure Sprache oft missverständlich gebraucht und die Begriffe manchmal unterschiedlich deutet, jeder nach seinen eigenen Vorstellungen, wird sie doch bei den meisten Worten und Begriffen übereinstimmend gebraucht.

Da die Neue Zeit die Verbindung zum kosmischen Lebensbereich wieder deutlicher macht und die unterbrochene Bewusstseinsstufe dorthin wieder heilt, solltet ihr wissen, wie ihr selbst sie unterstützen könnt, um euer Einzelleben freier und wissender gestalten zu können. Das und die Zusammenhänge mit euren Körpersystemen werde ich deutlicher machen, wenn wir über die feinstofflichen Körper sprechen.

Da ich in meinen anderen Büchern schon über die bewusstere Sprachanwendung gesprochen und auf das Vermeiden der Verneinung hingewiesen habe, sind einige von euch bereits darüber informiert, dass ich sehr daran interessiert bin, dass ihr eure Sprache auch in der Weise nutzt, dass eure Zellen verstehen, was sie zu tun haben. Ganz davon abgesehen, dass dies allein schon ein sehr wichtiger Grund ist, ist eine klare Sprache auch für die Verjüngungsprogrammierungen äußerst wichtig – wie für jede

Art einer Programmierung. Eure Sprache und aus ihr entstandene Begriffe im ganzheitlichen Sinne anzuwenden, gehört ebenso zum Channeln dazu wie zur bewussteren Gestaltung eines Lebens, einschließlich der Bestimmung eures Aussehens und des Sterbezeitpunktes!

Könnt ihr erraten, dass die Hilfsgesuche an die geistige Welt durch unsere Schulung immer weniger werden? Denn es ist ein Anliegen aller Wesenheiten, euch wieder in euer eigenes Handeln zu bringen. Mit anderen Worten, euch zu selbstständigen Wesen heranwachsen zu lassen. Und glaubt mir ruhig, ihr könnt all das, um was ihr bittet, mit eigener Kraft und Bewusstheit selbst erlangen.

Bleibt ihr innerhalb eures Lebensplanes, so stehen euch unendlich viele Möglichkeiten zur Verfügung, kreativ in euer Leben einzugreifen, bisher erlittene Situationen zu beenden oder einfach ganz neue Wege zu gestalten. Es ist nur wichtig, euch bewusst zu machen, wie dies am besten gelingen kann.

Das hört sich jetzt vielleicht ein wenig nüchtern an, doch lernen ist oft nüchtern, wenn zum Beispiel Bilder zum Lehrstoff fehlen, die das Lernen erleichtern könnten. Der Mensch orientiert sich meist an Bildern, die er zum Beispiel in seiner Erinnerung gespeichert haben kann, durch sein Umfeld und die Medien gezeigt bekommt oder in seiner Vorstellung gestaltet.

Nun sind wir ja in erster Linie zusammengekommen, um zu lernen, beziehungsweise, um zu studieren. Und die „Nüchternheit" wiegen wir eben mit den phantastischen Möglichkeiten eurer bewussteren Lebensgestaltung auf, für die ihr dann durchaus auch Bilder malen dürft, es sogar tun solltet. Denn Bewusstseinszellen arbeiten auch mit dieser Art von Informationen, die oft klarer sind als die erhaltenen „Befehle" durch eure Wortwahl. Selbst bei Affirmationen helfen Bilder effektiver, das gesteckte Ziel zu erreichen, als es die abstrakte Sprache allein bewirken könnte. Und arbeitet ihr mit Heilenergien oder anderen Techniken, die Heilung bewirken sollen – auch Tabletten jeder Art oder medizinischen Tinkturen –, so stellt euch hier ebenfalls Bilder vor, vielleicht über die Wirkung der Heilungstherapie oder/und des bereits Genesenen. Ihr könnt auch kleine Filme in eurer Vorstellung ablaufen lassen. Diese Vorstellungen haben eine unmittelbare Wirkung auf euer Zellsystem und bedingt auch auf das des Genesenden.

Ein mentaler Zwischenruf möchte beantwortet werden. Bei einigen von euch sind gerade Fragen aufgetaucht, welche die von mir gelehrte und empfohlene Anwendung auf andere Sprachen als die deutsche betreffen. Ist die Wirkung auch hier so wie beschrieben?

Meine Erklärungen sind für alle Sprachen gültig, obwohl die Worte anders lauten.

Ich danke euch herzlich für eure Mitarbeit. So macht es mir noch viel mehr Spaß, mit euch zu arbeiten.

Jetzt möchte ich mit der Analyse des Begriffes „System" beginnen.

Erforscht bitte kurz, was euch zu diesem Wort einfällt. Wie wendet ihr es an? Eingeschränkt oder weit offen?

Wenn ihr mögt, solltet ihr eure Gedanken ruhig aufschreiben. Für das, was ich über die Sprache und die Programmierungen sage, ist es hilfreich. Für einen späteren Vergleich der Ergebnisse durch die bewusstere Anwendung der Sprache ebenfalls, und obendrein ist es sehr interessant, später nachlesen zu können, was vor dem, was nun an Ergebnissen vorliegt, in euren Köpfen gespeichert war und welche Erfahrungen ihr dadurch gemacht habt.

Es hilft dabei, auch zu *erkennen* und zu *verstehen*, wie Programmierungen wirken.

Systeme umgeben euch, ja, man könnte sagen: ihr seid förmlich eingebettet in sie. Im Verständnis des Menschen sind Systeme selten weit offen. Für Gemeinschaftsideen des Zusammenlebens, für religiöse und moralische Grundlagen, für wirtschaftliche Einrichtungen, wie zum Beispiel Banken oder Börsen, oder für Recht und Gesetz sind die Systeme äußerst begrenzt, doch auch euer Schulsystem ist als Beispiel für ein äußerst begrenztes System erwähnenswert.

Ich habe hier wohl in etwa die wichtigsten Begriffe benannt, nach denen ihr euer Leben auf der Erde eingerichtet habt. Und bei all dieser Enge eurer Systeme sehnt ihr euch doch im Grunde nach unendlicher Freiheit, was so viele Menschen dazu bringt, aus den erwähnten Systemen auszubrechen oder sich bereits sehr früh während ihrer Inkarnation oder gleich von vornherein, also vor der Geburt, aus ihnen auszuklinken.

Und bleiben die Menschen trotzdem innerhalb der Systeme, die sie als störend empfinden, tun sie sich sozusagen Gewalt an, verbiegen ihre Gefühle und hören auf, sie selbst zu sein – was im Übrigen bei sehr vielen Menschen so ist –, werden sie krank. Was auch immer die Gründe dafür sind, ob ihnen der Mut fehlt, sich zu widersetzen, oder andere, ist im Moment für unsere Analyse weniger von Bedeutung.

Innerhalb der eingeschränkten Systeme kann ausgezeichnet gearbeitet werden, um sich der Begrenzung zu entziehen. So gibt es zum Beispiel pfiffige Menschen, die scheinbar innerhalb der Systeme bleiben und immer wieder Schlupflöcher suchen und auch entdecken, in denen sie diese für ihre privaten, sehr eigennützigen Zwecke unterlaufen. Um ihr Tun vor sich selbst rechtfertigen zu können, haben sie sich viele Gründe einfallen lassen.

Andere Menschen, die sich sehr eng an die geltenden Systeme halten, begeben sich durch solche Art Machenschaften oft wieder ins Verurteilen. So hat auch ein solches Vorgehen System. Doch es hat auch den Sinn, anderen Menschen zu zeigen, dass jede Eingrenzung erweitert werden kann.

Dass ihr individuell seid, wisst ihr doch inzwischen alle wieder. Und von daher geht ihr auch sehr unterschiedlich mit euren Vorschriften um. Ihr selbst wisst ebenso gut wie ich, wie ihr euch verhaltet.

Zur Individualität möchte ich noch sagen, dass es vielen Menschen schwerfällt, das auch anzuerkennen und anzunehmen. Ich sehe, dass es einigen sehr schwerfällt, sich als ein solches Einzelwesen zu betrachten. Es zeigt natürlich auch sehr deutlich, was Getrenntsein von anderen für diese Menschen bedeutet. Und das ist es im Grunde, was den meisten Menschen schwerfällt anzunehmen. Sie suchen sich verzweifelt an andere Menschen anzuschließen, damit sie sich weniger allein fühlen. Und hier finden die Menschen innerhalb der feststehenden Systeme zusätzlich eine scheinbare Sicherheit.

Eingeschränkte Systemvorgaben sind dazu da, dass der Mensch lernt, sich anzupassen, und um den Umgang miteinander zur gegenseitigen Kontrolle einfacher zu gestalten. Die ehemalige Absicht dahinter war sehr lobenswert, musste doch ein gangbarer Weg für die dunkle Zeit gefunden werden, in der die Menschen verstärkt nach Schutz suchten und in der ihnen ihre Eigenverantwortung immer mehr abgenommen werden konnte.

Diese Zeit ist vorbei, und das zeigt sich auch darin, dass sich gerade in der heutigen Zeit immer mehr Menschen einer Anpassung entziehen. Es werden immer mehr

Menschen geboren, die dies auf die kreativste Weise versuchen. Ich rede hier von Menschen, die meist bereits seit ihrer Geburt jede Art von Anpassung ablehnen, die sich immer wieder anders verhalten, als es von ihnen erwartet wird. Vereinzelt gab es sie immer, doch es sind immer mehr geworden.

Oft stuft die Medizin diese Menschen als krank ein. Und zu ihnen gehören Menschen, die sich zum Beispiel mit Autismus, Schizophrenie, ADHS oder ADS belasten. Auch Demenz gehört dazu und einige andere Fluchtwege aus euren festgefahrenen, begrenzten Systemen.

Ich bezeichne das, was der Mensch allgemein als *Krankheit* bezeichnet, als eine Art Fluchtweg. Oft nutzt eure Seele diesen, um euch aufmerksam zu machen. Sie macht euch auf euch selbst aufmerksam, jedoch auch auf andere Menschen beziehungsweise andere Menschen auf euch. So viel erst einmal dazu, wie Systeme auch krank machen können oder, anders gesagt: wie der Mensch sie nutzt, um krank zu werden.

Ich könnte mich jetzt hier über noch viel mehr einzelne Situationen bezüglich dessen, was begrenzte Systeme anrichten können, auslassen, doch ihr werdet selbst fündig, wenn ihr diesen Begriff und das, was aus ihm entstehen kann, erforscht. Manche mögen dies langweilig finden, doch es ist schon interessant, sich intensiver mit irdischen Systemanwendungen zu befassen. Vielleicht gelingt es euch ja, dabei andere Systeme zu entwickeln.

Ihr sagt: „Die Gedanken sind frei!" Und das glauben bis heute die meisten Menschen. Und wie ist das mit euch? Obwohl ihr inzwischen wieder wisst, dass es anders ist, überlasst auch ihr euren Gedanken zu oft ein führerloses Boot. Das Boot, das euer Leben steuern sollte. Jedoch mit euch als Bootsführer!

43

Manche Menschen – es sind sehr wenige, die sich bereits von ihren Mustern befreit haben, und das ist für die eigene Gedankensteuerung sehr wichtig – nutzen ihre Gedanken als Werkzeuge, wofür sie einst auch gedacht waren. Es ist also im menschlichen Körper möglich, seine Anlagen so zu nutzen, dass sie produktiv für das Wohl aller eingesetzt werden können, beginnend mit dem eigenen Wohl.

Nun arbeitet ihr ja doch fleißig daran, eure Gedanken im Zaum zu halten, und versucht auch immer wieder, sie zu steuern. Manchmal gelingt es, manchmal scheinen sie jedoch fremdgesteuert zu sein. Was jedoch bei einer bewussten Nutzung eures Gedankenpotenzials geschieht, ist, dass sich die Gedanken den begrenzten Systemen entziehen, ebenso wie es einige Menschen durch ihre Taten tun. Was ich damit meine?

Ihr nutzt eure Gedanken oftmals, um aus den vorgegebenen Richtlinien auszubrechen, euch gegen sie und die Menschen, die sie erlassen haben, aufzulehnen. Und das, glaubt ihr, sei legitim, was es auch ist, und überhaupt, wer soll das schon erkennen?

Nun, dann lasst euch sagen, dass es sehr viele Wesenheiten gibt, die eure Gedanken lesen können. Fangen wir als Beispiel in eurer engeren Umgebung an. Tiere können Gedanken lesen und auch die Bilder deuten, die ihr ihnen bewusst oder unbewusst auf mentalem Weg sendet. Alle Naturwesen können eure Gedanken lesen. Und der liebe Nachbar ebenso.

Auch wenn er selbst manchmal glaubt, es seien seine eigenen Gedanken, so hat er oftmals die euren empfangen. Das passiert öfter, als ihr es euch vorstellt. Außer dass gleichschwingende Gedanken sich treffen, tun es auch anders schwingende und rufen dabei beim Empfänger die unterschiedlichsten, ihm im Moment fremd erscheinenden Reaktionen hervor, die ihn sich selbst kaum wiedererkennen lassen.

Ich denke, dass viele von euch schon ähnliche Erfahrungen gemacht haben. Doch auch Gedanken können nur auf Resonanzboden fruchten, hier allerdings in verschiedene Richtungen verlaufen. Und so seid ihr wieder in einem System „gefangen", was sogar den Nachbarn in der empfangenden, tieferen Bewusstseinsebene mit euch verbindet. Dieses geschieht mit allen Menschen, mit denen ihr in Kontakt kommt, denn ihr seid nun einmal alle miteinander verbunden.

Doch so wie euer Nachbar eure Gedanken „lesen" oder spüren kann, so ergeht es auch euch mit seinen. Was bei dieser Verbindung geschieht, ist, dass ihr gegenseitig mit eurem Unterbewusstsein in Kontakt gebracht werdet. Konnte man bis vor einiger Zeit ein solches Phänomen — denn das war es bis vor kurzem noch, und für viele Menschen ist es immer noch so — in die Schublade „Zufall" ablegen, so fällt euch vielleicht jetzt bewusster ein Kreislauf auf, der ohne Grenzen zu sein scheint?

Bewusste Empfangsstationen für Gedanken anderer hat der Mensch erst noch zu öffnen — vorhanden sind sie im erweiterten Bewusstsein eines Jeden —, doch um mit ihnen umzugehen, ist es wichtig, seine eigenen Gedanken zu kennen, und damit wieder auch sein Unterbewusstsein, welches eventuell in den Gedankenkreislauf eingreift, zu erkennen und anzuerkennen. Wir haben hier ein weites Feld von Einrichtungen, das wir im Moment erst gestreift haben. Und dieses Feld ist in der Weisheit der Erschaffung des menschlichen Körpers angelegt worden.

Welchen Sinn das Ganze hat, werdet ihr in den Kapiteln über die feinstofflichen Körper noch erfahren und ebenso, wie vieles eurer Gedanken und Anlagen von Wesenheiten

45

aus anderen Welten genutzt wird. Doch ihr dürft angstfrei bleiben, denn denkt ihr zum Wohle und in Liebe an andere, so ist es eine Nutzung, die dem Wohle aller dient, und sie wird euer Herz erfreuen. Dunkle Gedanken werden in der Neuen Zeit von dafür bereitstehenden Engeln abgefangen und in die entsprechenden Bewusstseinsebenen umgelenkt. Trotzdem solltet ihr immer für harmonisch schwingende Gedanken sorgen. Ist es einmal anders, so lasst euch noch helfen, sie in Liebe umzuwandeln. Das tut jeder Engel und Meister.

Wie komme ich nun auf die Idee, euch ein Schulungssystem anzubieten, wo doch schon seit einiger Zeit bei euch daran gearbeitet wird, diese immer wieder zu verändern, allerdings zu Lasten der Schüler, der Lehrer und der Eltern. Und nehmen wir die Einschränkungen dieser Systeme in Augenschein, so erkennt man, dass sie allesamt wenig Entwicklungsmöglichkeiten zur Freiheit des Denkens in sich bergen. Und mittlerweile haben sich Menschen gefunden, die sich dem Schulsystem widersetzen und genau diese Art der Einschränkung zu verändern gedenken.

Der Unterrichtsstoff ist festgelegt, lässt den Lehrern wenig Bewegungsfreiheit und muss unter allen Umständen in das Bewusstsein der Schüler eingebläut werden. Der Stoff lässt kaum Raum für freiheitliches Interpretieren, um daraus eventuell eine ganz neue Sichtweise zu erwerben. Was grün ist, ist eben grün! Doch grün hat auch verschiedene Farbfacetten, die durchaus ihre Berechtigung haben, als Farbe zu gelten. Es ist in jedem Falle auch hier eine wundervolle Entwicklung zu sehen, die durch die Neuen Kinder eingefordert wird. Sie sind zu euch gekommen, um vieles zu bewirken, doch ganz besonders auch deshalb, weil sie die Beschränkungen des Massendenkpotenzials verändern wollen und es auch tun.

Sie sind oft mit eurer Ahnenreihe verbunden, teilweise sogar selbst eure Ahnen oder ihr selbst gewesen, und sie haben den Vertrag für ihre jetzige Inkarnation so aufgesetzt, dass sie die alte Zeit beenden werden, während ihr noch immer hin- und hergeworfen werdet.

Warum also ein weiteres Schulungssystem und dann noch von mir? Nun, weil ihr im Moment noch Wände benötigt, an denen ihr entlanggehen könnt, wenn ihr glaubt, euch abstützen zu müssen. Und darum habe ich mich entschlossen, diesen euch vertrauten Begriff zu wählen und euch langsam an die Freiheit zu gewöhnen, die euch in ein ganzheitliches Verständnis führt, und damit auf der irdischen Ebene weitere Möglichkeiten schafft, die bestehenden Systeme zu verändern. Und hierbei denke ich an Kriege, die ja auch durch systematische Handlungen weniger Menschen in Gang gebracht werden. Ich denke an Kriege jedweder Art, deren Kraftpotenzial in freiheitliches, gemeinschaftliches Miteinander umgewandelt werden kann.

Um in Freiheit leben zu können, kann man dies auch innerhalb von Systemen tun. Dazu bedarf es nur eines vollkommen anderen Denkens und dementsprechenden Handelns. Und dazu gehört auf jeden Fall, jeden Menschen und alle Lebewesen so sein zu lassen, wie sie sind, und seine eigene Vorstellung davon herauszunehmen, wie man andere Lebewesen zu sehen wünscht.

Einige denken gerade an Dressur von Tieren. Erweitert kann man diesen Gedanken jedoch auch auf die Menschen anwenden, die versuchen, sich gegenseitig zu verändern und in gewisse Kategorien aus feststehenden Vorstellungen anderer Menschen zu pressen.

Nun, Dressur kann sicherlich auch gelebt werden, doch in gegenseitigem Einverständnis und mit der Achtung, die jedem Lebewesen gebührt.

Was ich hier anspreche, ist ein sehr heikles Thema, das jedoch für die ganzheitliche Öffnung unbedingt angesprochen und erklärt werden sollte, wozu auch gehört, dass dazu auftauchende Fragen beantwortet werden sollten – auch wenn dieses Thema von den wenigsten gerne beleuchtet und angenommen wird. Denn es erfordert wieder einmal, sich selbst sehr genau anzusehen.

Viele Menschen glauben, dass sie diese Ebene der Bewusstheit bereits erreicht haben, doch sie sollten sich sehr genau und ehrlich hinterfragen, wie weit sie wirklich bereit sind, auf dieser Ebene zu verweilen, denn dazu gehört, dass man sich wirklich bewusst darüber ist, dass jeder ein Recht auf Individualität besitzt. Und der Glaube, dass man selbst „richtig" ist und der andere „falsch", ist vollständig abzulegen. Und ebensowenig kann hier mit dem Gefühl gearbeitet werden, seine eigenen Veränderungsgedanken in einer großzügigen Geste einem anderen zuteilwerden zu lassen, oder mit dem Gefühl, dass, wenn Gott es so will, man IHM den Wunsch halt zu erfüllen hat. Und ebensowenig mit dem Gedanken, einem anderen ungefragt helfen zu wollen. Denn wer weiß, was der göttliche Anteil im anderen Lebewesen wirklich will?

Jeder Eingriff zieht Konsequenzen nach sich, die sich oft genug gegen den „Wohltäter" wenden, der aus eigenem Denken heraus gehandelt hat, weil er dachte, dass seine ungebetene Hilfe angebracht sei. Obwohl, ich gebe es zu, sehr selten auch das der Fall sein kann. Dabei denke ich zum Beispiel an Katastrophen oder an ein Eingreifen in kritischen, lebensbedrohenden Situationen.

Der hier angesprochene Wachstumsprozess der Akzeptanz des göttlichen Willens führt zu einer wirklich gelebten Wahrheit des Einzelnen, der die Gegebenheiten schließlich auch vollständig akzeptiert. Und ich sage euch, mit der Akzeptanz ist dann die Wahrheit in euch befreit, nach der ihr alle strebt, was ebenfalls bedeutet, dass ihr euch grenzenlos zum Wohle aller betätigen werdet.

Bei der Art des Zurücknehmens seiner eigenen Vorstellungen bezüglich dessen, wie die Welt und die Menschen funktionieren sollten, kann es trotzdem vorkommen, dass der Lebensplan eines Einzelnen durchaus besagen kann, dass dieser Mensch auch ungefragt Hilfe leisten und der Plan des anderen, dass er sie auch empfangen darf.

Was ich hier angesprochen habe, betrifft ein Bewertungssystem, dem sehr viele Menschen unterliegen, die einfach glauben, es besser zu wissen als der andere, den sie gerne verändern möchten. Und gerade das ist das heikle Thema, dem ich mich in einer der folgenden Unterrichtsstunden widmen werde, denn über die feinstofflichen Körperkonstellationen ist besser zu erkennen, was Weisheit mit der Individualität des Einzelnen zu tun hat.

Um nun wieder auf eure Systeme zurückzukommen, so ist es erklärlich, dass ihr nach immer neuen Systemen Ausschau haltet. Seht, was ihr von Anbeginn der irdischen Existenz beschlossen hattet, um ein Zusammenleben mit anderen Menschen zu gewährleisten, war, Systeme dazu zu erschaffen.

Auf anderen Planeten wurde dies, lange bevor eine menschliche Existenz auf der Erde es zu erfordern schien, immer wieder ausprobiert. Und da ihr selbst innerhalb dieser Systeme gelebt habt, war es nur natürlich, auf der Erde ebenfalls diesen Weg zu gehen. Trotz der augenscheinlich großen Erinnerungsverluste an diese Zeiten habt ihr euch zumindest an Systemanwendungen wieder „erinnern" können.

Systeme wirken in eurer Gesellschaft bisher immer noch sehr eingeschränkt und meist nur zum Wohle einiger Menschen, denen es zumindest finanziell sehr gut geht. Das von mir erdachte System gestaltet sich jedoch ein wenig offener und auf jeden Fall zum Wohle aller Beteiligten.

Doch letztendlich lebt ihr ja auch noch innerhalb eurer Systeme, und hier passe ich mich, soweit ich es noch vertreten kann, den irdischen Gepflogenheiten an, um euch das verständlich zu machen, was ohne Einschränkung existiert. Ihr werdet dann irgendwann selbst Möglichkeiten finden, wie ihr euch verbinden und in Frieden und Freude miteinander leben könnt. Offen und frei der zu sein, der jeder ist, bringt jeden Menschen dazu, Frieden leben zu können. Die Menschen fühlen sich dann akzeptiert, sowohl von sich selbst als auch von anderen.

Nun habe ich schon ein wenig von der angestrebten Zukunft geplaudert, doch jetzt gehe ich wieder zum eigentlichen Unterricht zurück, der euch darauf vorbereiten soll, in bewussterer Weise leben zu können.

Da ich von einem offeneren System sprach, so gestaltet es sich schon einmal in der Weise, dass mein erdachtes Schulsystem jedem Interessierten die Teilnahme am Unterricht erlaubt. So sind auch diejenigen hier willkommen und richtig, die gleich in die vierte Klasse gekommen sind und denen die ersten drei Klassen in ihrer Ausbildung fehlen. Die Bücher meiner Serie sind ihnen in diesem Falle noch unbekannt, doch sie können in der jetzigen Stufe mitmachen, denn um noch weiteres ganzheitliches Verständnis ihrer Existenz zu bekommen, können die anderen Bücher durchaus auch noch dann gelesen werden, wenn sie dieses hier zu Ende gelesen haben. Und für diejenigen, die sie bereits kennen, sei gesagt, dass auch sie immer wieder in den anderen Büchern nachlesen dürfen. Denn ich habe die Serie in der Weise aufgebaut, dass ihre Teile auch wie Nachschlagewerke zu handhaben sind.

Auf den vierten Teil lasse ich noch den fünften und vielleicht sogar noch einen sechsten folgen, und damit ist die Serie dann abgeschlossen. Allerdings wird es noch ein wenig Zeit beanspruchen, bis die Folgen dann schließlich auch geschrieben sind. Der fünfte Teil wird euch dann mit hoher Wahrscheinlichkeit im Herbst des Jahres 2014, wieder durch Petronella durchgegeben, zur Verfügung stehen. Und das bedeutet, dass sie dann noch bei euch sein wird und wir als geistige Lehrer auch dann noch an eurer Seite weilen, um euch in eure einstige umfassende Bewusstheit zu bringen. Ich erwähne das, weil doch hin und wieder die Frage aufgetaucht ist, ob denn in den folgenden Jahren noch Kanäle gebraucht werden und ob die bereits arbeitenden Kanäle dann noch auf der Erde sein werden.

Die Welt besteht auch noch nach dem 21. 12. 2012. Die Menschen verändern sich jetzt jedoch immer schneller. Trotzdem bleibt das, was euch ausmacht, noch immer so groß, dass es, um auch wieder vollständig ins menschliche Bewusstsein und die menschliche Gefühlswelt integriert zu werden, immer noch die einzelnen Entwicklungsschritte benötigt, die jedoch mit der Zeit immer weitgreifender werden.

Nur Mut, denn das, was euch immer wieder mitgeteilt wurde, und euer Wunsch, im Paradies leben zu können – auf der Erde –, wird sich bewahrheiten und erfüllt werden. Doch bitte, auch den Nachzüglern sollte eine Chance gegeben werden, und bedenkt bitte, dass eure menschlichen Zeitvorstellungen und eure Ungeduld euch manchmal glauben machen, dass ihr schon morgen am Ziel sein könnt.

Auch den Nachzüglern eine Chance zu geben, bedeutet, dass sich der Mensch, der voranschreitet, damit einem Teil seiner von ihm erwählten Aufgabe widmet, die, wie es im Moment bei vielen Lichtträgern scheint, nur sehr widerwillig angenommen wird. Dieser Teil eurer Aufgabe heißt: geduldig mit jenen zu sein, die langsamer hinter euch hergehen möchten.

Liebe Menschen, was glaubt ihr denn, wozu ihr als Lichtträger da seid, wo ihr seid? Und das zur jetzigen Zeit?

Sicher ist es in erster Linie eure Aufgabe, euch selbst weiterzubringen, doch dann solltet ihr, bis auf wenige Ausnahmen, euer erworbenes Wissen mit denen teilen, die daran interessiert sind.

Das, was die Menschen in ihrer Bewusstseinsentwicklung am meisten behindert, da sie es so eingeschränkt verstehen, ist das Zeitgefüge. So seht eure Entwicklung doch einmal so, dass jeder, der glaubt, schon soweit zu sein, um im Paradies leben zu können, dies durchaus kann. Denn seine Gedanken ermöglichen ihm ein solches Leben, selbst wenn die Menschen in seinem Umfeld noch Schwierigkeiten haben, ihre Gedanken von den Schrecken des Tages abzuwenden, und in Beurteilungsfeldern leben.

Was sage ich hier? Sollt ihr denn nun die Schrecken denen überlassen, die in ihnen leben, oder daran teilhaben wollen? Euer Mitgefühl und eure Liebe für sie sollten allen Betroffenen Heilung bringen, jedoch so, wie sie es für sich annehmen mögen. Ihr werdet noch besser verstehen, was ich hier sage, wenn ihr weitergelesen habt.

Liebe, Frieden und Geduld wollen im Menschen ein gleichberechtigtes Dasein führen.

Die erste Unterrichtsstunde habe ich dazu ausersehen, unterschiedliche Themen anzusprechen, die ihr in euren Gedanken weiter ausmalen könnt, um die Weisheit eurer Körperkonstruktion vielleicht schon erahnen zu können. Also lasst euch davon inspirieren statt irritieren. Und freut euch einfach auf die nächsten Themen, die euch, jedes für sich, ebenfalls weiterbringen.

Warum fehlt euch der Bezug zur göttlichen und der eigenen Weisheit?

Alle bisherigen Glaubensgeschichten, religiöse, wissenschaftliche oder gesellschaftspolitische, die euch bereits während der spätatlantischen Zeit von Menschen weitergegeben wurden, haben eure eigene Weisheit unterdrückt und ebenso das Wissen um euch selbst und die unendliche Weisheit, die in eurer Existenz verborgen ruht, bis es an der Zeit sein würde, sie wieder zu erwecken.

Als Beispiel hierfür könnten Familiengeschichten herangezogen werden, die oft von schwarzen Schafen berichten, doch auch von den „guten" Mitgliedern, die geholfen haben, die Ehre der Familie zu retten und so immerhin halfen, einen gewissen Wert des Menschen innerhalb seiner Familie aufrechtzuerhalten. Zumindest betrifft dies manche Fälle von Familiengeschichten, denn auch in diesen Geschichten liegen Wahrheit und freie Gestaltung sehr eng beieinander. Daraus kann man nun schließen, dass ihr immer wieder mit Unwahrheiten vollgestopft worden seid – in jeder Richtung. Vielleicht kommt euch ja die Idee, dass die Geschichten immer nur eine Seite beleuchtet und die andere schlicht und einfach verdrängt haben. Auch hierzu erfahrt ihr noch mehr.

Dass sogar Propheten und Erleuchtete, die immer wieder auf der Erde unter euch weilten, sich diesem unausgesprochenen Gesetz, die Wahrheit zu verschleiern, unterwerfen mussten – auch wenn sie die ganze Wahrheit der Menschheit sehr gut kannten –, versteht sich dann, wenn die Gründe für die Wahrheitsverschleierung betrachtet werden. Diese Weisen haben sich unter die Menschen begeben und sie in neue Zeiten geführt. Und mit der Verschleierung vieler Tatsachen haben auch sie geholfen, den Menschen den Weg in die dunkle Zeit leichter zu machen. Es wurden Verurteilungsmuster entworfen, die dann ebenfalls auf diesen Weg führten. Es wurde ein immer kleinerer Ausschnitt der wirklichen Geschichte weitergegeben, sodass sie kaum noch in ihrer Wahrheit erkannt werden konnte.

Es war der ursprüngliche Wunsch der Wesen gewesen, die sich als Menschen inkarniert und damit aus ihrer Größe in ein sehr eingeschränktes Dasein begeben haben, dass sie alle erdenkliche Hilfe bekommen wollten, um in der niedrigen Schwingung mit allen Begleiterscheinungen auszuhalten. Und solange die dunkle Zeit andauern sollte, wurden eben Lügen, Teilwahrheiten und Einschränkungen verbreitet. Und jetzt, wo die Menschen wieder aus dieser Begrenzung ausbrechen wollen, haben sie ebenfalls um Hilfe aus der geistigen Welt gebeten.

Doch bei allen vergangenen Botschaften sind immer wieder auch einige dabei gewesen, die eine Orientierung anboten, die jedoch von dem einzelnen Menschen erkannt werden musste. Und das war bei der Bewusstseinseinschränkung des Einzelnen kaum zu leisten.

Und im Zuge der Entwicklung in die Einschränkungen hinein wurden euch immer nur kleine Ausschnitte gezeigt, die selbst bei einer Zusammenfassung nur den berühmten kleinen Ausschnitt preisgaben. Und das, was die wirkliche Wahrheit war und ist, wurde immer wieder verschleiert – mehr und mehr, bis sie unerkannt und zu winzigen Teilen zerstückelt gleich einem auseinandergenommenen Puzzle, in jedem einzelnen Menschen verborgen worden war. Vielleicht könnt ihr euch vorstellen, wie viel Kleinarbeit zu erledigen ist, will man die vollkommene Geschichte wieder erkennen können. Es ist ein gigantisches Puzzle, was ihr zusammenfügen wolltet, nachdem ihr es zerschnitten hattet.

Schon wieder sage ich, dass ihr es selbst wart, die alles in Bewegung gesetzt haben, und, ja, jetzt fragt ihr euch wahrscheinlich, wem kann man denn überhaupt noch glauben? Wie lange soll unser Gefängnis des Unwissens denn noch andauern? Und einige von euch scheinen im Moment zu verzweifeln, doch bitte, bewahrt die Ruhe, denn im Grunde wisst ihr doch alle, dass der menschliche Körper erst nach und nach das Wunder seiner „unsichtbaren Physis" anerkennen kann.

Und stellt ihr jetzt meine Durchgabe infrage, indem ihr sagt: „Auch du, lieber Vywamus, könntest uns ja nun nur einen kleinen Teil der Wahrheit übermitteln, wenn überhaupt!"

So sage ich, ja, warum solltet ihr mir glauben? Schließlich bin ich ja auch noch als Außerirdischer bei euch bekannt, und diese Wesenheiten haben der Menschheit laut alter Geschichte doch wirklich sehr geschadet.

Ich erwähne immer wieder gern, dass ich zu den Außerirdischen gehöre – auch deshalb, weil die Zeit der Zusammenführung gekommen ist. Und habt ihr zu mir Vertrauen, so gehe ich davon aus, dass es sich auch auf andere Wesenheiten ausdehnen wird. Wenn ihr erst erkennt, dass im Grunde alles aus der Lichtwelt stammt, so wird es euch auch leichtfallen, Vertrauen in euch fremdartig erscheinende und vielleicht bisher noch Angst hervorrufende Wesenheiten zu haben.

Und ihr habt recht, wenn ihr sagt, dass auch ich nur einen kleinen Teil weitergeben darf. Doch es wird immer mehr, denn eure Bewusstheit wird immer größer! Wenn ich euch mit dieser Aussage trösten kann, so habe ich sie gerne gemacht. Ich kann immer nur so arbeiten, wie ihr aufnahmebereit seid, und das ist weitgehend genauso, wie alle anderen Weisheitsträger zuvor gearbeitet haben. Doch jeder kann meine Worte mittlerweile nach seinem eigenen Verständnis in viele Richtungen ausdehnen und mal schauen, was sich aus wenigen Worten alles ergeben kann und was augenscheinlich zwischen den Zeilen steht. Ich helfe euch auch dabei von Herzen gerne in privaten Sitzungen, jedoch auch, indem ich einiges im Unterricht anhand von Beispielen erkläre.

Liebe Freunde, es gibt da noch etwas, das ich gerne näher erklären möchte. Und das betrifft die Legenden von Außerirdischen. Ich tue es besser jetzt, denn wir werden im Laufe der Lektionen immer wieder mit ihnen zu tun haben, gehören sie doch zur Ganzheit oder Einheit dazu. Trennung, die aus euren Gedanken entwickelt wurden sollte auch in diesem Falle beendet werden. Doch da gibt es etwas, das erklärt werden sollte, um euch diesen Schritt zu erleichtern.

Ich bin mir durchaus bewusst, dass einige von euch bereits Frieden mit diesen Wesen geschlossen haben, doch weit mehr von euch sind entweder höchst skeptisch oder wollen sich diesem Thema völlig verschließen. Nun versuche ich, auch euch zu erreichen, und diejenigen, die bereits im Frieden sind, bitte ich, den anderen auf mentalem Wege zu helfen, alte Geschichten loszulassen.

Seht, es ist immer wieder spannend für mich, zu sehen, wie unterschiedlich die Entwicklung jedes Einzelnen verlaufen ist und bei welchen Themen ihr in euren Meinungen, die meist „geleitet" wurden, noch immer auseinanderdriftet.

Mal sehen, ob ich eine Balance erwirken kann. Trotzdem dürft ihr selbstverständlich bei euren Meinungen bleiben, wenn ihr glaubt, dass sie euch weiterbringen.

Das, was ich euch nun sage, betrifft einige Machenschaften von außerirdischen Wesenheiten, die ihr bislang noch zur Dunklen Welt gezählt habt und die sich selbst ebenfalls dieser zugehörig gefühlt haben. Doch durch eure Kraft und den Wunsch, diesem dunklen Zeitalter mit allem, was dazugehörte, ein Ende zu bereiten, ist auch in diesen Ebenen alles verändert worden. Auch diese Wesen sind mittlerweile meist sehr unsicher geworden bezüglich ihrer Aufgaben, mit denen sich so viele von ihnen identifiziert hatten. Auch sie werden vom irdischen Zeitgefüge verunsichert und suchen sich zu orientieren.

Was nun die Machenschaften dieser Wesenheiten in eurer Vergangenheit betrifft, so erklärt sich ihre Anwesenheit auf der Erde folgendermaßen: Wieder einmal haben sich Wesen gefunden, die sich die Erde untertan machen wollten und den Menschen den Garaus.

So habt ihr seit Beginn der dunklen Zeiten bis heute das Leben auf der Erde betrachtet, Feindbilder konstruiert und eure Gedanken in genau diese Richtung weiter ausgesandt – bis auf wenige Ausnahmen von Menschen, die sich für ein anderes Leben entschieden haben, um als Wegweiser aus dieser dunklen Welt zu dienen.

Laut einiger Stellen im überlieferten Bibeltext gab es eine Anweisung der göttlichen Kraft, eine Botschaft für die Menschen, sich die Erde untertan zu machen. So wurde es euch zumindest gesagt. Und somit habt ihr die Worte, die euch übermittelt worden sind, wieder einmal in der Weise ausgelegt, wie sie in eure menschlichen Vorstellungen hineinpassten. Und jeder konnte mit dieser Botschaft so arbeiten, wie es ihm gefiel. Doch diese Botschaft fand auch Zugang zum Bewusstsein vieler anderer Wesenheiten. Und sie begannen, sich Gedanken darüber zu machen. Ganz abgesehen davon, dass der ursprüngliche Text anders lautete, nämlich: „Verbindet euch mit der Erde und dient euch gegenseitig!"

Auch diese Botschaft in der reinen Übermittlung fand an anderen Orten Gehör. Jetzt stellt euch vor, wie viele unterschiedliche Gedanken daraus entwickelt worden sind. Eine kleine Botschaft, leicht verändert, welche Auswirkungen sie hatte!

Alle eure Geschichten sind in dieser Weise weitergegeben worden, offen für die individuelle Interpretation jedes Einzelnen, auch außerhalb der Erde, und in all diesen Geschichten werdet ihr als unfähige, hilflose Geschöpfe dargestellt. Auch diese Darstellungen sind an Orten außerhalb der Erde „gehört" worden. Und die Interpretation ging ebenfalls in die Richtung, dass Menschen unfähig und hilflos seien. Und wen wundert es da, dass ihr euch selbst auch so vorkommt – manch einer mehr und mancher weniger – nachdem euch lange genug immer wieder das Gleiche erzählt wurde.

Und so wart ihr schließlich auch hilflos, und andere Wesen, die von euch Außerirdische genannt werden, waren dadurch aus unterschiedlichen Beweggründen an euch interessiert. Neben vielen anderen Wegen, die sie, um Kontakt mit den Menschen zu knüpfen, beschritten haben, haben sie auch den Weg gefunden, sich schließlich mit der menschlichen Rasse zu verbinden. Teilweise geschahen solche Verbindungen aus reiner Liebe, und teilweise wurden Menschen benutzt. Doch auf einer höheren Ebene – ihr könnt das in eurem Archiv hinterfragen – habt ihr dem zugestimmt. Auch diese Verbindungen haben im ganzheitlichen Sinne eine große Bedeutung gehabt – bis heute.

Da Außerirdische schließlich selbst in menschlichen Körpern inkarnieren konnten, haben viele von ihnen in der Verkleidung des menschlichen Körpers die Macht übernommen. Denn sie haben sich machtvoll und wissend gefühlt. Sie durften auf ihre Weise nach Wegen suchen, die zum einen helfen würden, weitere Wesenheiten und andere Rassen zu gebären, und zum anderen, die euch tief in die dunklen Erfahrungen führen würden. Es war eine lange Zeit, in der sich diese Verbindungen ausleben konnten. Und selbst heute noch scheint die Macht der „*Anderen*" ungebrochen zu sein und eure Gesellschaft in dieser scheinbar ausweglosen Geschichte festzustecken. Doch bei euch Menschen, die aus der Verbindung mit dunklen Außerirdischen stammen, hat schon seit geraumer Zeit ein Sinneswandel stattgefunden. Denn diejenigen, die ihre Liebe auf den Planeten gebracht haben, sind nun machtvoller denn je und helfen ebenfalls mit, den Weg ins Licht zu ebnen. Was die anderen betrifft, so werden sie immer weicher in ihren Ansichten und gewöhnen sich daran, ihre besitzergreifende Macht der freilassenden Liebe zu übergeben.

Bisher wurde euch verschwiegen, dass diese dunklen Verbindungen auch einen wichtigen Schritt darstellten, euch eure Identität zu rauben – bitte, kommt sofort aus dem Verurteilungsmuster heraus –, denn ihr selbst habt dies so bestimmt. Erinnert euch bitte, dass ihr die dunkle Zeit erfahren wolltet. Jeder von euch, der zum Menschsein ja gesagt hat! Und wie ich schon sagte, sind diese Zeiten vorüber. Ihr seid es, die sie voranbringen können, indem ihr ein anderes, lichtvolles Denken anwendet. Das haben euch schon viele Weisheitslehrer gesagt, und mir scheint, dass wir nun wieder bei den Weisheitslehren unseres geliebten Philosophen Sokrates angekommen sind. Nun, in etwa war dies schon seine Strategie, doch die Zeit, um das Denken der Masse Mensch zu befreien, war noch fern. Und ebenso wie ihm erging es einigen der Weisen aus alten Zeiten.

Die Gutgläubigkeit und der einstige erzwungene Gehorsam derjenigen, die sich zu den unterprivilegierten Menschen zählten, sind heute im Denken vieler Menschen umgewandelt. Obwohl noch immer sehr viele Menschen ihr Leben als Opfer gestalten und sich dementsprechend fühlen, werden immer mehr von ihnen wach und denken, dass sie selbst etwas tun müssten, um aus dieser Opferhaltung herauszukommen. Sie durchbrechen allein schon durch ein solches Denken die bisher noch gültigen Systeme. So müssen diese zwangsweise erschüttert und in eine Art Verwandlungsprozess eingebunden werden.

Auch wenn jetzt wieder jemand da ist – nämlich ich, der euch etwas erzählt, so fehlt euch noch die auch von euch anerkannte Möglichkeit, das Erzählte zu überprüfen. Doch am Ende des Buches, wenn ihr alles gelesen und aufgenommen habt, seid ihr wieder in der Lage, zu überprüfen. Und tut dies dann bitte in Verbindung mit eurer eigenen Herzensenergie, die wiedererkennt und euch auf diese Weise hilft, zu überprüfen.

Was zu anderen Zeiten einer Gehirnwäsche gleichkam, ist seit einigen Jahren im Umwandlungsprozess. Zwar kann jeder, der sich einer Gehirnwäsche unterziehen möchte, dies auch weiterhin tun, doch diejenigen, die sich davon befreien möchten, werden von geistigen Lehrern aufgeklärt. Manch einer mag sagen, dass die geistige Welt ebenfalls eine Art Gehirnwäsche anwendet, doch fühlt selbst, ob ihr im Herzen glücklicher seid, wenn ihr den geistigen Wesen, die euch an die ganzheitliche Liebe erinnern wollen und euch in die Freiheit allen Seins führen, vertrauen mögt.

Wir haben euer Wissen treu bewahrt. Doch seit ihr es wieder zu eurer Verfügung haben wollt, geben wir es an euch zurück, und zwar so, wie jeder es aufgrund seiner Aufnahmebereitschaft empfangen und in sein Bewusstsein integrieren kann. Das war so vereinbart, und wir halten uns daran.

Uns zu glauben, ist die eine Seite, doch selbst dann, wenn ihr glaubt, dass euch geistige Lehrer durch ihre Lehren und Erzählungen euer angeblich eigenes Wissen weitergeben, so erkennt ihr alsbald, dass es wirklich euer eigenes Wissen ist, dem ihr zugeführt werdet. Ihr erkennt es wieder! Und das Wissen, welches wir als geistige Wesen hinzugewonnen haben, wird euch ebenfalls zuteil. Und das bedeutet für mich: Endlich ist auch dieser Weg in die Einheit beschritten worden.

Alles, was ihr inzwischen entdeckt habt, ist wundervoll, jedoch außerstande, euch die ganzheitlichen Zusammenhänge wieder zugänglich zu machen, denn dies ist ein so weites Feld mit Milliarden über Milliarden von Facetten, dass, um es nur annähernd wieder zu begreifen, die Bewusstseinsöffnung der Menschen von vielen Seiten aus der geistigen Welt erfolgt sein musste. Bisher ist ein Teil geöffnet worden, doch es lässt sich weit mehr öffnen. Ich weiß, dass euch das vom Verstand her klar ist, doch trotzdem möchte ich es erwähnen, damit ihr durch die häufige Erwähnung ins Fühlen der Wahrheit kommt. Den Unterschied zwischen Gehirnwäsche und Öffnung zum eigenen Wissen, das dann ins Bewusstsein aufgenommen wird, erkläre ich in weiteren Kapiteln.

Gerade jetzt, in der neuen Energie, die aus den geistigen Ebenen zu euch fließt, ist es wichtig, sich immer wieder klarzumachen, dass immer noch mehr möglich ist als das, was ihr bisher angenommen habt. Bleibt bitte einfach offen für alles, was sich euch eröffnet, mit meiner Hilfe oder/ und der Hilfe anderer aus hohen Ebenen der geistigen Welten.

Auch das ist sehr wichtig. Denn auch bei uns gibt es unterschiedlich entwickeltes Bewusstsein, das versucht, euch aus unterschiedlichen Gründen Vieles mitzuteilen. Dieses Wissen ist ebenfalls wichtig, doch auch immer nur ein Ausschnitt aus dem Ganzen. Nun könnte man ja sagen: Lasst uns alle bekannten Ausschnitte zusammenfügen, doch auch das ergäbe nur einen weiteren Ausschnitt des tatsächlichen Geschehens, wie ich schon erwähnte. Und immer ist die Grundlage des Gesagten aus dem jeweiligen Bewusstseinsstand des Erzählers entstanden.

Nun könnt ihr natürlich wieder einmal sagen: Vywamus, wer bist du, dass du dich darüber und über andere erheben möchtest? Sollte vielleicht gerade bei euch doch besser alles ohne hierarchische Vorstellungen ablaufen? So denken zumindest wir Menschen, um zu euch aufsehen zu können.

So wurde es euch gesagt, und ihr habt recht, es sollte in unserer feinstofflichen Lichtwelt ohne diese Art von Vorstellungen gelebt werden. Und das wird es auch, denn hierarchische Vorstellungen sind uns hier fremd. Wir wissen, dass jeder seine Aufgabe erfüllen möchte, und ebenso, dass wir alle unterschiedlich entwickelt sind. Jeder nimmt dies so, wie es ist, doch jeder weiß auch, dass die geistige Entwicklung, das Wachstum eines jeden Bewusstseins immer weitergeht. Und denkt ihr, dass ich mich erhebe, so lasst euch sagen, dass ich, der ich mich immerzu verbunden fühle, in jeder Situation und bei jedem Wesen meinen Fokus immer wieder auf sein Licht richte und dass ich weiß, dass wir alle gleich sind in unserem Sein.

Doch ähnlich wie bei euch auf der Erde ist hier die Möglichkeit gegeben, jedem seine Individualität zu gestatten.

Jeder hätte den gleichen Weg gehen können, den auch ich gegangen bin, doch wir wussten, dass dies Erfahrungsmöglichkeiten einschränken würde, und so hat sich eben jeder seine Aufgaben und seine Entwicklung selbst ausgesucht. Was wir allerdings tun, und das ist anders, als ihr es von den Menschen kennt, wir achten und ehren jedes Wesen, jeden Weg und jeden Stand seiner Entwicklung.

Meine Bewusstheit ist auf einer Stufe, die einen umfassenden Blick auf das ganzheitliche Geschehen erreicht hat. Trotzdem erweitere auch ich mein Bewusstsein immer mehr. Seid also guter Dinge und erlaubt euch wieder, auch eures sich in die ganzheitliche Richtung entwickeln zu lassen. Doch um genau das zu erreichen, ist es gerade für euch Menschen von großer Wichtigkeit, dass ihr auch kosmisches Wissen von sehr hohen Wesenheiten entgegennehmt – ohne, bitte, die hierarchischen, menschlichen Gedankengänge in Bewegung zu setzen und nun nur nach hohen aufgestiegenen Wesenheiten zu suchen und dabei die Botschaften der vielleicht noch weniger Entwickelten als wertlos zu bewerten. Verbindet vielleicht beides miteinander.

Jeder, der euch etwas zu sagen hat, sollte angehört werden und sein Wissen in euch verankern können. Denn es braucht noch sehr viele Informationen, bis ihr aus eurem Schattendasein als Mensch herausgetreten seid und die gigantische Bandbreite der Existenz eines einzelnen Wesens erahnen könnt. Doch bei allen Mitteilungen, die euch erreichen, hinterfragt immer wieder, ob sie auch wirklich in eurem Herzen ankern können. Auch das erwähne ich immer wieder, denn ich bin daran interessiert, dass ihr auch bei Durchgaben eure eigene Interpretation entwickelt. Das ist einfach euer Recht, und das ist ebenso die Freiheit, die euch zusteht.

Die große Freiheit, individuell zu sein, scheint manches Mal auch eine Strafe zu sein. Der Mensch möchte sich orientieren, und das wird ihm oftmals sehr schwer gemacht – von seinen Mitmenschen, doch auch von Wesen aus der geistigen Welt. Was ist richtig, was ist falsch? Diese Fragen bleiben scheinbar oft unbeantwortet, was zu großer Unsicherheit führen kann. Und so wird ein Mensch sich gerne immer wieder daran orientieren, was andere Menschen oder auch Wesenheiten aus der geistigen Welt ihm empfehlen. Und alles, was zuerst neu zu sein scheint, wird ihm noch mehr Unsicherheit bescheren, wenn er sich zum Beispiel zu wenig zutraut, zu wenig Klugheit, zu wenig Intelligenz usw. Das alles sind Gedanken und daraus entstandene Gefühle, die euch in der unmündigen Situation festhalten wollen. Bedenkt bitte, dass, um frei zu sein, möglichst alle alten Glaubensmuster, die eingeschränkt haben, aufgelöst sein wollen.

Vieles, was ihr im Buch über euch erfahrt, wird euch zu Anfang noch zu neu sein, als dass ihr sofort dauerhaft aus der gewohnten Daseins- und Denkweise aussteigen könntet. Darum überprüft auch das, was ihr hier lest. Und scheint es euch passend für euch zu sein, so lasst es langsam in euer Bewusstsein einfließen. Als Lehrer kann ich durchaus damit umgehen, wenn ihr anderer Meinung seid als ich, und als Geistwesen kann ich es ohnehin. Also seid auch hier mutig und sprecht mit mir.

Und noch etwas ist zu erwähnen. Einige von euch haben das, was ich zuvor gesagt habe, und einiges, was im Unterricht noch gesagt werden wird, bereits erfahren, doch ich kann denjenigen versprechen, dass auch für sie noch Vieles hier steht, was ihnen neu ist. Bedenkt bitte immer, dass ich die unterschiedlichen Bewusstseins-Entwicklungsstufen aller meiner Schüler und Schülerinnen berücksichtigen möchte.

Um aus der gewohnten Denkweise auszusteigen, werden einige von euch dies mit harter Disziplin versuchen. Doch das wird kaum gelingen. Denn das Wissen wird mit dem euren verbunden, das nur schrittweise erweiterungsfähig und zugänglich ist, eben weil so viele Voraussetzungen im menschlichen, irdischen Energiefeld fehlen. Hier könntet ihr vielleicht glauben, dass ohne euren menschlichen Willen gearbeitet wird, dass ihr also fremdbestimmt werdet. Und ich sehe, dass auch einige von euch häufiger ein solches Gefühl haben.

Ganz davon abgesehen, dass der Mensch immer wieder in die Situation gerät, in der verschiedene seiner Aspekte – zum Beispiel: Hohe Führung, Unterbewusstsein oder Schatten, die noch zu beachten sind – die Gedanken prägen und Handlungen übernehmen, die ihn verunsichern, weil sie ihm unbekannt scheinen, erfährt er auch häufig ein Zusammenspiel mit einem anderen Menschen, dessen Aspekte sich mit den seinen „verbinden". Das Handeln kann einem dann schon fremdbestimmt erscheinen.

Doch in einem solchen Fall wirken eure Aspekte synchron. Dies sollte ein Hinweis darauf sein, die euch eure Inneren Führungen immer wieder geben, wie sich Gedanken und sogar Aspekte oder, besser gesagt, gleicharbeitende Wesensanteile eines anderen mit euch verbinden können und welche Auswirkungen dies haben kann.

Dadurch könnt ihr wieder einmal einen kleinen Bildausschnitt eurer Zusammengehörigkeit erfahren, welcher euch Hinweise auf die Einheit gibt und sie euch wieder bewusst machen sollte. Immer wieder begegnen euch solche Situationen, die euch erkennen lassen wollen. Seid also immer bewusst, in allem, was ihr tut und denkt.

Die Ablenkungen um euch herum sind von einer verwirrenden Vielfalt, die euch von euch selbst ablenkt und euch immer wieder eine Entscheidung abverlangt, entweder das eine oder das andere zu tun. Und ihr kommt durch diese Entscheidungsübungen über kurz oder lang dazu, zu erkennen, was ihr wirklich wollt. Und erst wenn ihr das wirklich wisst, ist es einfach, sich jeden Moment in allem, was ihr tut, bewusst zu sein. Alles, was vorangeht, sind sozusagen Übungen für die Reise in die eigene Mitte, die euch Ruhe und Sicherheit schenkt.

Der Gedanke an Fremdbestimmung stammt aus den Erzählungen vieler Menschen, die sich so gefühlt und darum eine große Angst entwickelt haben. Sie hatten den Bezug zu ihrem ihnen bekannten Körpergefühl verloren. Das ist etwas, was den Menschen Angst macht, denn auf diese Weise entzieht sich alles, was sie als zu sich gehörig gefühlt hatten, ihrer Kontrolle. Und sehr oft geschahen aus dieser Angst heraus Taten, die ihr einer Besetzung von Fremdwesen zugeschrieben habt. Nun, auch diese Art von Körpergefühl wolltet ihr erfahren.

Und jetzt gehe ich einen Schritt weiter, mit dem ich euch zum Nachdenken bringen möchte. Wenn eure Hohe Seelenführung in euren Körper einzieht oder ihr erfahrt ein Anfüllen eurer Körperzellen mit Licht, wie wird sich das anfühlen?

Manch einer von euch hat bereits einige solche Erfahrungen gemacht, und manch einer glaubt dann, das, was er erfahren hat, ist schon alles, zumal er vielleicht sogar noch gesagt bekommt, wie viel Licht bereits in seinen Zellen vorhanden ist. Und manch einer glaubt, dass damit dann auch all das aus seiner Vergangenheit ausgelöscht ist, was ihn zum Urteilen über andere geführt hat. Und manch einer mag sich aufgrund dessen, dass er privilegiert ist, mehr Licht als andere in sich tragen zu dürfen, von diesen anderen abwenden. Doch hier ist ein Drahtseil beschritten worden, auf dem diese Menschen immer wieder mit ihrem eigenen Schatten des Hochmuts konfrontiert werden. Sie sind kaum imstande, in dieser Weise Mitgefühl in seiner reinsten Form zu entwickeln. Ich bitte euch, vom Seil herunterzukommen und euch unter die Menschen zu mischen, damit auch sie mit dem Licht in Berührung kommen können und somit ihren eigenen Lichtweg leichter finden werden.

Ist ein Mensch soweit, dass er alle Urteile aus seinem Gedankenpotenzial in reine Gefühle der Liebe zu allem Geschehen und zu allen Lebewesen umgewandelt hat, so ist er mit seiner Hohen Führung verbunden. Sie hilft ihm, immer mehr zu sich selbst zu finden und zu erkennen, dass sie und er *eins* sind.

Viele von euch haben das schon hin und wieder erfahren, und sie wissen, dass das ein wundervolles Gefühl von Freude und Liebe ist. Doch sobald ihr ein Muster in euch tragt, welches euch genau diese Gefühle verbietet, fallt ihr schnell aus dieser Art „Fremdbestimmung" wieder heraus. In den Kapiteln über die feinstofflichen Körper spreche ich noch ausgiebiger darüber.

Ich möchte jetzt noch einmal kurz Bezug auf die sogenannten teuflischen Fremdbestimmungen nehmen, die euch immer wieder von religiösen Institutionen angedichtet wurden. Ihr kennt sicherlich den Satz: „Der ist vom Teufel besessen!"

Um euch von diesem Gedankengut zu heilen, habe ich auch in den nächsten Kapiteln als Unterrichtsstoff Aufklärung vorgesehen. Kurz gesagt: Das, was hier weitergegeben wurde, ist eine der vielen Geschichten, die euch in Angst und Schrecken halten sollten. Und ich beabsichtige, dieses Unwissen zu heilen und euch mit vielen Möglichkeiten zu konfrontieren, denen ihr euch geöffnet habt, um solche Erfahrungen zu machen. Und wie immer ist es von großem Wert, die Hintergründe für diese Art der Erfahrung zu kennen.

Obwohl euch auch diese Geschichten in der bereits erwähnten Weise erzählt wurden, muss ich wiederholen, dass sie euch nur unvollständig weitergegeben wurden. Denn ihr selbst seid auch daran beteiligt gewesen, doch zu dem Zeitpunkt, als euch davon erzählt wurde, außerstande, eure Eigenverantwortung daran vollständig zu übernehmen. Die Erkenntnis fehlt euch in vielen Fällen immer noch, doch auch hier kann beobachtet werden, dass die Vergangenheit abgelegt wird und ganz langsam eine Art des Erkennens in euch Fuß fasst.

Habt ihr Türen in eurem Bewusstsein geöffnet, durch die „andere" Wesenheiten sich von euch eingeladen fühlen könnten, so geschieht dies immer mit gewissen Absichten, die in beiderseitigem Einverständnis und Interesse freiwillig vorgenommen werden. Diese Türen werden wirklich auch von euch selbst geöffnet, zwar meist auf einer höheren Ebene eures Bewusstseins, jedoch ist diese Ebene sehr nahe an eurer physischen Ebene.

Heute seid ihr wieder imstande, eure Eigenverantwortung anzunehmen und zu leben. Hätte man euch das, was ich gerade erzählt habe, vor Jahren erzählt, wäret ihr davongelaufen und außerstande gewesen, dem Gesagten Glauben zu schenken. Und fällt es euch auch jetzt noch schwer, so *erkennt* ihr euch jedoch bald auch als Verantwortliche für die gesamte Gestaltung eures Lebens.

Es mag sein, dass einige von euch das ablehnen wollen. Es gibt durchaus auch plausibel erscheinende Gründe, die sich zum Beispiel mit der Bewusstheit und der

Verantwortung des Massenbewusstseins befassen, doch auch in diesem Fall ist jeder Einzelne für sein Tun verantwortlich. Die Erklärung eures Gesamtkörpersystems bewirkt ein Verständnis für die Situationen und Gegebenheiten, auch für die, denen ihr vielleicht bisher noch den Rücken zugewandt habt.

Bitte denkt immer daran, dass, wenn ihr mit einem Finger auf andere zeigt, wer auch immer das sein mag, Wesenheiten oder Situationen, drei Finger auf euch selbst zeigen. Diese Vorstellung kann ein wundervoller, stabiler Strohhalm sein auf eurem weiteren Weg in das vollkommen erwachte Bewusstsein. Und danach strebt ihr doch alle?

Ihr seht, auch wir arbeiten mit euch eurer jeweiligen Bewusstheit angepasst – in kleinen, nachvollziehbaren Schritten. Noch einmal, das hat weder mit Dummheit noch mit mangelnder Intelligenz euererseits zu tun, sondern mit dem augenscheinlichen Vergessen dessen, wer und was ihr im Grunde seid. Und ihr habt euch in ein unwissendes Stadium begeben, aus dem heraus ihr um Hilfe gebeten habt. Jeder, der diese Hilfe annehmen möchte, ist dazu eingeladen, sich das Wissen, welches wir geistigen Wesen weitergeben, anzueignen, beziehungsweise mit dem bereits vorhandenen in seinem Bewusstsein zu verschmelzen.

Kommt euch das bekannt vor? Ja, auch das sagen wir immer wieder. Denn viele Menschen – auch viele von euch, die im Moment diesen Text lesen, sind sehr scheu und können kaum glauben, dass sie eine ganz besondere Begabung haben oder ein ganz besonderer Mensch sind.

Immer wieder erschaffe ich Situationen, die einige von euch vielleicht glauben lassen, von mir „für dumm gehalten" zu werden. Warum tue ich das? Unter anderem auch deshalb, damit ihr erkennt, wie weit euer Selbstwertgefühl gewachsen ist und auch, damit ihr bewusster erkennen könnt, dass auch das nur ein altes Denkmuster ist. Bitte lasst mich euch helfen, es loszulassen. Macht euch bitte frei oder seid zumindest bereit dazu, dann dürfen wir euch helfen, einen vollkommen freien geistigen Zustand zu erreichen.

Wer oder was ist diese kosmische Weisheit, von der ich euch in dieser Folge erzähle? Habt ihr genaue Vorstellungen davon?

Menschen, die sich schon sehr lange mit diesem Thema befassen, haben bestimmte Vorstellungen – doch auch diese sind eingeschränkt. Manchmal wird diese Weisheit mit der aus der Akasha-Chronik verglichen, beziehungsweise gleichgesetzt. Auch sie ist eine wundervolle, weise Wesenheit, die vergangenes und gegenwärtiges Wissen sowie alle, auch sich ständig neu entwickelnde Zukunftswege, die beschritten werden können, beinhaltet. Doch die Vorstellung, dass es sich hierbei um die Weisheit handelt, die ich euch nahebringen werde, liegt weit von dem entfernt, was wirklich und ursprünglich ist. Obwohl die Akasha-Chronik ein wirklich meisterhaftes Werk ist, und die Wesenheiten, die sich mit ihr identifizieren, von ausgesprochen hoher Intelligenz und voller Liebe zu ihrer Aufgabe und dem göttlichen Gedanken sind, tragen auch sie „nur" zu einem Teil dazu bei, der Ganzheit zu dienen, wie im Grunde jede Wesenheit – so auch ich, trotz meiner erweiterten Fähigkeiten.

Nun wäre es mir ein Leichtes, euch einen kleinen Moment meine Sichtweise erkennen zu lassen, damit ihr mehr von der gigantischen Größe um euch herum erahnen könntet, doch es würde euch verwirren und wahrscheinlich wieder in diverse Angstmuster zurückkatapultieren. Es wäre verantwortungslos von mir, dies zu tun, obwohl es, wenn ihr noch weiter entwickelt seid, durchaus in meiner Absicht liegt, euch einen kurzen Moment durch Verschmelzung sehen und empfinden zu lassen, wovon ich spreche. Es ist ein Zukunftstraum von mir ist, und daher nehme ich zum jetzigen Zeitpunkt Abstand von dieser Idee und achte die menschliche Weisheit, die euch die genau richtige Entwicklung in der Dimension, in der ihr gerade lebt, ermöglicht.

Diese Weisheit sieht jedoch auch vor, dass euch zu gegebener Zeit weitergeholfen wird, solltet ihr euch eurem eigenen Zeitplan, den ihr eurer Entwicklung zugestanden habt, widersetzen und zu lange an einem Ort verweilen, den ihr bereits seit langer Zeit kennt, womit ich den Ort der Angst und der Erschaffung der Angst meine.

Und so dürft ihr den Helfern durchaus mit gutem Gewissen ihre Arbeit überlassen und euch ihnen anvertrauen.

Kosmische Weisheit umfasst alles, was ist. Falls ein Umfassen überhaupt möglich ist. Diese Weisheit wächst immer weiter, was euch vielleicht seltsam vorkommt. Doch es ist immerfort alles in Bewegung, auch die Entwicklung der Weisheit. Doch das, was bisher zu erkennen ist, gebe ich euch gerne weiter, zumindest so viel, wie ihr im Moment wissen müsst. Und das ist schon enorm viel.

Kosmische Weisheit beinhaltet das göttliche Wissen um alles, was ist. Sie erschafft immerfort und behält dabei den Gesamtüberblick über alles, was ist. Und ich werde euch an eure Beteiligung an diesem Wissen erinnern und wieder in Erinnerung rufen, warum ihr das seid, was ihr seid, eingeschränkt und gleichzeitig unendlich weit.

Und damit möchte ich jetzt die erste Unterrichtsstunde beenden. Die Zeit verging sehr schnell oder täusche ich mich? Auf die nächste Stunde freue ich mich schon wieder sehr. Bis es soweit ist, lasst uns doch gemeinsam in eine Meditation gehen, die uns eine kleine Atempause ermöglicht, in der ihr meine bisherigen Worte verarbeiten könnt.

Ich danke euch und umarme eure Ganzheit im vollen Bewusstsein dessen, was das bedeutet.

In Liebe und Achtung
BIN ICH
Euer Lichtbruder und Lehrer

Vywamus

Meditation

Vielleicht habt ihr euch schon vorbereitet, vielleicht eine Kerze entzündet und Blumen aufgestellt. Ich würde euch gerne in eine flauschige, warme Decke hüllen, deren Farbe ihr selbst bestimmt. Mit welcher Farbe mögt ihr gerade jetzt euren Körper umspielen und streicheln lassen? Stellt sie euch intensiv vor und spürt sie, diese Farbe, und spürt ebenso die Reaktion eures physischen Körpers.

Mit dieser vielleicht imaginären Decke oder einer bereits manifestierten macht es euch bequem und lasst euren Atem tief in eure Blutbahn einfließen. Wo ihr imaginär beginnt, den Atem aufzunehmen, überlasse ich eurer Entscheidung oder, besser gesagt, eurer Intuition. Doch wisst, dass es genau dort sein wird, wo die Blutbahn das Organ berührt, dem ihr Aufmerksamkeit schenken solltet.

Seid ihr nun bereit, so atmet immer tiefer, und denkt bitte auch daran, den Atem wieder ins Universum zurückzugeben. Lasst ihn fließen: ein und aus, ein und aus und immer wieder ein und aus, bis ihr euch völlig entspannt fühlt.

Macht euch jetzt bitte bewusst, dass ich an eurer Liegefläche sitze und meine Hände über eure Decke halte, die dadurch mit der Farbe Gold durchwirkt wird.

Und jetzt ist der Moment gekommen, in dem ihr euch angehoben fühlen dürft. Lasst es geschehen. Empfindet ihr jedoch anders, so erlaubt euch, angehoben zu werden, und seht euch in der goldenen Energie meiner Hände den Schritt nach oben gehen.

Ihr werdet nun leichter und leichter.

Atmet bitte tief und gleichmäßig weiter und beobachtet, wie ihr immer ruhiger werdet.

Wer an dieser Stelle den Weg seiner eigenen Vorstellung nach mit mir oder allein weitergehen möchte, darf das gerne tun. Demjenigen sage ich jetzt: Viel Freude auf deiner Meditationsreise. Gehst du allein, so sehen wir uns im Unterricht wieder. Gehst du mit mir, so bleiben wir ohnehin zusammen, bis wir wieder im Unterricht mit den anderen zusammentreffen.

Ihr anderen, die gerne von mir geführt werden möchten, stellt euch jetzt bitte vor, dass wir gemeinsam in ein golden schimmerndes Raumschiff einsteigen, welches uns in kreisenden Bewegungen, die langsam in höhere Ebenen führen, fortträgt. Lasst uns gemeinsam das Steuer übernehmen und an den Ort gleiten, der uns einen umfassenden Blick auf die Erde ermöglicht. Genießt die Reise und erlaubt euch, Freude zu empfinden.

Schaut aus den Fenstern des Raumschiffes, nachdem ihr euch das Schiff vielleicht von innen angesehen habt. Vielleicht seid ihr dabei auch den Begleitern dieses Fluges begegnet. Schaut genau hin, vielleicht erkennt ihr ja den einen oder anderen Begleiter, mit denen ihr im Übrigen auch sprechen dürft.

Und dann schaut aus den Fenstern und lasst das, was ihr seht, in euer Bewusstsein einfließen. Schaut auch hier genau hin und lasst uns hier verweilen.

Wenn ihr mehr sehen möchtet, so schaut zuerst euch selbst genauer an. Das ist durchaus möglich, denn im Raumschiff befindet sich ein großer Spiegel, in dem ihr euch, verstärkt durch eine goldene Beleuchtung, genau betrachten könnt.

Seht, wie ihr gewachsen seid, eurer einstigen, euch auf der Erde bekannten Körpergröße entwachsen.

Seht die Klarheit eurer wunderschönen Augen, die hier in dieser Umgebung sehr klar und deutlich schauen können. Und das Wissen um diesen klaren Blick nehmt bitte auf die Erde mit zurück. Ich gebe euch später noch weitere Informationen, wie ihr dieses klare Sehen behalten könnt.

Wenn ihr euch nun genug angeschaut habt, so lade ich euch ein, mit mir in einen kleinen Salon zu gehen, der mit weißen Möbeln eingerichtet ist, die an den Umrissen golden erstrahlen.

Viele bunte Blumen stehen in diesem Raum, die ihr euch auch gerne genauer ansehen dürft, denn einige von ihnen scheinen euch bekannt zu sein und doch auch wiederum unbekannt. Sie sind von einer anderen Welt, in der ihr ebenfalls schon diverse Inkarnationen hattet.

Setzt euch jetzt bitte in den Sessel, der meinem, in den ich mich gesetzt habe, gegenübersteht. Schaut jetzt mich an. Seht und spürt, wie ich durch meinen Herzenspunkt Licht in euren Herzenspunkt senke, und fühlt euch glücklich.

In diesem Augenblick lasst euch wieder in eure eigene Erinnerung an eure Existenz nahe der göttlichen Quelle führen und stellt euch diese Quelle als einen riesigen Wasserfall vor, unter dem ihr jetzt stehen dürft, um euch reinzuwaschen von all dem Leid und dem Kummer aus alten Zeiten. Und sollte dies bereits geschehen sein, so badet einfach in vollkommener Freude darin.

Lasst euch dazu so viel Zeit, wie ihr haben möchtet, denn ich habe die Zeit auf jeden Fall und erfreue mich an eurer Freude.

Und wenn ihr dann schließlich wieder bereit seid zu-rückzukehren, lasst uns gemeinsam mit dem Raumschiff in euren Raum, von dem aus wir gestartet sind, zurück-schweben. Kommt langsam zu euch und nehmt die Um-gebung um euch herum wieder wahr. Ich begrüße euch auf der Ebene, die ihr zurzeit euer Zuhause nennt.

Ich danke euch für dieses wundervolle Erlebnis und freue mich darauf, es noch häufiger mit euch teilen zu dürfen.

Ich liebe euch

Vywamus

Einleitung zur erweiterten Chakrenlehre nach Vywamus

Erinnert ihr euch an unser „Kreise tanzen"? Nehmen wir doch jetzt wieder Verbindung zu diesem Erlebnis auf, und vielleicht ist es euch möglich, auch wieder hinein zu fühlen?

Lasst bitte die Kreise vor eurem inneren Auge erscheinen oder stellt sie euch vor. Gebt euch nun einen Moment Zeit für die mentale und gefühlsmäßige Kontaktaufnahme, während ich euch wieder anhebe.

Die von mir erdachten Kreise sind als Beispiel für die menschliche Chakrenentwicklung und ihre aufwärtsstrebende Bewegung gedacht. Sie sollten euch mit allen für den menschlichen Körper zum jetzigen Zeitpunkt zugänglichen Chakren verbinden – und sie haben es getan! Es ist wichtig, in der Vorstellung zuerst die Kreise und erst dann die Verbindung der einzelnen Kreise miteinander zu sehen. Auf diese Weise erkennt ihr dann auch ganz leicht, wie jedes Chakra allein nach einer Verbindung sucht und wie diese dann stattfindet. Es ist beglückend, sich die Zeit zu nehmen, diese Vorgänge zu beobachten. Denn ihr könnt euch sicherlich vorstellen, dass dabei auch euer Herz und die Liebe in allen Körperzellen angesprochen wird, was euch noch mehr Gefühle beschert. Um eine Verbindung herzustellen, gehen alle Lebewesen einzigartige Wege, die wir jetzt endlich bereit sind, euch sehen zu lassen.

Die Verbindungskanäle sind sowohl physische wie auch feinstoffliche Blut- und Energiebahnen. Die verbindenden Blutbahnen kennt ihr als Meridiane. In allen körperlichen Einrichtungen ist die Physis mit der Feinstofflichkeit verbunden. Ohne Feinstofflichkeit ist Physis ausgeschlossen. Das sagt euch, dass die Feinstofflichkeit ohne die Physis existieren kann, umgekehrt jedoch ist dies ausgeschlossen. Also dürft ihr hieraus entnehmen, dass sich die Feinstofflichkeit zuerst entwickelt hat, und sie ist von Bestand, denn die Physis geht nach Beendigung des Lebensabschnittes wieder in die Feinstofflichkeit über. Das gilt übrigens für alles Manifestierte in allen Welten.

Nun sind einige von euch bereits mit Chakrenlehren vertraut. Ihr habt ein Wissen erworben, dass ich nun gedenke, zu vergrößern, beziehungsweise zu vertiefen. Diejenigen von euch, für die das jetzige Thema neu ist, können sich selbst durch Bücher, die ich am Ende dieses Buches mit anderen Buchempfehlungen angebe, weiterbringen, wenn sie mögen.

Erwähnen möchte ich jedoch auch, dass es außer meinen Empfehlungen für bestimmte Bücher noch andere gibt. Lasst euch ruhig voller Vertrauen in eure Innere Führung von ihr den Weg zu den für euch richtigen Büchern weisen, denn sie wird euren momentanen Bewusstseins- und Wissensstand immer berücksichtigen.

Ich habe mich entschieden, dass wir, bevor wir die feinstofflichen Körper des Menschen untersuchen, über euer Chakrensystem sprechen werden. Schon wieder ein System, doch dieses ist so aufgebaut, dass es sich bis ins Unendliche ausdehnen kann, was bedeutet, dass Wachstum also auch hier noch möglich ist. Und vielleicht ist es erquickend für euch, für die Zukunft nach Systemen zu suchen, die ebenso erweiterungsfähig sind und bei denen ihr eine Festlegung, in welche Richtung auch immer, vermeiden solltet. Ich meine, gestaltet sie so, dass eine Erweiterung immer möglich ist. Im Anfang ist das sicherlich noch ungewohnt, doch es wird mit viel Übung immer leichter. Nebenbei wird währenddessen wieder einmal euer Bewusstsein trainiert und es fällt euch leichter und leichter, euch aus den bisherigen Begrenzungen des täglichen Lebens hinauszudenken.

Alles, was bis vor kurzer Zeit in eurer Gedankenwelt für Beurteilungen von Situationen noch als feststehend galt, ist mittlerweile durch die Bewusstseinserweiterung vieler Menschen in größerer Ausdehnung befindlich, was heißt, dass sich die Vorstellung der Menschen, dass etwas festgelegt werden muss, verändert und gelöst hat.

Und nehmt ihr euren Körper als ein feststehendes Vehikel zur Kenntnis, so wird es euch jetzt kaum erstaunen, dass dieses Vehikel sich sozusagen auflösen, in andere Welten reisen und einen großen feinstofflichen Kreis um euch bilden kann, wenn ihr euch dieser „Auflösung" angstfrei hingebt. Trotz Auflösung bleibt euer physischer Körper noch manifestiert. Also dürft ihr mit Vertrauen an diese neue Entwicklung herangehen, die euch gleichzeitig Physis und Feinstofflichkeit zeigt.

Wie kam es überhaupt zu dem, was ich Festlegung oder Feststellung nenne? Sie hatte die Bedeutung des Schutzes. Wovor ihr und wir euch schützen wollten, als ihr mit der eingeschränkten Bewusstheit und dem begrenzten Vorstellungs- und Auffassungsvermögen zur Erde gegangen seid, war die gigantische Größe unser aller Existenz bis hin zur Größe der Göttlichkeit. Und dazu haben wir alle gemeinsam den fest erscheinenden irdischen Körper erschaffen.

Und die feststehenden Gegenstände, die euch ein Heim bieten, oder auch andere, die ihr im Irdischen sehen könnt, wie auch alles, was ihr in der Natur seht, wurde bei diesem Festigungsprogramm bedacht.

Je niedriger die Schwingungen waren, desto fester konnte manifestiert werden. Und es wurde in der Weise gearbeitet, dass ihr in eurer Dimension damit umgehen konntet. Und doch haben wir auch daran gedacht, euch immer einen „Weg des Sehens" der Feinstofflichkeit und die Welt dieser Wunder offen zu halten.

Alle manifestierten Wesen und Dinge besitzen eine Aura. Sie beginnt im gefestigten Körper und dehnt sich darüber hinaus aus. Sie ist der Weg des Sehens, den wir euch als Halt mitgegeben haben. Die Aura kann gesehen, gespürt oder gesehen und gespürt werden, und zwar von allen Menschen.

Ist das Sehen zunächst noch blockiert, wird rechtzeitig die Öffnung zum inneren Auge erfolgen. Wer Feinstofflichkeit bewusst sehen möchte, beginnt meist in der Weise zu trainieren, die Aura eines Jeden zu sehen. Das können wirklich alle Menschen, doch weit mehr, als ihr euch vorstellen könnt, nehmen sie auch bewusst wahr, während die anderen, die glauben, nur das Gefestigte zu sehen, sie verdrängen. Und doch haben auch sie hin und wieder eine Aura, die sich vor ihnen zeigt – meist in der Natur oder wenn sich die Nackenhaare sträuben. Und wie gesagt, auch bei ihnen erfolgt rechtzeitig eine Öffnung in die feinstofflichen Welten. Das ist zur jetzigen Zeit mit all den hohen Schwingungen von allen jetzt auf der Erde lebenden Menschen gewollt.

Nun, die, welche allein schon die Vorstellung daran ablehnen, werden sich dem beugen oder in andere Welten gehen müssen. Doch versteht bitte auch, dass es vielen Menschen wirklich schwerfällt, loszulassen, alte Denkmuster zu verändern und sich von der alten Welt zu verabschieden.

Wer Jahrtausende in einer begrenzten, jedoch sehr gefestigten Vorstellung gelebt hat, von Leben zu Leben auf der Erde, der ist nur langsam davon abzubringen. Sein Blickwinkel wird sich nur schwerlich von der gewohnten Vorstellung lösen wollen, und damit ist Bewusstseinserweiterung nur beschwerlich zu erreichen und eure Entwicklung eben nur in kleinen Schritten möglich.

Schaut in die psychiatrischen Abteilungen der Krankenhäuser, wo viele Menschen leben, die mit Gewalt versucht haben, diese Begrenzung zu durchbrechen. Durch bestimmte bewusstseinsverändernde Drogen zum Beispiel oder durch bestimmte Atemübungen besteht für alle Menschen die Möglichkeit, diesen Weg auszuprobieren. Klug beraten sind sie jedoch, wenn sie sich ihrer natürlichen Entwicklung ergeben, zumindest gilt das für diejenigen, die gemäß ihrem Lebensplan dafür weder ein Pionierdasein zu fristen noch ein Führungsbeispiel zu geben haben.

Fast alle Menschen spüren hin und wieder, dass sie einer starken Begrenzung unterliegen, und fühlen sich hilflos. Sie möchten sie gerne durchbrechen, doch sie haben Angst davor, dass das, was dann auf sie zukommen könnte, zu groß für ihr verstandesmäßiges Begreifen sein könnte. Sie wissen intuitiv, dass sie nur langsam vorwärtskommen können. Und das gilt wirklich für die meisten Menschen.

Nun seid ihr ja alle einzigartig in euren Veranlagungen, und doch überschneiden sich diese immer wieder. Und wer die Struktur oder, anders gesagt, Anlage zum Auflehnen gegen sein Leben und seine Mitmenschen in sich trägt, der versucht hin und wieder, die vorgegebenen Begrenzungen zu durchbrechen.

Jeder, der will, findet dann natürlich auch die Wege dahin. Vielleicht steht diese Erfahrung ja an, vielleicht sollte sein Leben jedoch in einer anderen Richtung verlaufen. Jeder wäre gut beraten, wenn er die Angst auch einmal als Freund betrachten könnte, zumindest in der Phase der Bewusstseinsentwicklung, denn diese Angst kann auch durchaus vor Wahnsinn bewahren.

Es kann durchaus sein, dass ein Mensch das eine oder andere von der Größe allen Seins erahnt hat, doch die Begrenzungsvorschriften seines Bewusstseinskörpers haben ihn dann dazu gebracht, dass er sich von dieser Ahnung losgelöst hat. Und alles diente dem Schutz des menschlichen Geistes.

Da die Ahnung jedoch vorhanden ist, auch wenn sie zunächst verdrängt werden musste, entwickelt sich ein innerer Weg, der Verhaltensweisen gebiert, die zwar schon in der genetischen Erbfolge des Menschen angelegt sind, doch erst noch aktiviert werden müssen. Um die Ahnung auch weiterhin zu verdrängen, hat der Mensch sich auf die neue Verhaltensweise zu konzentrieren, was ihn meist sehr beschäftigt. Die neue Verhaltensweise dient als Ablenkungsmanöver.

Doch alle Ablenkungsmanöver geschehen meist sehr intuitiv, also sind es dann auch meist unbewusste Vorgänge, die ich in den nächsten Unterrichtsstunden noch näher beschreiben und dadurch in eure Bewusstheit bringen werde.

Das, was wir gemeinsam als Schutzfunktionen aufgebaut haben, verliert mehr und mehr an Bedeutung. Denn durch die Erweiterung des menschlichen Bewusstseins wird ihm auch klar, dass Schutz nun kaum noch notwendig ist.

Um nun wieder zu den Chakren zu kommen: Im ersten Buch über *die Kunst des Channelns* habe ich bereits über 10 Chakren geschrieben und in den weiteren Bänden bis zum 12. Chakra einiges über ihre Bedeutung erklärt.

In den Wunderwerken eures weisen Körperaufbaus – den Chakren – geschieht so viel, das zur steten Bewusstseinsentwicklung beiträgt und mit ihr einhergeht, dass ich darüber in dieser Lehrstunde sprechen möchte. Um den Blick für die Feinstofflichkeit vorzubereiten und noch weiter zu machen, und um euch aus der „Festigkeit" eurer Vorstellungen und dessen, was ihr glaubt, zu sehen, zu befreien, werde ich die noch vorhandenen Wissenslücken bezüglich der Chakren 1-12 schließen.

Wozu ein Chakra in eurem Körpersystem integriert oder eingebaut ist, habt ihr schon vor langer Zeit erfahren. Es existiert einiges an Literatur, wie ich schon angedeutet habe, was sich mit dieser wundervollen Einrichtung befasst, die, bei genauerer Untersuchung, zeigt, wie Licht arbeitet. Die hohe Intelligenz der Lichtkraft ist leider nur annähernd zu beschreiben. Doch einiges kann ich euch auch hierzu vermitteln.

Chakren sind Energiewirbel, die allen Lebewesen ihre Verbindung zu allem, was ist, ermöglichen. Sie leiten die kosmische oder, besser gesagt: „göttliche Lebensenergie" zu euch weiter, die euch wiederum überhaupt erst ermöglicht, zu leben und gesund und klar zu sein. Das gilt für jedes Lebewesen. Und dazu gehören auch die von euch als sogenannte tote Gegenstände bezeichneten Lebewesen. Bedenkt bitte, dass in jedem Gegenstand, den ihr seht, auch Elementarteilchen mit eigenen weit geöffneten Chakrensystemen vorhanden sind, die durchaus als höchst lebendig bezeichnet werden können – denn sie sind es!

Getraut ihr euch, einmal mentalen Kontakt zu ihnen aufzunehmen, werdet ihr überrascht über die wundervolle Kommunikation sein, die stattfinden kann, und ebenso über die unendliche Liebe einiger Elementarteilchen zu euch, die ganz zaghaft versucht, euch zu erreichen.

Viele dieser Teilchen sind aufgrund der langen Zeit der Abweisung durch Menschen, der Nichtachtung und des mangelnden Gefühls für sie äußerst verunsichert und vorsichtig geworden. Ich denke, es bereichert euer tägliches Leben sehr, wenn ihr auch durch diesen Kontakt bewusster werdet.

Betretet ihr einen Raum und macht euch bewusst, wie viel Leben in diesem Raum existiert, so dürfte euch ein Gefühl von Glückseligkeit übermannen. Alles um euch herum verbreitet Liebe! Wenn ihr es doch nur annehmen könntet, so würdet ihr mit dem Gefühl, überall beachtet und geliebt zu werden, belohnt!

Ja, könntet ihr doch viel mehr von dieser Liebe annehmen, die euch von „außen" gesandt wird, so könntet ihr auch gefühlsmäßig viel mehr darüber erfahren, was Einheit bedeutet, die durch eure Körperkonstruktion bereits vorhanden ist. Ihr findet allein schon im Aufbau der Chakren ein Beispiel für den Aufbau eurer ganzheitlichen Körper. Doch bisher ist weder dieser Aufbau noch die feinstoffliche Konstruktion – bis auf einige Einzelheiten – erklärt worden. Nun, dazu sind wir ja jetzt beieinander.

Ein einzelner ganzheitlicher Körper verfügt über mehr als 88.000 Chakren. Obwohl wir alle miteinander verbunden sind, erkläre ich euch zunächst das, was sich auf einen von allem, was ist, getrennten Körper bezieht. Ich begrenze in diesem Falle die Verbindung allen Seins und trenne eine einzelne Wesenheit von ihr ab. So spreche ich zunächst von jedem einzelnen Menschen und zu jedem einzelnen Menschen.

Ist ein Chakrensystem vollkommen ausgeglichen, so ist der Mensch körperlich gesund und klar in seinem Geiste. Bevor die Schwingungserhöhung in der jetzigen Stärke stattfand, waren für diesen Gesundheitszustand die Chakren 1-12 verantwortlich. Nun ist die Zeit da, in der auch die anderen Chakren ihre unmittelbare Bedeutung zu verwirklichen haben. Damit meine ich, dass, je weiter ihr in die Feinstofflichkeit hineinschaut – auch bei denen, die sich gesund und munter fühlen, umso weniger gesund scheinen die oberen Chakren zu sein, und damit irgendwann auch der zunächst noch gesunde Mensch.

Die alten Lehren über die feinstofflichen Körper sagten aus, dass die oberen Chakren so nahe an der Göttlichkeit sind, dass sie in jedem Falle gesund sein müssten. Doch wart ihr zu dieser Zeit, als das Wissen in der Form verbreitet wurde, nur ansatzweise in der Lage, bis zu ihnen schauen zu können. Hier geht es erst einmal um die Chakren 1-7, und später kamen dann weitere bis zum 12. hinzu. Die Hellsichtigkeit, die es ermöglichte sie zu sehen, war nur bis zu einem gewissen Grad und einer Ebene, die zu eurem Entwicklungsstand passte, zugelassen.

Und wieder einmal sind es die erhöhten Schwingungen und die Verbindungen mit den Wesen aus der geistigen Welt, die für mehr Hellsichtigkeit bei einigen Menschen auch in die höheren Ebenen hinein gesorgt haben. Und diese Entwicklung geht immer weiter. Es bedeutet, dass ihr selbst in diesen Ebenen erscheinen könnt, ohne dass wir uns für euch manifestieren oder uns zu euch begeben müssen. Obwohl auch das die reinste Freude für uns ist. Doch ich möchte darauf hinaus, dass ihr erkennt, was ihr bald selbstständig ausführen könnt.

Einst verfügtet ihr über den größten Teil des Wissens, welches ich euch in diesem Buch wieder in Erinnerung rufe. Und mittlerweile wissen die meisten unserer Mitschüler bereits, dass sie in vielen anderen Leben inkarniert waren, und unter anderen auch in der frühatlantischen und später in der ägyptischen Zeit. Für westliche Menschen sind diese Zeiten äußerst prägend gewesen. Darum habe ich sie jetzt hervorgehoben.

Doch auch zu anderen Zeiten wart ihr als Weise und Forscher unterwegs, wie zum Beispiel in der Zeit der Mayakultur oder in einigen Epochen der Indianerkulturen. Es gibt noch weit mehr Epochen, in denen ihr als Wissende und Forscher zugegen wart. Wirklich viele Menschen leben jetzt wieder auf der Erde, die zu den Wissenden dieser Epochen gehörten, und fast alle Leser dieser Seiten gehören dazu.

Würde ich das Netz jetzt weiter spannen, so dürftet ihr euch auch auf anderen Planeten in der gleichen Berufskategorie wiederfinden. Denn auch dort wart ihr oft als Wissende inkarniert oder als Forscher. Und forscht ihr einmal in eurem Inneren nach einem Nachklang, so spürt ihr das wahrscheinlich auch. Und denkt ihr vielleicht an manche Situationen in eurem jetzigen zurückliegenden Leben, so hattet ihr vielleicht manchmal ein Gefühl von etwas Verlorenem, welches nur vage in eurem Bewusstsein auftauchen wollte. Und manches Mal war es das Wissen darum, dass ihr bereits viel Wissen in euch tragt, zu dem lediglich ein Weg gefunden werden wollte, um es wieder zu aktivieren.

Viele von euch Wissenden waren auch Heiler, die genau wussten, wie den Menschen wieder zu ihrer Gesundheit verholfen und in welcher Weise Chakren dazu genutzt werden konnten. Trotz der vielen Zusatzmittel oder Gerätschaften, Steinen, Kristallen und anderen „Zaubermitteln", die eine Heilung unterstützen konnten, war die über den direkten Weg über die Chakren der effektivste.

In den alten Zeiten der atlantischen und ägyptischen Kultur waren die Bedeutung und Nutzungsmöglichkeiten der Chakren den Wissenden weitgehend bekannt, und sie wussten, wie mit ihnen zum Wohle aller Beteiligten sinnvoll gearbeitet werden konnte. Doch mit fortschreitender Zeit in die Epoche der dunklen Zeitgeschichte hinein wurde das Wissen kaum noch weitergegeben, aus Vorsicht vor missbräuchlichen Absichten.

Diese Entscheidung war klug, doch damit habt ihr euch selbst, die ihr es zum Wohle aller nutzen wolltet, das Wissen abgeschnitten, beziehungsweise so tief in euch verborgen, dass es so schien, als sei es in dunkle Verliese des Bewusstseins mit Hunderten von dicken Vorhangschlössern versperrt worden.

Einige von euch haben in Rückschauen erlebt, dass jemand an ihr Wissen wollte und sie gefoltert und gequält wurden, um es preiszugeben. Doch die meisten der Menschen, die es in sich verborgen hatten, ließen sich lieber töten, als es diesem *Jemand* zu übergeben. Zumindest ist damit klar, dass in dieser Zeit der Folterungen das Wissen ums Gedankenlesen auf der irdischen Ebene wieder sehr tief verborgen war.

Doch gehen wir zurück in die Zeit davor. Verblüffend – selbst für die damalige Zeit – war, dass ein Toter mit gezielter Atemzufuhr in bestimmte Chakren wieder zum Leben erweckt werden konnte. Phantastisch?

Heute wird dieser Vorgang von dafür ausgebildeten Lichtwesen aus der geistigen Welt oft bei komatösen Patienten angewandt. Denn viele von ihnen sind zwar noch mit dem irdischen Körper verbunden, doch das Bewusstsein ist in der anderen Welt angekommen, von wo aus es nur noch eines winzigen Griffs zur Ablösung vom irdischen Körper bedarf. Die Chakren, die das Leben wieder in Gang setzen können, dürfen nur dann aktiviert werden, wenn der Patient wirklich wieder ins Leben auf der Erde zurückgehen möchte. Es fällt euch schwer, das nachzuvollziehen?

Liebe Freunde, was glaubt ihr denn, was die wirklich Wissenden alles ausprobiert haben! Und das mussten sie auch. Doch sie hatten auch einen Ehrenkodex entwickelt, der sie dieses Wissen hüten hieß, und damit haben sie sich in ihre Verantwortung begeben, die sie für andere Menschen zu haben glaubten. Und das war in diesem Falle begrüßenswert. Denn vieles dieses aus hohen Ebenen mitgebrachten oder auf der Erde erworbenen Wissens war nur für wenige bestimmt, da es ansonsten viele Menschen aus der von ihnen erwünschten Begrenzung herausgehoben hätte. Es wäre ihnen verwehrt gewesen, ihre erwünschten Erfahrungen zu machen. Auch hierzu erfahrt ihr in den nächsten Lektionen noch mehr.

Damals wurde das Wissen, wie Tote wieder zum Leben erweckt werden konnten, nur immer einem Meisterschüler weitergegeben, der, für einen menschlichen Körper und Geist, äußerst harte Schulungen durchlaufen musste. Diese Schulungen zeigten auf, inwieweit der Meisterschüler Vertrauen in die göttliche Kraft und in seine eigene körperliche und geistige hatte. Viele Schüler, die sich für den Weg des Wissenden in den höchsten Ebenen entschieden hatten, sind an diesen Geistes- und Körperübungen zerbrochen, doch einige wenige haben dadurch erst recht eine immense Geisteskraft entwickelt, die dann auch den Status ermöglichte, ein Meister auf dem Gebiet der Heilung zu werden.

Es gibt in der Tat Möglichkeiten, wie ein Körper wieder zum Leben erweckt werden kann, und in der Vergangenheit haben wenige Menschen dies auch hin und wieder getan.

Und so weise ich auf die Geschichte von Jesus hin, der ja auch Tote zum Leben erwecken konnte, entgegen aller anders lautenden Mitteilungen.

Dieses Wissen war zu jener Zeit nur Jesus und noch einem Meister aus dem Melchisedek-Orden bekannt, der es an Jesus weitergegeben hat, beziehungsweise, es wieder aktivieren durfte, und allen anderen war es streng verboten, an eine solche Möglichkeit überhaupt nur zu glauben. Bei Jesus war es unter „Wunderheilungen" archiviert worden. Jesus hat vieles getan, was den Menschen im Grunde immer wieder Hinweise auf ihre eigenen Möglichkeiten geben sollte, doch die Menschen waren damals außerstande, zu begreifen, was Jesus ihnen mit den durch ihn vollbrachten göttlichen Wundern sagte.

Immer war es so, dass nur einzelne Wissende um die grenzenlose Macht der Energiezufuhr in bestimmte Chakren wussten. Und da ich hier darüber spreche, macht euch bitte bewusst, dass diejenigen unter euch, die nun als Aspekte dieser einstigen Größen auf der Erde sind, hier wieder in etwa so wirken dürfen, wie sie es einst taten.

Die Zeit der Öffnung zu den geistigen Kammern des alten Wissens ist für euch gekommen. Und so liegt es nahe, dass ihr mit diesem Wissen eure Heiltätigkeit unterstützt, wenn ihr es wieder annehmt. Die Heilkraft wächst, wird stärker und stärker.

Vielleicht behandelt ihr zunächst euch selbst, um den Unterschied zu erkennen, und dann wendet die Kraft so an, wie es euch eure Intuition rät. In den Kapiteln über die feinstofflichen Körper wird auch hierüber gesprochen und ich gebe genaue Anweisungen (wieder) bekannt, wie der Heilvorgang in Bewegung zu setzen ist. Auch wenn ihr schon vieles dazu wisst, so ist diese Art der Heilung weit effektiver, als ihr euch vorstellen könnt.

Anwendungen bei Verstorbenen solltet ihr jedoch unterlassen, denn dazu ist eine umfassende Ausbildung vonnöten. Und ich möchte euch Enttäuschungen ersparen und den Weg zur irdischen Polizei ebenfalls. Denn sollte ein solches Unternehmen bekannt werden, würde sich in der heutigen Zeit die liebe Polizei mit Recht einschalten, denn es grenzt an Scharlatanerie, auch nur zu versuchen, ein solches Unterfangen zur jetzigen Zeit zu tätigen. Ihr seid dazu wirklich zu wenig ausgebildet! Bitte beherzigt das! Vielleicht ist es in einigen Jahren möglich durch die herangewachsenen Kinder, die aus den höchsten Ebenen stammen und ihr erwachtes Bewusstsein mitgebracht haben. Und auch dann sollte, um eine umfassende Ausbildung zu bekommen, ein Lehrer da sein, der seinen Schüler leiten kann. Ihr seht, es bedarf noch vieler Entwicklungsschritte in den nächsten Jahren.

Was ihr jedoch selbst tun dürft, ist, euch selbst zu heilen. Und ihr dürft ebenfalls eure Körper verjüngen. Dass dadurch eine längere Zeit der momentan geltenden Rentenzahlungen vorprogrammiert zu sein scheint, ist eine andere Geschichte. Denn hier wird das nötige Kleingeld kaum von den Behörden in voller Höhe gezahlt werden – vielleicht auch gezahlt werden können. Das ist Zukunftsspekulation – so möchte ich es jedenfalls im Moment nennen.

Was wohl die meisten Menschen, denen es finanziell gut geht oder die ihren Weg ins Glück beschritten haben oder auch einige andere am Leben hängende Menschen wünschen, ist wohl eine ewig anhaltende Jugend des Geistes und des physischen Körpers. Die jugendliche Schönheit ist ein Juwel, das die meisten Menschen besitzen möchten. Und die jetzige Zeit dient dazu, diesen Traum zu verwirklichen.

Woher dieser Wunsch stammt, den viele Menschen schon sehr lange in sich tragen, hängt mit dem verborgenen

Wissen in ihnen selbst zusammen. Und je mehr darüber berichtet wird, dass Verjüngung der Zellen möglich ist, umso mehr Menschen fühlen sich angesprochen. Das hat meist weder mit eitlem Verhalten noch mit Altersablehnung zu tun. Im Gegenteil, denn die Menschen, die in sich das Wissen um diese Möglichkeit tragen, lehnen sich an das Aussehen der Wesenheiten aus Engelsebenen und anderen kosmischen Bereichen an, die, falls sie sich manifestieren, um sich den Menschen zu zeigen, fast immer in zeitloser Körpergestalt und mit strahlend jungem Gesicht erscheinen.

Und die Menschen wissen, dass auch sie gleichermaßen so aussehen können. Hintergründig ist es also der Wunsch, sich wieder in den angesprochenen Ebenen, die vielen ein Zuhause sind, bewegen, doch auch gleichzeitig in irdischen Ebenen tätig sein zu dürfen.

Im Kapitel über die Verjüngungstechnik erzähle ich euch noch mehr darüber, und ich gebe euch eine Anweisung an die Hand, mit der ihr das Gesagte dann ausprobieren könnt. Es ist allerdings wichtig, dass ihr zuvor die anderen Kapitel auch gelesen habt.

Ihr habt inzwischen meine Eigenart, ein Thema scheinbar immer wieder zu verlassen und ausschweifend über etwas zu berichten, das im Moment vielleicht als kaum zum Thema gehörig zu sein scheint, kennengelernt und es akzeptiert.

Ich sehe einige von euch verständnisvoll lächeln und mich dadurch in euren menschlichen Status einbeziehen. Das erfreut mein Herz in noch sanfterer Weise und erweckt noch mehr Liebe zu euch. Ja, ist das denn überhaupt möglich? Ja, das ist es! Immer mehr und immer mehr! Der menschliche Status bedeutet für mich, dass ihr lieber Nähe zu mir empfindet als den Abstand, den wir

Geistwesen üblicherweise von und durch euch erfahren. Na, wenn das der Fortschritt in die neue Dimension ist, dann haben wir es doch geschafft!!!

Mein scheinbares Abweichen vom Thema hat natürlich wieder Gründe, wie alles, könnte man jetzt sagen. Zum einen trainiere ich damit eure geistige Beweglichkeit und zum anderen sind meine Mitteilungen trotzdem auch in direkter Weise mit dem Thema verbunden. Was ich euch scheinbar weitschweifig vermittele, soll ebenso auf die vielen Möglichkeiten hinweisen, die ein Thema in sich birgt, und damit auf die unendliche Weite unseres Seins. Ein Thema von mehreren Seiten zu beleuchten und dabei indirekt auch abzuschweifen, gehört zu meiner Strategie, euch in die immer größer werdende Bewusstheit weiterzuhelfen. Die Öffnung für die grenzenlose Existenz eines Jeden bedarf nun einmal vieler Wege, die bekanntlich ja auch nach Rom oder wohin immer ihr wollt, führen.

Es gibt natürlich auch Meisterlehrer, die sich eurer Enge anpassen und in eben dieser Weise ihren Stoff vermitteln. Jeder nutzt das, was er an Gegebenheiten vorfindet, und arbeitet dementsprechend mit seinen Kanälen. Und jeder wird die Schüler erreichen, die auf ihn ansprechen.

Nun habe ich viel Zeit darauf verwandt, Petronellas Bewusstheit sehr weit zu öffnen, sie mit immer neuen Gegebenheiten zu konfrontieren, um sie aus ihrer festgefahrenen Denkweise zu lösen, damit sie flexibler wurde und ich in dieser Weise mit ihr arbeiten kann. Sehr dankbar bin ich für das erzielte Ergebnis. Denn dieses kommt uns allen auch in ihrer Heiltätigkeit zugute.

Hin und wieder ein kleines Lob aus meinem Munde sollte euch schon erreichen, insbesondere dann, wenn ihr so viel mit mir arbeitet, und ich möchte es auch für jeden von euch aussprechen, denn jeder arbeitet mit mir, mal mehr, mal weniger. Auch über diese Ergebnisse empfinde ich sehr viel Freude.

Und Freude ist etwas, was wirklich bis in die höchsten Chakren aufsteigt. Dieses Gefühl kann sich ebenso ausdehnen wie die Liebe und immer mehr werden.

Wenn ich mit euch arbeite, so tue ich das über alle Chakren. Beginnend mit dem Wurzel- oder Basischakra, arbeite ich mich bis zum Kronenchakra hinauf, höher und höher und gleichzeitig mit dem Wurzelchakra arbeite ich an euren Fußchakren in der gleichen Reihenfolge.

Von den Fußchakren ausgehend aktiviere ich die Lichtbahnen, die zu allen anderen Chakren führen und für die Verbindung mit- und untereinander sorgen. Meine Energie, meine Kraft der Liebe durchströmt eure gesamte Feinstofflichkeit, wenn ich mit euch arbeite. Und so ist es möglich, dass ihr bisher vielleicht oft unter kalten Füßen und Händen gelitten habt, und durch meine Arbeit an euch werden sie dauerhaft warm.

Ich durchströme eure Empfangskanäle mit meiner Energie, doch wenn ich euch mit meiner Energie für ein Channeling berühre, so verläuft mein „sich euch nähern" von der anderen Seite. Ich beginne hier bei eurem Kronenchakra, berühre eure hinteren Chakren und umschließe euch sozusagen dann vollständig. Erst im oberen Bereich, dann bis zu den Füßen. Die feinstofflichen Körper sind jedoch die ersten, die mit meiner Energie verschmelzen.

Und so wie ich eure Chakren nutze, so wird durch sie über die Lichtbahnen eures Körpers meine Energie in jede Zelle eures Körpers transportiert. So stellt sich euer Körper vollständig auf mich ein, wenn auch mein Energiestrom stark gedrosselt in euch arbeitet. Denn ich darf euch nur langsam aus der niedrigen Schwingung herausholen, und ihr bemerkt meine Anhebung auf sanfte Weise. Ebenso arbeitet im Übrigen auch die göttliche Mutter.

Im nächsten Kapitel erfahrt ihr mehr über das, was ihr euch unter Anhebung vorstellt, was ihr zusätzlich fühlen könnt und was dabei mit euch geschieht.

Die Hauptchakren 1-12 und einen Teil ihrer Bedeutung fasse ich hier kurz zusammen, denn ihr könnt mehr darüber in meinen anderen drei Channelbüchern nachlesen. Doch ich erwähne auch einiges, was bisher noch unerwähnt war, und füge dadurch weiteres Wissen zu dem schon vielfach erwähnten hinzu. Und wie ich schon sagte, gibt es auch andere Bücher, die sich mit dem Thema Chakrenlehre befassen.

Manchmal lest ihr jedoch unterschiedlich ausgelegte Bedeutungen, wie zum Beispiel die Nummerierung der Chakren 1-7, die einmal vom Wurzelchakra 1 ausgehend hin zum Kronenchakra 7 zählt, und in anderen Auslegungen laufen die Zahlen genau umgekehrt oder ihr findet in den Texten noch andere Auslegungen. Die Bedeutung der Chakren an sich ist jedoch gleich. Und darum solltet ihr die unterschiedlichen Auslegungen ruhig erst einmal so annehmen und euer intuitives Wissen mit dem, was ihr lest oder dazu bereits gelesen habt, mit allem verbinden. Öffnet euch bitte für neue Erkenntnisse insgesamt und im Moment ganz besonders für die in der Chakrenlehre und des feinstofflichen Körpersystems.

Wissen aufzunehmen, in jeder Weise, und auch die unterschiedlichen Auslegungen gelten zu lassen, erweitert euer Bewusstsein in besonderer Weise, was dazu führt, dass ihr den Weg findet, der euch schließlich erkennen lässt, welcher umfassenden Weisheit ihr eure Existenz verdankt.

Fußchakren

Bevor wir zu den Hauptchakren kommen, möchte ich noch auf eure Fußchakren eingehen, die meines Erachtens viel zu wenig beachtet werden. Sie sind in gleicher Weise angeordnet wie die sieben Hauptchakren. Von den Zehen bis zur Ferse. Und unter den Fußsohlen findet ihr die gleiche Anordnung, wie sie auch in eurem Rücken, entlang der Wirbelsäule, aufgebaut ist. Mit dem Kronenchakra an den Zehen beginnend, erstrecken sie sich bis zur Ferse. Sie sind mit den Hauptchakren eures Körpers verbunden. Es ist wichtig, dass auch sie euch bewusster werden und ihr euch mit ihnen befasst.

Tägliche, bewusste Waschungen und Massagen sind äußerst empfehlenswert, denn dadurch werden sie weiter und empfangsbereiter. Sie erfüllen auf jeden Fall schon einmal die gleiche Aufgabe wie die Chakren im Rumpfbereich. Doch zusätzlich erfüllen sie die Aufgabe, euch in eurer Entwicklung in besonderer Weise voranzubringen. Sie führen euch auf die rechten Wege. Denn mit den Füßen geht ihr in der Regel voran. Und die rechten Wege sind dann die, zu denen eure Füße euch tragen. Das sind zum Beispiel Orte, an denen ihr bestimmte Begegnungen haben werdet. Eure Intuition ist in ganz besonderer Weise mit den Fußchakren verbunden. Sie leitet euch durch sie in die Bewegung zum nächsten physischen Schritt.

Und es leuchtet euch sicherlich ein, dass gerade über diese Chakren ein sehr naher Kontakt zu denen der Erdoberfläche besteht, die wiederum die Aufgabe haben,

Heilkräuter mit der nötigen Kraft zu versorgen. Hier findet bei jedem Schritt, den ein Mensch geht, selbst über Asphalt, die Aktivierung der Heilkraft spendenden Chakren eurer Mutter Erde statt. Doch zusätzlich empfangen diese auch die heilende Kraft der Sonne und des Mondes und geben sie weiter an die Wurzeln der Pflanzen und wieder zurück zu euch. Es findet ein reger Energieaustausch zwischen euch und eurer Mutter Erde statt – bei jedem Schritt, den ihr tut.

Vielleicht hilft euch dieses Wissen jetzt, noch häufiger in die Natur zu gehen und dabei bewusst die Erdenchakren zu aktivieren.

Setzt ihr euch in der Natur – vielleicht auf einen Baumstumpf oder direkt auf die Erde – und lasst die Füße im Bodenkontakt, während ihr in die Stille geht, so werdet ihr in wundersamer Weise an eure Herzensschwingung erinnert, und sie kann sich ausdehnen und euren Verstand kurzzeitig zur Ruhe kommen lassen. Die Erde füllt eure Chakren mit Kraft und Frieden an, was sie über die Fußchakren tut, die dann wieder die Lichtverbindungskanäle nutzen. Ich kann euch nur empfehlen, dies so oft wie möglich zu tun und euch auf diese Weise mit noch mehr Energie aufzufüllen.

Dass dadurch bei jedem Schritt auch eure anderen Chakren im physischen Körper aktiviert werden, liegt auf der Hand, und dabei können eventuell erkrankte Organe in einen Heilprozess eingebunden werden, was eine erfreuliche Nebenwirkung ist. Gesunde Organe können auf diese Weise noch mehr Lebensenergie tanken. Das alles ist möglich, wenn die Chakren ungeschützt arbeiten dürfen. Denn jeder Schutz ist auch eine Begrenzung, die den Zellen suggeriert, dass der Mensch im Moment ohne Vertrauen in die göttliche Fügung und Führung seinen Weg gehen möchte.

Den Menschen, die sich noch ein wenig instabil zeigen, wenn es um ihre vertrauensvolle Bereitschaft geht, göttliche Bestimmungen geschehen zu lassen, ist zu empfehlen, sich einen auf Schutz spezialisierten Engel an die Seite zu bitten, der, wenn nötig, einen Schutzwall um sie legt. Doch diese Bitte sollte bewusst ausgesandt werden und der Empfang des Schutzwalls sollte ebenfalls bewusst stattfinden. So kann sich die Angst, die einen Schutzwall erfordert, mit der Zeit auch auflösen.

Bei dieser Gelegenheit möchte ich euch, die Beschwerden beim Gehen spüren, empfehlen, sich von diesen Schutz bringenden Engeln weiß-blau schimmernde Wolken um die Füße und die Beine, bis zu den Hüften hoch, legen zu lassen. Ihr werdet dann wie auf Wolken gehen. Doch auch dies solltet ihr bewusst geschehen lassen und die Leichtigkeit, die euch dadurch geschenkt wird, ebenfalls bewusst als ein göttliches Geschenk annehmen. Ihr könntet dieses Geschenk immerzu nutzen, doch es ist wichtig, es auch immerfort im bewussten Tun präsent zu haben.

Ja, werden wir geistigen Wesen gebeten, können wir schon einiges in Bewegung setzen.

Mit einem bewussten Umgang der Hilfen aus unseren Welten wächst eure Bewusstheit ebenfalls. Und was das Gehen betrifft, so wird euch damit gezeigt, dass eure Gliedmaßen durchaus in Ordnung und einsatzfähig sind. Und das ist ebenfalls ein Nebeneffekt, den gerade euer Zellbewusstsein mit Freude aufnimmt.

Menschen, die sich mit einer Krankheit in diesem Bereich ihres physischen Körpers belastet haben und bei denen die vorwärtstragenden Glieder ihren Dienst eingestellt haben, sollten möglichst viel auf dem Naturboden in Wald und

Flur sitzen, denn dadurch geschieht Heilung im inneren Bereich, der Frieden und oft auch ein Aussöhnen mit ihrer behindernden Situation ermöglicht. Und dadurch können die betroffenen Menschen zumindest besser mit ihrer Behinderung umgehen.

Chakra 1

Nun komme ich zu den Chakren, die sich im Bereich des Rumpfes befinden. Ich benenne eure Hauptchakren mit den Namen, die ihr ihnen gegeben habt. Achtet bitte auch bei diesen Namen auf mehrfache Bedeutungen, die euch beim Benennen unbewusst durchaus bekannt waren.

Zum Beispiel: Kronenchakra! Was bedeutet eine Krone für euch persönlich? An was erinnert sie euch, und wie geht ihr selbst vorwärts, wie fühlt ihr euch, wenn ihr euch eine Krone auf eurem Kopf vorstellt?

Alle diese Bedeutungen und noch weit mehr lassen sich auf das Bild des Kronenchakras anwenden und zeugen davon, welche Zusatzbedeutungen im spirituellen Geiste des höherentwickelten Bewusstseins entwickelt werden können. Und sind eure Gefühle noch Ego-gesteuert, so dürft ihr auch sie annehmen, ohne euch zu schämen oder gar zu verurteilen.

Gesteht euch ein, wie ihr euch im Moment mit einer Krone auf dem Kopf fühlt – und lasst das Wunder geschehen, dass diese Gefühle sich alsbald verändern werden. Der bewusst empfundene Wandel von Gefühlen, die einst vom Ego beherrscht waren, und zu spüren, wie sich das Ego verwandelt und in Liebe wieder ins Vertrauen geht, ist wieder einmal ein großes Geschenk, das ihr euch selbst machen dürft.

Ich beginne nun mit dem ersten Chakra, welches ihr vor langer Zeit Wurzel- oder Basischakra getauft hattet. Die

Bedeutung habt ihr in der Wurzel gesehen, die euch mit der Erde verband. Doch auch hier ist die Verbindung mit euren Fußchakren zu beachten.

Die Bedeutung des ersten Chakras ist viel weitreichender als es bisher immer beschrieben wurde. Durch seine Öffnung entsteht die Verbindung zwischen euch, allen anderen Lebewesen und eurer Mutter Erde und dadurch wieder mit allem, was auf der Erde existiert.

Durch die Öffnung eures Basischakras wird die Verbindung der feinstofflichen Verbindungskanäle, die jedes Chakra in großer Zahl zur Verfügung hat, aktiviert. Durch diese fließt dann die Lebensenergie, die bei der Öffnung des Wurzelchakras freigesetzt wird, in die Chakren, die tief im Körper der Erde angesiedelt sind.

Ist die Lebensenergie einmal in Bewegung gesetzt, so aktiviert sie die Chakren der Erde und die aller anderen Wesenheiten auf, in oder außerhalb der Erde, im Kosmos. Zwar ist die Bewegung dort weniger stark zu spüren, doch sie ist eindeutig da.

So wie ich es jetzt beschrieben habe, scheint es so, als ob unsere geliebte Mutter Erde nur "lebt", wenn Menschen sich mit ihrem Bewusstsein bewusst oder unbewusst verbinden.

Das, was der Mensch durch seine Bewusstheit bewirkt, ist schon erstaunlich. Doch da alle Wesen Bewusstheit in der einen oder anderen Weise sind, wirken auch sie in ähnlicher Weise mit, wenn es darum geht, das Bewusstsein der Erde zu aktivieren. Es sind alle Lebewesen auf und in ihr, die sie zu ihrer Aufgabe, zu leben und alles am Leben zu erhalten, was auf oder in ihr leben möchte, führen, indem sie sich selbst ins Leben begeben, und das geschieht immer über das Aktivieren des Erdungschakras.

Die Erde ist über ihre Chakren und den dazugehörenden Verbindungskanälen intensiver, als es der Mensch ist, mit allem verbunden, was ist. Ihre eigenen Chakren sind allerdings anders angeordnet als eure, doch sie weisen denselben Aufbau auf. Könnt ihr euch vorstellen, dass ihr über den gerade beschriebenen Weg in die gleiche Verbindung geleitet werdet, die eure liebe Mutter Erde immer wieder eingehen kann – aktiviert durch eure Handlungen?

Zunächst erreicht ihr diese Verbindung in die Welten, die eure Erde umgeben, und dann immer tiefer in den Kosmos hinein allerdings nur dann, wenn ihr das so möchtet. Es gehört vielleicht auch ein wenig mehr Mut eurerseits dazu, denn es bringt eine Art Loslassen mit sich, das euch vielleicht mit anderen Arten des Lebens konfrontiert.

Dieses Chakra ist für die Verbindung mit dem Kosmos eingerichtet worden. Und da ihr über dieses Chakra *verbunden* seid, so sollte euch auch klar werden, dass ihr darüber mit der göttlichen Kraft auf höchster Ebene verbunden sein könnt und ihr das Gefühl von Heimat wieder empfindet, wenn eure Kanäle regelmäßig bewusst von euch gereinigt werden.

Zur Reinigung der Kanäle habe ich auch schon einiges gesagt, werde euch jedoch noch weiteres dazu empfehlen.

Bisher glaubten die meisten Menschen, dass der Kontakt zur göttlichen Kraft ausschließlich im oberen Bereich der Chakren liegen würde, nämlich vom Kronenchakra ausgehend in die höheren Chakren. Und aus dieser Vorstellung heraus haben in den vergangenen Zeiten die Märchen vom Zölibat ihre Schuldigkeit getan. Natürlich kann sich der Mensch über alle Chakren mit dem Höchsten verbinden, doch diese haben den Weg zu finden, der die Verbindung herstellt, und dieser Weg führt über das Wurzelchakra, zumindest so lange, bis sich der neue Körper entwickelt hat, in dem dann andere Chakren die Aufgabe dieser Verbindung übernehmen.

Lenkt ihr euren Atem in eurer Vorstellung in das erste Chakra, könnt ihr dort eine wundervolle Öffnung spüren, die euch sehr weit und sensitiv machen kann. Es ist sogar möglich, dass ihr euch dadurch angehoben fühlt. Und denkt ihr zusätzlich an die sexuelle Lust, die auch über dieses Chakra empfunden werden kann, so habt ihr ein Beispiel dafür, wie sich verschmelzen im Anfangsstadium anfühlen kann. Im Übrigen empfindet ihr dabei oft eine unerklärliche Sehnsucht nach mehr „Verschmelzung", die euch an zu Hause erinnert. Erkennt ihr langsam, dass ihr immerzu verbunden sein könnt, wenn ihr eure eigenen Anlagen aktiviert?

Jedes Chakra empfängt Energie und sendet Energie aus. Und diese Energien erstrahlen in unterschiedlichen Farben. Sind diese klar, so ist das entsprechende Chakra schattenfrei oder unbelastet. Doch dies ist nur selten der Fall, denn die meisten Menschen sind noch im Prozess, sich mit ihren Schatten auszusöhnen und sie dadurch in Liebe umzuwandeln.

Die Farbenergie des Wurzelchakras, die von hellsichtigen Menschen gesehen wird, ist Blutrot. Doch dies ist die Farbe, die ausgesandt wird, was bedeutet, dass die Farbe, die empfangen wird oder empfangen werden will, Weiß ist. Weiß ist wiederum die Farbe, die euer Kronenchakra aussendet. Daran könnt ihr erkennen, dass die beiden Chakren in unmittelbarer Verbindung stehen müssen. Und seht ihr euch die Anordnung der Chakren an, so erkennt man, dass das Wurzelchakra als Gegenüber das Kronenchakra als Verbindungspunkt erwählt oder umgekehrt.

Die Chakren, über die ich hier spreche, sind fast alle in einer direkten Linie angeordnet, die im unteren Bereich des physischen Körpers entlang der Wirbelsäule verlaufen und von dort aus den Weg in die Feinstofflichkeit wählen und umgekehrt.

Nehmen wir nun zu dem, was ich über das erste Chakra gesagt habe, das, was bereits an anderer Stelle in anderen Büchern steht, so ergibt sich ein umfassenderes Bild. Und das betrifft alle die Chakren, über die bereits geschrieben wurde. Ich bitte euch, dieses bereits verbreitete Wissen selbst herauszusuchen.

Und nun gehen wir zum 2. Chakra über, dem ich mich mit ganz besonderer Freude widme. Ich hoffe, ich kann euch anstecken.

Chakra 2

Stellt es euch vor – in der Farbe, die euch als zu ihm gehörig gelehrt wurde, dieses wundervolle, ganz besondere Chakra!

Die Farbe, die es aussendet, ist leuchtend orange-rot, wie lodernde Flammen anzusehen. Die Farbe ruft: „Kommt zu mir, denn wie Flammen verbreite auch ich Wärme."

Es ist die Farbe, die ans Leben erinnert und selbst zu leben scheint. Und mit dieser lebendigen Farbe arbeitet euer zweites Chakra, stellt euch das nur vor! Es aktiviert sich selbst immer wieder, damit es intensiv leben und euch mitreißen kann. Denn durch das intensive Leben verbreitet es Liebe in ganz besonderer Weise, die, einmal von euch erkannt, auch von euch verbreitet werden will. Euch immer wieder dazu zu bringen, das ist die übersinnliche Aufgabe dieses wundervollen Chakras.

Es symbolisiert die Schale, die von der Gottheit gefüllt werden möchte. Sie ist der Mutterschoß und der Ort, an dem das Leben eines neuen physischen Körpers beginnt. Der göttliche, physische Mutterschoß gibt dem neuen Lebewesen Raum, Schutz und Nahrung bis zur Geburt des neuen Menschen. Was für eine Gnade!

Alle Organe, die ein wachsender Körper benötigt, doch auch die, die zur Rolle der Weiblichkeit gehören, werden hier gehütet und beschützt. Und warum geschieht das alles im zweiten Chakra? Weil dieses Chakra den Unterleib des Menschen umfasst. In einem gesunden Zustand dehnt es sich so weit aus, dass es auch das erste und das dritte

Chakra umfasst und beschützt. Es hat eindeutig weibliche, sorgende Qualitäten. Es ist das Chakra, in welchem die weibliche Gottheit lebt und immer wieder neues Leben erschafft.

Neues Leben erschaffen bedeutet auch, außer Babys wachsen zu lassen, jede Situation zu gebären, die eurem Lebensplan zur Verwirklichung verhilft. Und darin ist sie großartig, das dürft ihr mir ruhig glauben.

Seht sie vor euch, die weibliche Gottheit, wie sie in ihren rotgoldenen Gewändern in und mit diesem Chakra fließt. Nehmt euch dafür bitte ein wenig Zeit, denn sie wird euch Gefühle und vielleicht auch Worte übermitteln, deren Empfang ein wenig irdische Zeit braucht.

Eine kleine Meditation wäre jetzt angebracht!

Nun ist ja alles eins, und so ist es naheliegend, dass auch der Mann in seinem zweiten Chakra die schützende Hand der göttlichen Mutter und die von ihr ausgehende Größe und Kraft spüren kann, wenn er bereit ist, sie anzunehmen. Und darum bitte ich auch euch, liebe Männer, gebt euch die Zeit – jetzt –, sie zu spüren.

Überdenkt dabei vielleicht einmal, was ihr in eurem Leben verändert haben möchtet, und bittet die göttliche Mutter, euch dabei zu helfen, es umzusetzen.

Doch bedenkt bitte auch, dass sie euch nur eurem Lebensplan entsprechend hilft – und das tut sie wahrhaftig! Durch sie geschehen viele Wunder, die ihren Anfang im zweiten Chakra nehmen.

Auch für euch, liebe Männer, wäre jetzt eine kleine Meditation angebracht!

Der Mann sieht sich häufig aus dem zweiten Chakra verdrängt, denn er glaubt, ohne die weiblichen Qualitäten zu sein, und unbewusst neidet er der Frau diese Qualitäten. Doch da immer für einen Ausgleich gesorgt ist, dürfte er sich klarmachen, dass er dementsprechend über andere Qualitäten verfügt, die dem weiblichen Geschöpf nur sehr begrenzt zur Verfügung stehen. Warum sollte der Mann vom göttlichen Weisheitsplan ausgeschlossen beziehungsweise benachteiligt sein?

Doch aus diesem Gefühl der Benachteiligung heraus entstehen viele Missverständnisse, die dem Leben zwischen Mann und Frau oft skurrile Erfahrungen bescheren und die häufig schon in der langen Ahnenreihe ihren Anfang genommen haben.

Ist die Beziehung des Mannes zur irdischen Mutter gestört, so ist es die zur göttlichen Mutter ebenfalls. Und sein zweites Chakra, das Sexualchakra, ist in einem solchen Fall ebenso gestört, das heißt, es ist beschädigt. Und das wiederum heißt, es kann nur eingeschränkt arbeiten, weil es sich immer wieder schließen wird, sobald der Mann eine Beziehung zu einer Frau eingeht.

Hier ist viel unterschwellige Wut im Spiel, denn die vitale Lebenskraft, die durch dieses Chakra in Bewegung gesetzt wird, verwandelt sich bei einer Störung in vitale Wut und übergibt ihr die Kraft des Lebens. Würde der Mann die weibliche Göttin in seinem Chakra und dem der Frau anerkennen, so könnte er sich einem freien und glücklichen Leben hingeben.

Doch da ja hier unbewusst gehandelt wird, verdrängt der Mann oft die Störung zur irdischen Mutter. Durch das Verdrängen ergeben sich immer wieder viele neue Verhaltensmuster, welche zu denen aus der Vergangenheit der Ahnen addiert werden.

Doch es dreht sich bei all diesen Verdrängungsmechanismen um Folgen aus dem ursprünglichen Grund der

Ablehnung der göttlichen Mutter, die immer wieder neue Wege ersinnt, das den Menschen verständlich zu machen.

Ein Chakra, das sich zusammenzieht, verursacht Verkrampfungen in seinem Existenzbereich. Ist der Mann in der beschriebenen Situation, so kann nur die Frau diese Verkrampfung lösen, wenn sie sich der weiblichen Gottheit in ihrem zweiten Chakra unterordnet und ihr bei einer Vereinigung die Führung überlässt. Das hat zur Folge, dass auch der männliche Gott in diese Vereinigung eingreift und der Akt den heiligen Punkt erreicht, den die beiden Partner unbewusst angestrebt haben.

Der Mann und auch die Frau finden viele Wege, um dies auszuprobieren, doch ohne die empfangende Liebe der Gottheit, die sich durch die Frau zeigt, bleibt der Vorgang der sexuellen Verbindung nur ein Vorgang.

Welche Wege der Mann auch einschlägt, um seine Verkrampfung in diesem Chakra zu lösen, es bleibt immer ein Gefühl der unbefriedigten Sehnsucht zurück, die dauerhaft nur mithilfe einer Frau, die in der Vereinigung göttliche Weiblichkeit lebt, gestillt werden kann.

Diese Frau hat zusätzlich die Aufgabe übernommen, die Beziehungsstörungen zur Mutter des Mannes zu lösen und ihm durch ihr eigenes Vorleben der Hingabe das verlorene Vertrauen in die weibliche Göttin wieder zurückzugeben.

Das ist der Weg, den ihr alle gewählt habt, um den weiblichen und den männlichen Anteil in eurem Körpersystem zu heilen und wieder miteinander zu verbinden.

Die Ausnahmen, die wie immer vielfältig sind, haben zusätzliche Bedeutungen, die ich nur in Einzelgesprächen erklären kann. Und dazu lade ich jeden von euch immer wieder ein.

Wie empfindet der Mann die weibliche Qualität dieses Chakras? Um auch ihm gerecht zu werden, ihm die Möglichkeit der leider nur ansatzweise zu spürenden Erfahrung des weiblichen Schutzes und Angenommen-werdens zu geben, wird in diesem Chakra ein starkes Suchtpotenzial nach der freilassenden Liebe der göttlichen Mutter entwickelt. Das heißt, er wird sich seiner Sucht nach der Frau auf unterschiedliche Weise ergeben. Auch Ablehnung des weiblichen Geschlechts ist eine Antwort, die ihm vorübergehend Erleichterung verschaffen kann.

Kann eine irdische Frau diesen göttlichen Anspruch der männlichen, unbewussten Erwartung erfüllen? Ja, sie kann! Doch dazu hat sie selbst das eine oder andere in sich zu klären und den Mann als ein Wesen zu betrachten, das ebenfalls nur aus schenkender Liebe bestehen möchte. Und es ist doch auch so. Bei einer Vereinigung schenkt der Mann sich ganz und gar, indem er sich verströmt. Ob er dabei Gewalt anwendet oder es sanft tut, er schenkt sich in allen Fällen ganz und gar.

Der Mann empfindet sein Harachakra als einen Hort, der geschützt werden will. Das wiederum bedeutet, dass er sich als Beschützer sehen wird. Da der Mann sich viel stärker in der göttlichen Abtrennung empfindet als die Frau, sieht er nur sich selbst als Ausführender. Er glaubt, dass nur er den Schutz für sich und die Seinen gewährleistet. Der Mann ist der kämpferische Ausdruck des Göttlichen, der jedoch auch darüber wütend ist. Und so ist es auch zu erklären, dass die Männer so begeistert kämpfen und in Kriege ziehen. Sie glauben oft, dass sie für den Schutz des Vaterlandes, eines bestimmten Glaubens und schließlich auch für die Familie kämpfen, und suggerieren sich ebenso, dass sie etwas Gutes für das Allgemeinwohl tun.

Mir ist schon klar, dass ich hier nur an der Oberfläche kratze und alles sehr verallgemeinere. Doch es geht um die reinen Qualitäten, die das zweite Chakra beinhaltet, welche durch bestimmte Verhaltensmuster und Erfahrungen gestört sind, die im Lebensplan zur Auflösung bereitstehen, um wieder in die Reinheit der Bedeutungen des zweiten Chakras zurückgeführt zu werden, um sie dann auch erfüllen zu können. Und das betrifft sowohl Mann wie auch Frau. Denn das, was ich über den Mann gesagt habe, kann sich in sehr ähnlicher Weise auch bei der Frau zeigen. Um das zweite Chakra bei beiden zu heilen, hilft der weibliche Schutz, den sich jedes männliche Wesen tief in seinem Inneren wünscht, doch auch viel zu oft das weibliche. Bei einer Vereinigung können beide beides erfahren – Schutz geben und Schutz annehmen.

Ach, liebe Freunde, es ist doch alles da, ihr solltet es nur endlich erkennen. Dann kommt das große Glück von ganz allein. Akzeptiert, dass ihr selbst gemeinsam den Ausgleich schaffen könnt, und hört auf, euch wie Konkurrenten zu benehmen und zu fühlen.

Im zweiten Chakra des Mannes werden ebenso, wie es bei den weiblichen Organen ist, auch seine Organe und der Leben spendende Saft geschützt, der fortwährend produziert wird.

Hellsichtige Menschen können erkennen, wie sich die Chakren drehen. Im ersten Chakra beginnt das Drehen des weiblichen und des männlichen in unterschiedliche Richtungen zu verlaufen, was bedeutet, dass hier bereits das unterschiedliche Erfahren des eigenen Körpers beginnt. Der Mann geht in die entgegengesetzte Richtung, die von der Frau eingeschlagen wird. Und doch, da jeder auch den anderen Teil seiner Ganzheit in sich verbirgt, liegt es nahe, dass sie irgendwann wieder zueinanderfinden und sich in gleicher Richtung drehen.

Doch erst im 13. Chakra ist es dann soweit, dass sie wieder zusammenkommen und sich in gleicher Richtung, nämlich links herum, drehen.

Bedenkt bitte, dass ich hier den Verlauf und die Bedeutungen der Norm erkläre. Es gibt immer wieder Unterschiede. So drehen sich die Chakren zum Beispiel bei einem Menschen, der mit einem männlichen Körper geboren wird, doch immer wieder das Gefühl in sich verbirgt, eine Frau zu sein, in der Richtung, die weibliches Drehen lebt. Und so gibt es immer wieder Unterschiede, doch darauf im Einzelnen einzugehen, ist mir lediglich in Meditationen mit dem Betroffenen, wie ich schon erwähnte, möglich. Ich bitte euch, die ihr betroffen zu sein scheint, um Verständnis. Danke, meine Lieben! Ihr seid zwar aus der Norm herausgefallen, doch ebenso göttlich wie alle anderen – mit der Spezialaufgabe, „ANDERSSEIN" auch zu zeigen. Die Art, wie ihr das tut, obliegt eurer kreativen Gestaltung. Doch mit eurem Anderssein zeigt ihr auch auf, dass jeder Mensch beide Seiten in sich trägt. Erkennt ihr die große Bedeutung auch dieser Rolle, durch die so viele der Betroffenen großes Leid erfahren?

Es ist doch interessant, dass dieses Ckakra auch die Farbe unseres lieben Erzengels Metatron aussendet, was wieder eine ganz besondere Bedeutung hat, über die wir gleich noch sprechen.

Das zweite Chakra befindet sich meist in gerader, aufwärtsstrebender Linie über dem Basischakra, und zwar in etwa 2 cm unter eurem Bauchnabel. Ich sagte: meist, weil es auch vorkommt, dass Chakren ein wenig „verrutscht", also außerhalb der Norm angeordnet zu sein scheinen, und der Sog des Energiewirbels wird von manchen Menschen neben der, der Norm entsprechenden Stelle wahrgenommen.

Da die äußere Körperhülle der Menschen unterschiedlich anzusehen ist, so zeigt sich ein Unterschied auch hin und wieder in der Feinstofflichkeit. Doch auch Organe, die sich bei den meisten Menschen an der gleichen Stelle im Körper befinden, sind manchmal seitenverkehrt angeordnet. Ärzte täten gut daran, dies von Beginn der Untersuchung an gleich mit ins Kalkül zu ziehen.

Auch für das zweite Chakra habt ihr mehrere Namen gewählt. So zum Beispiel: Hara, Sexual oder auch Sakralchakra, die jeder für sich auf das Thema „Heiligkeit" hinweisen. Und dieses Chakra ist tatsächlich auch so zu verstehen.

Wie wichtig dieses Chakra für euren physischen Körper ist, hat ebenfalls bisher zu wenig Beachtung erfahren, denn das diesbezügliche Wissen wurde bisher noch von euch selbst vor euch verborgen – natürlich, wie meistens, vom höheren Aspekt eurer physischen Körper.

In diesem Bereich befindet sich ein Labyrinth von Netzwerken der Feinstofflichkeit, die den Empfang jeglichen Wissens möglich macht. Die Verbindung zu den Kammern des Wissens in euch ist hier verankert und sowohl mit eurem Unterbewusstsein, welches in der Physis sozusagen gleich nebenan in feinstofflicher Körperlichkeit schlangenartig euren Darm umspielt, zu Hause ist als auch mit eurem erweiterten Bewusstsein im Hirnbereich. Das Unterbewusstsein und das erweiterte Bewusstsein mit allen Erfahrungen und allen Lösungsmöglichkeiten für euren persönlichen Lebensweg haben hier einen Kraftplatz gefunden, der ihnen einen wundervollen Platz als ihr Zuhause anbietet.

Von hier aus werden alle Zellen mit dem vorhandenen Wissen gespeist, wenn es für eine Handlung vonnöten ist, und das ist ja andauernd der Fall. Denkt nur an eure Gedanken, die von dort ebenso gespeist werden wie die Zellen.

Hier befindet sich der stärkste Kraftpunkt im physischen Körper, der alle Wunder des Lebens vollbringen kann und es auch tut.

Ist dieses Chakra beschädigt oder wenig aktiv, so wird der Mensch sich mit einigen Krankheiten auseinandersetzen müssen, will er wieder heil und gesund werden. Hier ist wirklich das Zentrum, das Angst gebiert und das euch im gesunden Zustand sowohl Schutz wie auch Sicherheit bietet. Es ist das Zentrum des göttlichen Vertrauens.

Von hier aus sendet das Unterbewusstsein die Angst und alle anderen Emotionen in den Solarplexus, auch Sonnengeflecht genannt, das dritte Chakra.

In den neuen Körpern der Zukunft sind die unteren Chakren transformiert, was im Sakralchakra in Bewegung gesetzt wird. Und transformiert wird mit der Farbe Violett, die es darum auch zu empfangen sucht. Die Farbe Violett findet ihr auch wieder in eurem Kronenchakra, das sie ebenso wie Weiß aussendet.

Nun stellt euch vor, wie viele alte Erfahrungen aus längst vergangenen Zeiten im Bereich des zweiten Chakras gespeichert sind, die euch wieder bewusst und transformiert werden wollen. Sie wollen helfen, euch zu erklären, warum ihr was wie tut, und warum ihr so denkt, wie ihr denkt, doch erst dann, wenn ihr auch bereit seid, sie anzuerkennen und die Ursachen zu achten und dann alles in

Liebe umzuwandeln. Sie, die Erfahrungen, warten auf die große Kommunikation mit euch – in beiderseitiger, vollkommen bewusster Weise.

Transformation bedeutet: Bewusstmachung und die Entscheidung loszulassen, die das Herz beschwert, und neue Wege in die Liebe hineinzugehen!

Viele Menschen haben Angst vor sich selbst und suchen nach Möglichkeiten, diesen Weg zu umgehen. Doch auch sie werden eines Tages sich selbst ansehen müssen, wenn sie sich der Transformation völlig hingeben wollen. Denn überlegt doch mal, ihr lieben Freunde, wie kann ein Mensch, der vor sich selbst Angst hat, wenn er auch durchaus imstande ist, sie für eine gewisse Zeit zu unterdrücken, anderen Menschen und Wesenheiten angstfrei gegenüberzutreten? Sagt mir bitte, wie soll denn auf diese Weise ein paradiesisches Leben stattfinden können und die Dunkelheit, aus der die Angst entspringt, verändert werden?

Doch jeder darf ja auch so viel ausprobieren, wie er will und sich meinen Hinweisen durchaus verschließen.

Was hat dieses Chakra nun mit Heiligkeit zu tun und was mit der Farbverbindung zu Erzengel Metatron?

Allein die Farbverbindung weist schon auf Heiligkeit hin, wenn wir unseren Erzengel als heiliges Wesen betrachten. Doch da auch die anderen Engel als heilig betrachtet werden und es sind, so muss sich hier doch noch etwas Besonderes ereignen.

Und so ist es auch. Erzengel Metatron hat die Aufgabe übernommen, immer wieder für die Chakrareinigung eines jeden Menschen zu wirken. Im Sakralchakra stellt er die reinigende Verbindung zu allen anderen her und bewirkt mit seiner Farbe die Reinigung.

Stellt euch einmal vor, wie sich die Farbe anfühlt, wenn ihr sie in euren Sakralbereich einatmet. Lasst sie sehr intensiv vor eurem inneren Auge erscheinen und lenkt sie in das zweite Chakra. Lasst sie sich dort ausbreiten und fühlt, was mit euch geschieht.

Da der Mensch ja immer mehr seiner Fähigkeiten zurückgewinnen soll, kann er diese Aufgabe bald wieder selbstständig übernehmen. Doch bis dahin darf er sich durchaus auch weiter mit Erzengel Metatron verbinden. Er wartet nur darauf und ist voller Freude darüber, euch beim Ausprobieren zusehen zu dürfen, doch er hilft auch gerne, wenn euch etwas daran zu hindern scheint.

Chakren können auf unterschiedliche Weise gereinigt werden, und euch wurde schon vieles darüber berichtet. Sucht die euch passend erscheinende Art aus und tut das, was euch am besten gefällt. Die Reinigung mit der Farbe des göttlichen Wesens an der Quelle hat jedoch einen besonderen Touch, wenn ich mich mal wieder eurer Ausdrucksweise bedienen darf.

Touch, Berührung, sagt ja auch einiges aus. Ihr werdet dabei von der göttlichen Kraft berührt und wieder zum Leben zurückgeführt. Denn in dieser Farbenergie wird dem Menschen sein höchstes Potenzial, welches er aus der göttlichen Ebene seines Zuhauses mitgebracht hat, bewusst werden können, es wird aktiviert, wenn der Mensch es annehmen möchte, und kreativ eingesetzt werden können.

„Heiligkeit des Lebens" nenne ich das.

Und lasst ihr euch auf ein inneres Zwiegespräch mit diesem Chakra ein, so wird euch all das bewusst gemacht, was dort an Wegen in die Zukunft in euch schlummert. Es bedarf nur ein wenig Geduld eurerseits, auch hinzuhören und anzunehmen, was euch verkündet wird. Und oft entfaltet ihr dabei in euch eine Ahnung, die besagt, dass ihr schon immer gewusst habt, dass dies euer Weg sein könnte. Na, welch ein Wunder! Es ist doch auch für diesen Fall alles da, liebe Freunde, für jeden sein individuelles Potenzial, das darauf wartet, auch genutzt zu werden.

Habt nun noch den Mut, alles umzusetzen, und ihr werdet auch über diesen Weg euer Glück finden.

Das Harachakra hält jedoch noch mehr für euch bereit. Hier sind viele zu euch gehörende Wesenheiten von euch versteckt worden, die befreit werden möchten, unter anderen auch eure Schatten. Zwar können sie auch an anderen Stellen in eurem Körper „wohnen", doch im Bauch befindet sich das Gefängnis, in welches die Schatten gesperrt worden sind. Durch Ausdehnung können sie sich auch an andere Stellen im Körper begeben, doch der Kern dieser Wesenheiten befindet sich in dem zweiten Chakra, eben dem Gefängnis.

Um sie aufzuspüren, solltet ihr mit der Farbenergie Violett arbeiten und Erzengel Metatron bitten, sie mit seiner Farbenergie zu unterstützen. Auf diese Weise ist ein Ansehen, ein Vergebungsprozess von beiden Seiten bereits auf dem Weg, in Liebe und Freude umgewandelt zu werden.

Jeder Schatten hat auch eine lichtvolle Gegenseite. Lasst euch von ihnen erzählen, wofür sie euch gedient haben und was sie in Zukunft in der lichtvollen Welt für euch tun können. Dass die Schatten verschwinden, wie so viele Menschen es sich wünschen, ist ausgeschlossen, denn Energie kann immer nur umgewandelt werden. Und habt ihr diese Energie in euren Haushalt eingebunden, so ist der Weg der Befreiung durch Verstehen und Umwandlung zu beschreiten. Die Energie, die dann in lichtvoller

Kraft unterstützend wirkt, gehört zu euch, und nehmt sie an, denn ansonsten werdet ihr euch in einem Energieloch befinden, welches zwar kurzzeitig von den Engeln aufgefüllt werden kann, doch bedenkt bitte, dass ihr alle auf dem Weg seid, eure Eigenverantwortlichkeit wieder vollkommen anzunehmen und eigenständig zu wirken. Und es heißt doch immer: Was der Mensch tun kann, das sollte er auch selbst tun! Er darf natürlich auch delegieren, doch das ist wieder ein anderes Thema.

Wie soll man bloß die Vielseitigkeit des Menschen erklären, um allen Aspekten gerecht zu werden? Ich habe diesbezüglich nur das Angebot, mich jedem Einzelnen zu öffnen, der zu mir kommen möchte, um ihm dann zu berichten, was ihn selbst aus dem ganzen Schwall an Informationen betrifft.

Das Sakralchakra, in der rechten Weise mit eurem Atem und eventuell stärkerer Energiezufuhr aus den Engelebenen, die wiederum dem Atem zugeführt werden kann, genutzt, hilft euch dabei, Freiheit zu spüren, mit Freude anzunehmen und dadurch intensiv zu leben. Dazu ist dann nur noch die Verbindung zum dritten Ckakra notwendig. Und mit ihm machen wir nun weiter.

Chakra 3

Ja, das dritte Chakra ist noch für eine lange Zeit unabdingbar für euer Leben auf der Erde. Chakra drei ist sehr eng mit dem zweiten verbunden, und was das zweite gebiert, empfängt das dritte Chakra, um Emotionen zu bilden, die von dort ausgesandt werden.

Ihr kennt sicherlich alle den berühmten Zusammenhang von Magen und Darmerkrankungen, die diese Verbindung sehr deutlich zeigt. Welcher irdischen Ursache die Krankheit auch immer entspringt, sie betrifft immer die beiden Chakren zwei und drei.

Die verströmende Farbe dieses Chakras ist Gelb bis Gold. Sie wechselt immerfort, denn sie wird durch die Emotionen und deren Stärke und Kraft gebildet und ans Herzchakra weitergeleitet. Der Solarplexus, oder auch Sonnengeflecht genannt, möchte die Farbe Rot empfangen, die vom Basischakra ausgesandt wird.

Chakra eins bis drei sind zusammengenommen die Chakren, die das pure Leben auf der Erde gebären. Sie ermöglichen die Erfahrungen in der irdischen Atmosphäre, der Polarität und allen dazugehörenden Situationen, die der Lebensplan vorsieht.

Erkennt ihr, wie wichtig diese drei Chakren für euer Leben auf der Erde sind?

Nun ist auch das dritte Chakra oft verkümmert und verursacht dadurch Magenprobleme unterschiedlichster Art, bis hin zu Übersäuerungserscheinungen, die sich dann wieder im ganzen Körper zeigen können. Besonders möchte ich hier die Krankheit „Arthritis" erwähnen. Auch zu ihr gehört die Ursache, die aus der Emotion Angst im dritten Chakra geboren ist. Doch es gibt weitere, die noch erwähnt werden.

Der Magen liegt innerhalb des Solarplexus und macht euch gefühlsmäßig deutlich, ob das Chakra klar ist oder ob es dort etwas Verborgenes gibt, was gelöst und freigelassen werden möchte. Wie wichtig es ist, dass der Mensch Emotionen lebt, habt ihr auch schon in vielen Durchgaben lesen oder hören können.

Ihr könnt durch den Solarplexus freudvolle Emotionen erleben, doch auch die Angst, die hier ihr Zuhause gefunden hat und die euch Freund und Feind gleichermaßen sein kann, je nachdem wie ihr sie gerade empfinden möchtet. Sie ist mit eurem Ego verbunden, und beide arbeiten sehr eng miteinander, was zu den verrücktesten Situationen und Verhaltensweisen führt und sehr spannend ist. Und schließlich wolltet ihr doch auch alle Abenteurer sein, denn dazu seid ihr doch aus den „langweiligen" Engelsebenen auf die Erde gegangen. „Ein bisschen Spaß muss sein, oder?"

Emotionen finden ihren Ausdruck im Halschakra, in dem ihr eine Vielzahl von Tönen zur Verfügung habt, um den Emotionen zum Ausdruck aller Arten von lautbarer Kommunikation zu verhelfen. So hat das dritte Chakra auch eine sehr intensive Verbindung mit diesem Chakra, welches ebenfalls sehr eng mit eurem Ego zusammenarbeitet.

Über die feinstofflichen Vorrichtungen der beiden Chakren und des Egos erzähle ich euch beim Kapitel über das Ego mehr. Und so können wir nun zum vierten Chakra, dem Herzchakra weitergehen.

Und über das, was ich euch gerade zum dritten Chakra gesagt habe, bitte ich euch, euch ganz persönliche Gedanken zu machen. Denn das führt dazu, dass Ängste in euch von euch selbst erkannt werden können, mit denen ihr euch dann auch befassen dürft. Und das ist der Grund dafür, dass ich euch zu diesem Chakra im Moment nur das Wenige erzählt habe, was hier steht.

Chakra 4

Das Herzchakra!

So viel wird von ihm erwartet, es ist in aller Munde, wenn es um den Aufstieg geht und von der dazugehörenden Liebe gesprochen wird, und doch ist es das Chakra, das am traurigsten und am stärksten verschlossen ist.

Selbst diejenigen unter euch, die es schon einigermaßen geöffnet haben, sind über die noch zu erreichende Öffnung kaum im Bilde. Dieses Chakra ist die Heimat des männlichen göttlichen Aspektes, der hier auf die Vereinigung mit der weiblichen Gottheit wartet und der Herzensliebe in höchster Form gebären möchte, was ohne eure Bereitschaft, dies bedingungslos geschehen zu lassen, ausgeschlossen ist.

Ihr seht, ihr wirkt auch auf der physischen menschlichen Ebene an der Aufstiegsgeschichte mit. Die Gottheit hat euch zunächst einmal die Führung überlassen, damit ihr den menschlichen Willen gebären und erfahren konntet. Und ist das geschehen und ihr habt ihn ausgekostet, kommt der Zeitpunkt, an dem ihr erkennt, dass es ohne den göttlichen Willen zu Verkrampfungen einiger Chakren kommt, und ihr wünscht euch, den göttlichen Willen wieder zu spüren, und wollt ihn auch gerne akzeptieren.

Doch das ist einfacher gedacht und gesagt, als es zu leben. Denn mit dieser Bereitschaft werdet ihr äußerst hart an euren menschlichen Willen erinnert, immer wieder mit ihm konfrontiert, damit ihr erfahrt und seht, was es heißt, sich wirklich führen zu lassen und hinzugeben, was dann schließlich auch dem Harachakra wieder hilft, Hingebung empfinden zu können.

Beim Herzchakra beginnt die intensivere Verbindung zu den höheren Chakren, die von den Weisen aus alten Zeiten für einen Aufstieg bevorzugt genutzt wurden.

Nun ist es jedoch so, dass diese Weisen wieder in menschliche Inkarnationen gehen durften, um die Qualitäten und den Zusammenhang der anderen Chakren auch kennenzulernen.

Und sehr selten haben sie den Schatten in sich die Bedeutung beigemessen, die ihnen zukam.

Nun, jeder Versuch macht klüger.

Ich sehe schon, einige von euch möchten dies gerne überlesen, was ihr selbstverständlich gerne tun dürft. Doch als Mensch ist nun einmal alles auszukosten, was geboten wird – vom eigenen, weisen Körper und von dem, was ihr euch in eurer Lebensplanung ausgedacht habt. Und dann kommt natürlich auch all das hinzu, was die lieben anderen Menschen sich ausgedacht haben und was mit eurem Denken in Verbindung steht. So entsteht das muntere, farbenfrohe Zusammenspiel auf der Erde.

Beim Gestalten des Lebensplanes seid ihr übrigens mit dem göttlichen Willen verbunden und akzeptiert seine Ansichten und Wünsche kommentarlos, weil ihr erkennt, dass sie weise sind. Doch auch eure Wünsche werden berücksichtigt – allerdings ordnet ihr sie hier noch dem göttlichen Willen unter.

Das Herzchakra spürt die widersprüchliche Art, in der ihr lebt, und es ist ebenso ein Chakra, das Gefühle gebiert, wie es das Sonnengeflecht ist. Doch hier wird jede Emotion, die dem Wunsche des Herzens widerspricht, in einen dunklen Stein verwandelt, der dann die Mauer um dieses Chakra errichtet, die bei vielen Menschen sehr hoch ist – und auch immer noch bei vielen von euch, liebe Lichtarbeiter.

Im Herzchakra wird die Angst ungeschminkt empfangen und weist auf die dunkle Seite in euch hin. Hier wird die Wahrheit gelebt, die doch alle Menschen so oft erwähnen, doch selten wirklich verstehen und noch weniger wirklich leben. Und ist dieses Chakra mit Angst konfrontiert, so verschließt es sich und ist allenfalls bereit, sich nur kurzzeitig zu öffnen, damit ihr erinnert werdet, wie es funktioniert.

In diesem Chakra möchte die göttliche Liebe gelebt und empfunden werden. Durch das Herzchakra und seine ausgesandten Gefühle der Liebe, die dann sehr deutlich von euch gespürt werden, könnt ihr erkennen, wie weit ihr wirklich aufgestiegen seid und inwieweit sich die oberen, nachfolgenden Chakren diesem Weg angeschlossen haben.

Die Farbe, die das Herzchakra aussendet oder ausstrahlt, wenn es klar ist, ist die Farbe Grün, die zur Ebene der Heilung gehört. Empfangen möchte es die Farbe Rosa, die wiederum zur Ebene der Liebe gehört.

Fälschlicherweise wird manchmal davon gesprochen, dass dieses Chakra beide Farben aussendet. Doch der Zusammenhang ist so, wie ich es gerade geschildert habe: aussenden und empfangen. Seht ihr trotzdem beide Farben, so habt ihr in den Heilungsprozess geschaut. Und gehen wir einen Schritt weiter, so ist ohnehin alles ein Fließen, und es kann auch dadurch zu dem erwähnten Ergebnis kommen.

Das Herzchakra ist sehr nahe beim Thymuschakra zu fühlen, von dem wieder nur wenige Menschen wissen. Doch die beiden sind eng miteinander verbunden, und es ist ebenso wichtig, dieses zu beachten wie alle anderen als Hauptchakren eingestuften. Und daher empfehle ich, es als Nebenhauptchakra anzuerkennen. Und da ich gerade dabei bin, so bitte ich euch, dies auch für die Hand- und Fingerchakren zu tun. Ich werde euch in den Kapiteln über die Feinstofflichkeit auch über diese Weisheitsträger informieren.

Das Herzchakra sendet dem Thymuschakra sogenannte Befehle, wenn der Mensch sich aus dem Leben verabschieden möchte, wenn er sich von anderen Menschen zurückzieht und bei vielen anderen Gelegenheiten, die auf ein Ende des menschlichen Zyklus auf der Erde hinweisen, die daraufhin ein starkes Zusammenziehen dieses Chakras verlangen, was der Schilddrüse dann ebenfalls den notwendigen Lebenssaft entzieht und auch sie zum Einstellen der Lebenslust und der damit verbundenen Kraft bringt.

Auf die damit einhergehenden Krankheiten komme ich noch zu sprechen, und damit auch auf Heilmöglichkeiten und eine Möglichkeit, die bereits anderslautenden und wirkenden Befehle wieder rückgängig zu machen. Ihr könnt dann auch wieder ins Leben zurückgehen, selbst wenn ihr euch schon sehr weit auf den Weg des Rückzuges begeben habt.

Das Thymuschakra sendet die Farbe Türkis aus und möchte die Farbe Violett empfangen.

Es ist das Chakra, welches laufend transformieren möchte. Doch das kann es nur, wenn das Herzchakra den Befehl dazu erteilt. Und so seid ihr auch hier wieder mit dem göttlichen Willen konfrontiert.

Die Thymusdrüse innerhalb des Thymuschakras befindet sich zwischen Herz- und Halschakra. Allerdings fehlt ihm das rückwärtige Chakra. Es nutzt das des Herzens und des Nackens. Das ist so, weil es Transformationsarbeit leisten möchte. Auch das erkläre ich noch näher.

Lasst uns nun zum Halschakra kommen.

Vielleicht ist euch aufgefallen, dass ich die rückwärtigen Chakren bisher außer Acht gelassen habe. Zu ihnen komme ich später noch.

Chakra 5

Ihr habt schon erfahren, durch welche Chakren und „Vorrichtungen" das fünfte. Chakra lebensfähig wird, was bedeutet, dass es in der jetzigen Epoche *nur durch sie* seinen Daseinszweck erkennt und ihn dann auch leben kann. Das wird so lange der Fall sein, bis sich die neuen Körper entwickelt haben und es andere wegweisende Hinweise auf den Daseinszweck des fünften Chakras gibt.

Jede Verbindung erkennt durch andere Verbindungen ihren Daseinszweck, und auch daran könntet ihr erkennen, dass es bei den Menschen, den Tieren, den Pflanzen und allem, was ihr auf der Erde erkennt, ebenso ist. Es ist alles sinnvoll miteinander verbunden – ebenso wie die Erde mit euch allen und ihr mit der Erde. Ein Gedanke oder der Glaube an Loslösung von irgendeiner Energie im irdischen Bereich ist Illusion und lässt euch allenfalls eine Einsamkeitserfahrung machen, was auch das Loslösen von der göttlichen Energie und der Ganzheit betrifft.

Je eher ihr versteht, außer vom Kopf her auch mit dem Herzen, dass alles miteinander verbunden ist, desto eher versteht ihr auch das göttliche Zusammenspiel allen Seins. Und dann werdet ihr euch auch leichter tun, die Vergebungsebenen zu besuchen, die in eurem Inneren auf euren Besuch warten.

Ich weise noch einmal darauf hin, dass alles zusammenhängt und miteinander in Verbindung steht – ohne Trennung. Doch um zu verstehen, wie die Zusammenhänge *wirken*, erkläre ich die einzelnen Funktionen und Aufgaben der einzelnen Chakren und die Verbindungen zu den anderen in getrennt scheinender Aufgabenzuteilung.

Es ist durchaus hilfreich, euch die Chakren dafür auch als von anderen getrennte „Wesenheiten" vorzustellen. Wie sie in eurer Vorstellung auch aussehen mögen, ob fließend oder gefestigt zum Beispiel, akzeptiert das im Moment bitte als gegebene Tatsache.

Das Halschakra sendet die Farbe Blau aus und will sie auch empfangen. Das ist nun ganz anders, als es bei den anderen Chakren, die bisher beschrieben wurden, zu sehen ist. Was bedeutet das?

Das Halschakra hält in der Verbindung mit dem Nackenchakra die Verbindung zum göttlichen Willen, den die göttliche Vatergestalt aus dem Herzen heraus sendet. Er wird im Nackenchakra empfangen. Im Nackenchakra ist jedoch auch der menschliche Wille angesiedelt und dort kommt sichtbar zum Ausdruck, dass euch sozusagen etwas im Nacken sitzt, wenn hier etwas disharmonisch wirkt. Denn die Nackenwirbel versteifen sich schon sehr früh, sollte der menschliche Wille im Vordergrund agieren wollen.

Und „sehr früh" kann durchaus schon in den Kindheitsjahren sein. Ihr kennt doch sicher auch die lieben Kleinen, die mit kleinen Tobsuchtsanfällen ihren Willen durchsetzen wollen. Die Taktiken der Tobsuchtsanfälle sind unterschiedlich – auch in der Stärke.

Es wäre ratsam, die Kleinen dann toben zu lassen und sich selbst in den Hintergrund zu stellen, bis der Anfall vorüber ist – doch trotzdem darauf zu achten, dass der Anfall ohne körperliche Schäden für das Kind abläuft. Danach kann der Wille des Kindes mit Liebe harmonisiert werden. Das bedeutet, dass das Kind nach dem Anfall in die Arme genommen werden sollte, um es zu trösten, doch auch um sich seinem Willen mit Sanftheit zu widersetzen und stattdessen einen Kompromiss auszuhandeln. Es lernt zum einen dadurch, dass es auch den Willen von anderen akzeptieren muss, und wird sich mit der Zeit an Kompromisse gewöhnen; an Kompromisse, die beiden Parteien gerecht werden – was auch für Achtung vor dem Gegenüber sorgt und es verstehen lässt, dass auch ein anderer Mensch Wünsche hat und seinen Willen oft zurückstecken muss, wenn zum Wohle für alle Anwesenden gehandelt werden soll.

Ein Kind hat den Vorteil, schneller zu verstehen und zu lernen als ein Erwachsener, der meist schon sehr fest in seinen Strukturen und Denkmustern gefangen ist.

Wer beginnt, im Kleinkindalter zu lernen, seinen Willen auch zum Wohle anderer zu nutzen, der hat es im Erwachsenenalter leichter und ist auch viel eher bereit, seinen eigenen Willen zurückzusetzen, was ihm wieder die Möglichkeit gibt, sich dem göttlichen Willen leichter zu öffnen.

Die versteiften Nackenwirbel stecken im Laufe der Zeit sozusagen die folgenden an, die sich dem menschlichen Willen dann beugen, und diese wiederum stecken die Rückenwirbel an, die dann wiederum den sichtbar gebeugten Rücken zeigen.

Alle Krankheiten an dieser Stelle sind ursächlich so zu betrachten. Selbst Unfallfolgen mit dem typischen Schleudertrauma entstehen durch die Disharmonie an dieser Stelle. Es spielt sich in diesem Bereich der Kampf des menschlichen mit dem göttlichen Willen ab. Und durch die Krankheit wird euch das gespiegelt.

Bedenkt, dass eure Wirbelsäule das Gerüst des physischen Körpers darstellt, welches ihr gerne durch Gymnastik flexibel halten möchtet. Doch steht der menschliche Wille über dem göttlichen, so wird sich jegliche Gymnastik für diesen Bereich auch in diesem Falle den Zeichen des Göttlichen beugen müssen. Und Steifheit in der Wirbelsäule, in den Gelenken und Knochenveränderungen zeigen auf, dass der Mensch immer wieder in kämpferischer Weise versucht, mit Macht und Kraft seinen menschlichen Willen durchzusetzen. Die Lebensfreude wird hier durch Disziplin ersetzt. Doch es ist die Lebensfreude und das Nachgeben, das Sich-Anpassen an die Situationen, die einem begegnen, die alles leichter machen würden und nebenbei wieder für ein flexibles Knochengerüst sorgen würden. Was euch zurückhält, ist wieder einmal ein Angstmuster, welches euch im Verborgenen darauf hinweist.

Wie beim Kind, das „Tobsuchtsanfälle" bekommt und sich ergeben muss, so ist der Kampf zwischen dem menschlichen und dem göttlichen Willen auf Dauer ein aussichtsloser Kampf für den Menschen, denn er wird sich irgendwann wieder erinnern und darauf besinnen, wer er ist und was der menschliche Körper ihm, als Vehikel und Werkzeug getarnt, schenken möchte, und darüber Dankbarkeit erfahren, sich mit dem göttlichen Willen versöhnen und zusammentun.

Er wird lernen, loszulassen und das geschehen zu lassen, was ihm letztendlich am besten bekommt. Dies ist jedoch ein Weg, der eine ganze Weile dauern mag, denn auch hier werdet ihr euch immer wieder in Situationen bringen, die euch in kleinen Schritten lernen lassen.

Ein flexibles Gerüst hält allen Gezeiten stand, es kann sich jeder Lebenssituation anpassen, ohne der Angst im Nacken nachzugeben, die den Menschen in die beschriebenen Situationen bringen will. Der Kampf des göttlichen mit dem menschlichen Willen ist ein Erfahrungsweg, den alle Menschen zu gehen haben. Sie haben vergessen, wer sie sind, und wollen sich auf diesem Weg beweisen und zeigen, dass sie ohne ihre göttlichen Wurzeln und deren Führung haltlos sind und sich immer wieder verlaufen.

Ihr kennt doch sicher alle den Spruch: Der Mensch denkt und Gott lenkt!

Das ist die Erfahrung, die ihr machen wolltet.

Und findet in diesen beiden Chakren ein Kampf mit dem göttlichen Willen der Vaterfigur statt, so könnt ihr euch sicherlich denken, dass sich auch die weibliche Gottheit daran beteiligen möchte. Ist der Nackenbereich versteift, findet ihr auch Versteifungen im zweiten Chakra, und, ganz wichtig zu wissen, auch im Halsbereich. Wer unter Migräne leidet, sollte auch seinem Unterleib Aufmerksamkeit schenken.

Nun ist die Farbe Blau, die dieses Chakra empfangen möchte, die klare blaue Farbe, die ein leuchtender Sommerhimmel zeigt. Ist dieses Chakra gesund, so zeigt sich die klare blaue ausgesandte Farbe von hellem Aquamarin bis zum leuchtenden Blau des Sommerhimmels. In diesem Fall ist die Harmonie des Aussendens und des Empfangens gegeben. Doch meist ist die ausgesandte Farbe gräulich, mit Nebel verhangen, bis hin zu grauen Schattierungen, die sich sogar zu schwarzen Flecken entwickeln können.

Das fünfte Chakra ist euer Kommunikationschakra, das die ganze Palette an Gefühlen auszudrücken vermag und es über die dort vorhandenen Organe, womit auch Nervenbahnen gemeint sind, auch tut, wenn ihr den „Befehl" dazu gebt. Dieser Befehl kann auf unterschiedliche Weise gegeben und empfangen werden, was wir im Kapitel über die feinstofflichen Körper detaillierter besprechen werden.

Ein Befehl, den man gegeben hat, ist einem meist bewusst, doch manches Mal scheinen sich die Worte während der Kommunikation zu verselbständigen. Und ihr sagt Worte, die euch fremd erscheinen oder die euch in Situationen bringen, die ihr als äußerst unangenehm empfindet.

Und trotzdem kommen die Worte auch dann tief aus eurer inneren Welt der Erfahrungen, die im Sakralchakra verborgen ist.

Beim Channeln ist es anders, denn dann kommen die meisten Worte aus eurem Wortschatz, den der Durchgebende nutzt. Die neu hinzukommenden fließen durch euch hindurch, und alles bleibt nur selten im Bewusstseinsspeicher des Kanals. Diese Durchgaben bringen euch jedoch nur in unangenehme Situationen, wenn derjenige, der diese Worte empfängt, glauben will, dass sie von dem Kanal selbst kommen und er ihn darauf anspricht.

In einem solchen Fall sollte der Empfänger der Durchsage sich selbst hinterfragen und sich daraufhin überprüfen, wo er sich selbst misstraut. Denn auch in einem solchen Fall geschieht das, was für alle Beteiligten Nutzen bringen sollte, und der Kritikübende hat hier die Lernaufgabe, sein Misstrauen zu überprüfen. Es wir ihn weit in seine Vergangenheit zurücktragen und ihn erkennen lassen, dass er selbst in einer solchen Weise gearbeitet und sich dabei schlecht gefühlt hat. Oft ist der Betreffende seinerzeit in diesem Fall von seiner eigenen Wahrheit abgewichen.

Nun, trotz allen Durchgaben soll der Mensch, der sie durch andere erhält, in seinem Herzen nachfragen, ob sie mit seinem Herzensgefühl auch übereinstimmen und für ihn passend sind.

Ein Kanal, der ein zu großes Ego hat, kann sich manchmal auch irreleiten lassen. Doch ist er eng mit seinem Meister verbunden, so klärt sich das und er wird sich seinem Fehlverhalten stellen, sollte es denn ein Fehlverhalten sein. Jeder Meister wird seinen Kanal damit konfrontieren und es auch erreichen, dass sich der Kanal selbst reinwäscht.

Nun komme ich noch einmal auf das Nackenchakra und den Kampf zwischen Gott und Mensch zurück. Seid ihr in der Phase, euer Herz heilen zu wollen, so wird es euch in Situationen bringen, die ich zuvor in Bezug auf die Wirbelsäule und Knochen beschrieben habe.

Doch das trifft auch auf die Worte zu, die euch vielleicht in die beschriebenen Situationen gebracht haben. Das Herz wird euch jedoch gleichzeitig oder nur kurz zeitverzögert ein Zeichen geben, vielleicht durch Gefühle der Trauer oder durch einen kurzen körperlichen Schmerz.

Hält die Situation des Heilzustandes allerdings schon längere Zeit an, ist sozusagen in Stillstand verfallen, so kann der körperliche Schmerz heftiger werden und sich auch auf den Halsbereich und die sich dort befindlichen Organe und/ oder Nervenbahnen ausdehnen. Im schlimmsten Falle bilden sich dort Zellen, die den ganzen Bereich der Kommunikation zerstören wollen.

Das kann natürlich auch an fast allen anderen Stellen im Körper geschehen, doch sind dann andere Ursachen vorhanden und andere Chakren in disharmonische Tätigkeiten geraten.

Geht es um die erwähnten Situationen, die durch Worte entstanden sind, werdet ihr mit dem Herzchakra verbunden, das euch sagt, dass diese Worte aus der Qualität der Liebe herausgefallen sind – meist spürt ihr die Herzensschmerzen, die bei mangelnder Liebe in feinstofflicher

Weise entstehen, durch das schlechte Gefühl, welches sich auch als schlechtes Gewissen meldet.

Und gar zu oft fragt ihr euch, wieso ihr diese Worte ausgesprochen habt? Sie waren sozusagen fremdgesteuert, möchtet ihr dann sagen. Was ist geschehen und nun zuerst erfolgt?

Worte werden im Gehirn vom Verstand gebildet, so erklärt es die Schulmedizin und viele Wissenschaftler. Dem setze ich entgegen: Wie kann es dann sein, dass der Verstand etwas sagt, von dem der Mensch ahnungslos zu sein scheint? Hat der Verstand den Menschen übernommen und missbraucht ihn als Maschine? Das wäre fatal, denn der heilige Vorgang der feinstofflichen Einrichtungen wäre somit ausgelöscht. Der Mensch würde zum gefühllosen Roboter. Ist es das, was der Mensch sein möchte, der seinem Verstand die Kontrolle und die Übermacht übergeben hat?

Liebe Freunde, sorgt bitte dafür, dass der Verstand in seine Grenzen verwiesen wird! Wie ihr das tun könnt?

Nun, zuerst einmal, indem ihr die Verantwortung für die Worte übernehmt, auch wenn sie euch fremd erscheinen. Und dann kommuniziert mit eurem Unterbewusstsein und lasst euch zeigen oder erinnern, welche Ausgangsbasis für die Worte von euch geschaffen wurde. Auch über dieses Thema sprechen wir noch. Denn es gibt zu viele Menschen, die sich dem Verstand unterordnen und dabei vergessen, wer sie sind, welche Qualitäten sie leben könnten und über welche Macht sie verfügen könnten.

Lasst uns nun zum sechsten Chakra übergehen. In den weiteren Kapiteln werde ich immer wieder das eine oder andere, was noch zum Thema eines speziellen Chakras gesagt werden sollte, erwähnen.

Chakra 6

Das sechste Chakra, auch Stirnchakra oder Drittes Auge genannt, ist seit einigen Jahren – neben dem Kronenchakra – dasjenige, welches in der westlichen Welt von den dort nach Weisheit und Erleuchtung Strebenden, die sich auch als Suchende bezeichnen, zum Favoriten unter den Hauptchakren erkoren worden.

Viele Menschen, die glauben, weder sehen noch hören zu können, konzentrieren sich sehr darauf, diese Gabe, von der geistige Lehrer immer wieder behauptet haben, dass jeder mit einer solchen Anlage gesegnet sei, schnellstmöglich zu aktivieren. Sie glauben, dass nur dann Erleuchtung stattfinden kann, und oft würden sie den Prozess der Entwicklung dieses Chakras gerne erzwingen oder tun genau das.

Der sehnliche Wunsch nach Erleuchtung, die die Menschen seit Urzeiten erhofften und bis heute zu erlangen hoffen, hat sich in der westlichen Welt schon fast zu einer Art Sucht entwickelt. Und über das Dritte Auge ersehnen sie das „Sehen" in die weise Welt der geistigen Führer und Lehrer hinein, weil sie glauben, dass sie auf diese Weise immer schneller vorankommen und in ihrem jetzigen Leben endlich doch noch Erleuchtung erfahren.

Sie verbinden Erleuchtung mit Bewusstseinserweiterung, womit sie durchaus auf dem richtigen Weg sind. Denn beides ist miteinander verbunden, jedoch nur nacheinander zu erreichen.

Da die Menschen sehr oft ungeduldig sind, wird Bewusstseinserweiterung darum oft mit entsprechenden, bewusstseinserweiternden Drogen vorangetrieben.

Ich habe schon öfter über das Thema Drogen geschrieben. Doch der Mensch möchte eben seine eigenen Erfahrungen machen, was sein gutes Recht ist. Und gehören bewusstseinserweiternde Drogenerfahrungen dazu, soll er sie ruhig auch machen.

Alles kann gut gehen, so auch Drogenerfahrungen, und auf jeden Fall ist immer alles von Erfolg gekrönt. Ob das nun der Erfolg ist, der angestrebt wurde, oder der Erfolg, den die Seele spüren lassen will und den die meisten Menschen als Misserfolg erfahren, eben weil sie ihren eigenen Willen dem göttlichen vorangestellt haben, überlasse ich nun, falls ihr betroffen seid, eurer weisen Selbstanalyse.

Bewusstseinserweiterung ist eine Entwicklung, der die Menschen Zeit geben sollten. Durch Drogenkonsum und diese Art des Erzwingens können sich nämlich auch leicht Trugbilder oder Halluzinationen bilden, und je nachdem wie weit das Ego noch in der alten Weise wirkt, auch neue Scheinwelten geschaffen werden, die sich mit den Trugbildern oder Halluzinationen füllen und das zukünftige Leben in wenig erfreulicher Weise beeinflussen.

Doch so wie es niederschmetternde Erfahrungen gibt, so kann durch die künstlich erwirkte Bewusstseinserweiterung der Mensch auch auf den Weg des Hochmutes gelangen, und er glaubt dann nur zu gerne, dass nur seine Ansicht die richtige ist und er wirklich alles versteht, weil er der Erleuchtung schon sehr nahegekommen ist. Auch das sind dann Trugbilder.

Die Seele möchte Zeit haben zu wachsen, sich mit dem wachsenden Bewusstsein zu verbinden und im Körper zu manifestieren. Und wenn sie die Zeit für gekommen hält, der Entwicklung einen großen Schub zu gestatten, dann ist dieser mit einer Qualität der Weisheit und Liebe zu allem, was ist, verbunden, den eine Droge kaum erfahren lässt.

Und dazu nutzt die Seele eure feinstoffliche Körperweisheit, von der die meisten Menschen glauben, ohne sie ihr Dasein auf der Erde fristen zu müssen.

Da alle Chakren und alle körperlichen Einrichtungen mit Aufgaben betraut sind, so hat die Seelenführung unter anderem auch die Aufgabe, den Schlüssel zur Öffnung des sechsten Chakras in ihrer Verantwortung zu tragen. Sie begleitet auch das Erzwingen der Öffnung dieses Chakras und lässt den Menschen dann das erfahren, was gerade ansteht. Und das ist weniger das, was Erleuchtung ist, als das, was der Mensch noch zu bereinigen hat, um dann schließlich Erleuchtung erfahren zu können.

Und so kann es durchaus sein, dass sich dem Menschen über das mit Drogen gewaltsam geöffnete Dritte Auge auch seine inneren Horrorwelten zeigen. Er wird dann eventuell mit Wesenheiten konfrontiert werden, die ihn außerordentlich ängstigen können. Und in einem solchen Fall passiert es dann oft, dass dies neue Angstmuster hervorruft, denn er glaubt, dass die Welt der Wesen, die ihm dort begegnen, von außerhalb stammt und sie ihn bedrohen und Schaden zufügen wollen.

Ihr wisst selbst, wohin das einen Menschen bringen kann der bewusstseinserweiternde Drogen konsumiert. Schaut in eure Psychiatrischen Kliniken. Und geht die erwähnte Aktion für den Menschen vorüber, ohne dass er sich selbst geschädigt sieht, bleibt da immer noch das, was nur sehr selten bedacht wird, nämlich die Nachfolgegeneration. Ich werde später auch hierzu noch mehr sagen.

Es bedarf schon einer weisen Führung, den Menschen, der auf diese Weise neue Angstmuster entwickelt hat, erkennen zu lassen, dass es seine eigenen Gedankenwesen sind, die sich ihm zeigen und ihn zu bedrohen scheinen.

Erleuchtung durch das Kronenchakra, beziehungsweise durch das sechste Chakra oder durch die Aktivierung beider erfahren zu können, und das möglichst schnell, ist eine in der westlichen Welt geprägte Vorstellung, die sich aus den alten Geschichten über Schamanenkulte und Priester aus alten Zeiten ableitet.

Natürlich haben die damaligen Menschen seinerzeit bewusstseinserweiternde Pflanzen in unterschiedlichen Ritualen und auf unterschiedliche Zubereitungsweise eingenommen. Doch diese Pflanzen waren in der reinen Natur gewachsen und dementsprechend rein. Und die damaligen Menschen waren vorbereitet und wussten, was sie taten.

Durch chemische Veränderungen, die heute bei euch üblich sind, entsteht im Körper großer Schaden und in den Zellkörpern größte Verunsicherung, was den bewusstseinserweiternden Prozess empfindlich stören kann.

Bitte, ich lasse jeden Menschen seine Erfahrungen machen, doch ich möchte auch darauf hinweisen, was eure Entwicklung behindern kann, denn dadurch wird auch die Entwicklung aller Wesenheiten behindert. Es ist immer alles, was ihr tut, ein ganzheitlicher Prozess, und ihr wachst nun in das Wissen hinein, welches euch auch immer mehr Verantwortung überträgt. Und die Erfahrungen der dunklen Zeiten sollten auch in diesem Fall vorüber sein und ihr zur reinen Entwicklung und damit zur Achtung eures Körpers zurückfinden.

Bedenkt bitte auch, dass bei allem, was ihr zu euch nehmt, das Herz seinen Anteil an Arbeit zu tragen hat, das chemisch veränderte und oft vergiftete Konsumierte

abzubauen. Denn sehr häufig finden sich chemisch veränderte Rückstände, die das Herz als Organ angreifen, von
den feinstofflichen Schäden ganz abgesehen. Darum geht
mit allem verantwortungsbewusst um, denn es sind heilige Geschenke unserer göttlichen Eltern.

Die Zivilisation, in der so viele Menschen im Westen leben, scheint für das Seelenheil des Einzelnen bisher weniger befriedigend gewesen zu sein. Vielleicht habt ihr jedoch eine andere Erklärung dafür, dass die fernöstliche
Glaubenswelt Zugang zu euch gefunden hat. Ich sagte ja,
sucht in vielen Richtungen nach Antworten.

Nun, eine lange Zeit war es anscheinend allein das Materielle, was zu erstreben lohnenswert schien.

Doch wohin hat es die Menschen geführt? Kommt es
wirklich von ungefähr, dass sich so viele Menschen wieder
sich selbst und ihrem inneren Frieden zuwenden? Und es
werden immer mehr Menschen, die sich zu den Suchen-
den begeben und dazu bekennen, und viele von ihnen
wandern zu den Menschen, von denen sie glauben, dass
sie ihnen genau das vermitteln können.

Der Wandel im Glauben und das veränderte Gedankengut dieser Menschen führt sie letztendlich tatsächlich
in eine Art Frieden. Das, was sie früher geglaubt haben,
nämlich dass die Zivilisation das ist, was angestrebt werden sollte, hat sie damals dahin geführt, die Menschen,
die sich anders entfalten wollten, als bemitleidenswerte
Wesen zu betrachten.

Dass ein solcher Glaube impliziert, mehr wert zu sein
als die weniger zivilisierten Menschen, ist wohl den wenigsten bewusst, die ihn in sich tragen, und dass es ein
großer Irrtum ist, wird jedem klar, der sich mit der geistigen Ebene befasst und wieder zur Demut zurückgefunden
hat.

Mit Demut ist die Herzensqualität gemeint, die dem Hochmut entgegensteht. Sie hat wenig mit dem demütigen und unterwürfigen Verhalten zu tun, das irrtümlicherweise von religiösen Führern als Demut bezeichnet wurde, sondern ist wirklich eine Schwingung, die dem Herzen und der Seele entspringt. Lasst euch einmal in einer Meditation von Jesus in sie hineintragen – sie macht weich bis in den tiefsten Kern eures Empfindungsfeldes.

Zivilisation ist ein Zerstörungsfeld der Feinstofflichkeit und eine Folge der dunklen Zeit, in der immer mehr Menschen danach strebten, nur dem Intellekt und dem falsch verstandenen Fortschritt zu leben und immer mehr materiellen Wohlstand anzuhäufen, oft auch auf Kosten von anderen Menschen und allem, was ihr auf der Erde zu eurem Nutzen vorfindet. Immer vorausgesetzt, dass es Erfahrungen sind, die gemacht werden wollen, geht es doch nun in der Neuen Zeit dahin, diesen Wohlstand mit denen zu teilen, die darben. Es ist auch hier ein Zusammengehörigkeitsgefühl anzustreben, obwohl jedem der Wohlstand zusteht, den er für sich beanspruchen möchte. Es ist genug für alle da, und es gibt noch immer Menschen, die ohne „materielle Sicherheit" leben wollen, was den anderen dann mehr übrig lässt.

Der Wunsch nach übermäßigem Wohlstand hat noch mehr Einsamkeit und eine tiefe Sehnsucht, ihr zu entgehen, in den Menschen erwachen lassen.

Für alle Beteiligten ist das doch im Grunde eine feine Sache, denn erst dadurch wurde den vielen geistigen Wesen der Zugang zu euch geöffnet.

Jeder Mensch hat einen inneren Lebensplan, dem er unbewusst folgt und der ihn zu irgendeinem Zeitpunkt wieder ins Einssein führt. Doch da dieser Plan kreativ und frei gestaltet werden darf und viele Wege der Umgehung beinhaltet, gehen die Menschen oft Umwege, die sie allerdings viele zusätzliche Erfahrungen machen lassen, was wieder von großem Nutzen für alle ist. Und manche Umwege sind wirklich erstaunlich. Wenn sie dann schließlich wieder auf den geraden Weg zum Einssein führen, haben die Menschen neben vielen gesammelten Erfahrungen das sichere Gefühl geboren, lieber auf dem geraden Weg vorankommen zu wollen, was bedeutet, dass die göttliche Welt und der göttliche Wille, auf den einzelnen Menschen und seinen Lebensplan bezogen, integriert werden will. Und dies zu erspüren, ist schon ein grandioses Gefühl – eine so lange gesuchte Sicherheit, die unterschwellig vermisst wurde, was übrigens bei vielen Menschen zu mehr oder weniger starken Depressionen geführt hat.

Halleluja! Es ist also die Sehnsucht nach zu Hause, der einstigen göttlichen Verbindung und damit dem Einssein, die euch getrieben hat, einen anderen, diesmal lichtvollen Weg zu wählen. Das ist der erste Schritt, aus dem verschlafenen Dasein auszubrechen.

Indem die Menschen in der heutigen Welt immer mehr zusammengewachsen sind, zum Beispiel durch die Möglichkeiten der Reisen in die meisten Länder und durch das Nutzen des Internets, stießen immer mehr westliche Menschen auf fernöstliche Religionen und Glaubensstrukturen, die sie durch Hören-Sagen und eigenes Erleben faszinierten.

Und auch die Religionen und der Glaube alter Kulturen, die teilweise schon verschollen schienen, wurden wieder ausgegraben und interessant. So sind viele Menschen auch toleranter gegenüber den Glaubensstrukturen von

Ureinwohnern geworden. Immer mehr Menschen öffnen sich den Lebensvorstellungen anderer Menschen, was bedeutet, dass auch auf diesem Weg Frieden angestrebt wird. Man kann hier ein Zusammenwachsen aller Kulturen beobachten, die sich zum Teil mit der feinstofflichen Welt befasst haben und es bis heute tun. Und viele dieser Glaubensrichtungen schreiben vor, auch Andersgläubige zu achten.

Letztendlich bleiben dann noch eine Handvoll anderer Religionen über, die das Gegenteil erreichen wollen, nämlich unbedingten Gehorsam, und nur ihrem eigenen Glauben das Recht zugestehen, dass es für den Menschen die richtige Richtung ist. Was dabei bedenklich stimmen sollte, ist das riesige Vermögen, welches im Namen Gottes angesammelt wurde.

Wie viel Leid haben sich die Menschen mit der Trennung und den sie erhaltenden Maßnahmen beschert! Doch der Bewusstseinswandel in der heutigen Zeit, sich offener und einander achtend zu begegnen, wird sich immer mehr verbreiten und diesem Leid ein Ende bereiten. **Das alles ist wundervoll!**

Ich bin hochbeglückt, dieser Entwicklung so nahe sein zu dürfen und sie beobachten zu können.

Durch das geöffnete sechste Chakra erschließt und zeigt sich vielen Menschen die feinstoffliche Welt. Es öffnet den Weg, der, durch Lichtbahnen geleitet, uns alle in die geistige Verbindung jeglicher Art und mit allen Wesenheiten hineinführt. Das bedeutet, dass wir uns auf diesem Weg begegnen, uns gegenseitig „besuchen" und in Kontakt treten können.

Insofern ist dieses Chakra wirklich eines mit noch mehr Möglichkeiten, die feinstoffliche Welt betreten zu können, als es durch die bisher erwähnten anderen Chakren möglich ist, und das besondere Interesse der Menschheit an ihm scheint somit gerechtfertigt.

Bei allen Menschen, ob das Chakra nun von ihnen als geschlossen oder geöffnet wahrgenommen wird, beginnt durch dieses zum Beispiel die Reise in die eigene Traumwelt, die euch tief in euer innerstes Wesen und in all die inneren Räume bringt, die voller Überraschungen stecken.

Zumindest glauben die meisten Menschen, dass sie dort Überraschungen vorfinden und erleben. Jedoch nur selten können sie ihre Träume ihrer eigenen Wahrheit und Weisheit entsprechend analysieren, und so werden Träume gerne in die Welt der Phantasie verschoben, oder ihr erklärt sie euch so, dass das Tagesgeschehen in ihnen verarbeitet wird.

Es trifft beides zu, doch bitte seid noch ein wenig geduldig, denn wir sprechen auch noch über Träume, die natürlich eine weit tiefergehende Bedeutung haben als Phantasie auszuleben und Tagesgeschehen zu verarbeiten.

Beginnt ihr zu meditieren, wird das sechste Chakra meist aktiviert. Allein der Entschluss zu meditieren, setzt das Dritte Auge in Bewegung und lässt euch oftmals andere Bewusstseinsebenen erfahren, wenn ihr Zeit für die Meditation mitbringt. Und je häufiger ihr meditiert, desto schneller werdet ihr in die Bewusstseinsebenen hineingezogen und lernt sie besser kennen.

Doch es kann ebenso geschehen, dass euch statt Bildern oder kleinen Filmen oder gar Begegnungen mit Geistwesen lediglich eine tiefe Stille empfängt und ihr euch, innerlich vollkommen ruhig und friedlich, in ein bestimmtes Stadium eures Seins begeben habt.

Bereits im Kleinkindalter arbeitet das Kind vollkommen unbewusst und doch wissend mit diesem Chakra so, dass sich ihm feinstoffliche Wesen aus seiner himmlischen Heimat zeigen und die Kinder ihre Verbundenheit zu diesen Wesen erkennen können, was ihnen für eine geraume Zeit eine Art Sicherheit vermittelt, die sie im Anfang ihrer körperlichen Empfindungsentwicklungen noch dringend benötigen.

Irgendwann verändert sich die Verbindung der Kinder zum Dritten Auge und ihre Wahrnehmung verändert sich. Es schließt sich für den täglichen Ablauf, und damit verlässt der physische Körper die „sichere Ebene", die dann nur noch in der Traumwelt bereist werden kann oder in der Meditation.

Doch es gibt auch hier wieder Ausnahmen, die den Kontakt zum Dritten Auge während des ganzen physischen Lebens erfahren lassen. Bei diesen Menschen ist das Zusammenziehen des sechsten Chakras ausgeschlossen oder allenfalls nur kurzzeitig zu erfahren, dann jedoch mit dem Hintergrund, den Grund dafür zu erforschen.

Das wiederum hat mit dem Lebensplan des Einzelnen zu tun. Ihr lebt wirklich auf allen erdenklichen Wegen das Umsetzen eures Lebensplanes, und nur sehr selten wird dieser vorzeitig beendet – mit unschönen, vom Lebensmüden bedachten Konsequenzen für ihn selbst, falls er diesen Weg während der Inkarnation wählt. Das ist einfach eine Schutz- und Vorsorgevereinbarung mit sich selbst, die ihn davor bewahren möchte, diesen Schritt zu gehen. Denn oft hat er sich harte Erfahrungen auferlegt, die ihn durchaus zu diesem Schritt bewegen könnten.

Mit zunehmender Fähigkeit, Feinstofflichkeit erfahren zu können, dient das Dritte Auge in ganz besonderer Weise, die ich hier zum großen Teil in erklärende und aufklärende Worte fasse.

Durch das Stirnchakra kann die innere Welt erfahren werden, doch auch die, welche die Menschen im sogenannten „Außen" empfinden. Wie sich diese Erfahrung für den Einzelnen zeigt, ist unterschiedlich. Manche Menschen sehen mit dem Dritten Auge ebenso klar, wie sie mit beiden physischen Augen sehen.

Doch „Sehen" kann sich auch in der Weise darstellen, dass nur schemenhaft gesehen wird, oder es entsteht eine Ahnung im hinteren Teil des Dritten Auges, ohne dass sie vom inneren Sehnerv erfasst werden kann, und wie immer, gibt es noch weitere Erfahrungsmöglichkeiten, die nun jeder von sich selbst hier beschreiben könnte, wenn er das Buch mitschreiben würde!

Vielleicht legt ihr stattdessen ein eigenes kleines Büchlein an und schreibt dort eure Erfahrungen auf. Später könnte dieses Büchlein für eure Nachfahren sehr interessant sein, doch auch für euch, wenn ihr dereinst in ihm lesen solltet.

Ich möchte noch auf das Farben-sehen eingehen, was einigen Menschen viel zu wenig „Sehen" ist. Sie beachten dabei kaum, dass die Farbenergie von den Wesenheiten stammt, die mit ihnen arbeiten. Und jeder Engel oder Meister bedient sich oft der Farbenergien und zeigt sich in der Farbe, die ihr seht. Mit ihr seht ihr das Fließen der Wesen, die sich mit ihr identifizieren und für eine große Weile – irdische Zeitvorstellung vorausgesetzt – die Hüter-Rolle dieser Farbenergie und Qualität übernommen haben. Jeder Farbe können bestimmte Qualitäten zugeordnet werden, wie ihr in vielen Büchern nachlesen könnt.

Ihr glaubt vielleicht, dass sich alle Wesenheiten für die Menschen in menschlicher Form manifestieren, doch das ist bisher eher selten der Fall gewesen. Aufgrund der höheren Schwingungen, die der Neuen Zeit zur Verwirklichung verhelfen, wird sich immer mehr Manifestation aus unseren Reihen – auch in menschlichen Formen – ergeben, denn wir möchten euch anhand von Bildern die Zusammenführung der menschlichen und der geistigen Welt mit ihren Lebewesen erleichtern.

Es kann alles als „Sehen" bezeichnet werden, was ihr mit dem sechsten Chakra wahrnehmt. Ja, meine lieben Freunde, die feinstoffliche Welt ist nun einmal weniger komplex, als ihr es von der irdischen gewohnt seid, und sie ist ungemein wandelbar – vollkommen aus der Enge der Physis befreit.

Man nennt das Sehen mit dem Dritten Auge auch häufiger: den Tunnelblick nutzen. Denn oft erscheint bei geschlossenen Augen im Chakra eine Art Tunnel, in dem sich dann das zeigt, was ihr seht, und häufig hat man das Gefühl, dass man durch diesen Tunnel nach hinten durch das im Nackenbereich liegende Chakra oder das darüberliegende, am Hinterkopf befindliche, aus dem Körper gezogen wird.

Könntet ihr euch doch alle auf diese Weise der Freiheit ergeben, die euch euren physischen Körper und seine Begrenzung für eine kleine Weile vergessen lässt. Ich wünsche es jedem von euch.

Wer den Tunnel sieht, der sieht die Chakrenspirale oder zumindest einen Teil dieses Energiezentrums. Erinnert euch an das „Kreise tanzen", was euch auch darauf hinweisen sollte, dass alle Chakren sich nach oben öffnende Spiralen sind. Und innerhalb von ihnen könnt ihr tanzen, so wie wir es getan haben.

Um jetzt auf die innere und äußere Welt zurückzukommen: Als „im Außen seiend" werden auch geistige Welten und viele geistige Wesenheiten empfunden und damit weit von sich und der eigenen inneren Welt entfernt betrachtet, was den Glauben an das Channeln und die eigene Fähigkeit, Botschaften aus diesen Welten empfangen zu können, erschwert.

Doch es gibt Hoffnung für uns, denn wie ihr oft sagt, ohne wirklich davon überzeugt zu sein: Der Glaube versetzt Berge! Wir hoffen, dass sie euch wieder sehr nahe kommen – die Berge, die im Übrigen sehr leicht zu erklimmen sind!

Und mit eurem Glauben bestimmt ihr euer Leben, und so glaubt ihr eben auch daran, dass euer Leben in erster Linie durch die äußere Welt geprägt wird. Doch es ist nur durch die Betrachtungsweise möglich, dass dann alles in die entsprechende Entfernung verschoben und das dazugehörende Empfinden entwickelt werden kann.

Manchmal scheint es euch sicher sehr verwirrend, zu lesen, dass das, was ihr schon zu spüren oder zu empfinden glaubt, erst durch eure Sichtweise und durch eure Gedanken in Bewegung gesetzt wird und erst danach die „Emotion" entstehen kann. Und dann geschieht wieder alles gleichzeitig und alles ist schon da!

Viele verwirrende Aussagen liegen euch zu diesem Thema vor, die eurem Entwicklungsstand gemäß geordnet und in die richtige Zeitabfolge gebracht werden wollen – und zwar von euch selbst. Jeder tut das seinem Auffassungsvermögen und Verständnis entsprechend. Die Hilfen aus der geistigen Welt, die euch versuchen, eine andere Sichtweise zu ermöglichen, indem sie ein wenig an eurem bisherigen Glauben rütteln, dürft ihr dabei gerne als Wegweiser anerkennen.

Meine lieben Freunde, ich sehe eure Ratlosigkeit. Das ist verständlich. Denn welcher Mensch versteht die ganze Welt des Irdischen und gar des Feinstofflichen schon so gut, dass er auf sich allein gestellt sowohl logisch als auch empfindungsmäßig damit umgehen kann – und dann noch zum Wohle aller Wesenheiten und all dem, was ist! Ich gebe zu, aus menschlicher Sicht scheint diese Fertigkeit mindestens eine Nummer zu groß zu sein. Und doch – ihr seid dazu in der Lage. Zuerst noch mithilfe aus unseren Reihen, doch immer häufiger werdet ihr selbst eure göttliche Kraft einsetzen können, die dann in der erwähnten Weise wirkt.

Ihr habt das nun schon so oft gehört, vielleicht beginnt ihr nun auch damit, das Gehörte umzusetzen! Und habt ihr bereits begonnen, so geht den Weg weiter, bis ihr auch das göttliche Gefühl spüren könnt, welches euch in eurem Herzen bekannt ist.

Das göttliche Gefühl drückt sich ohne Überheblichkeitsgefühl aus. Es ist ein freilassendes Gefühl in die Weite und Grenzenlosigkeit eurer feinstofflichen Körpergestaltung hinein. Es ist Ausdehnung und Befreiung von dem, was ihr so gerne als das physische Gefängnis betrachtet.

Ihr wachst alle in die Welt der Feinstofflichkeit hinein, die schließlich, bewusst zu erkennen für jedermann, mit der irdischen verschmelzen wird. Trotzdem seid ihr auch dann in der Lage, eine Trennung zu erschaffen, und zwar wieder so bewusst wie in alten Zeiten, damit auch weiterhin irdisch manifestiert werden kann – nämlich alles, was euch Freude macht und was ihr glaubt, an Luxus oder Komfort zu benötigen.

Ich habe gerade erklärt, dass Gefühle erst durch die Sichtweise entstehen, und die umgekehrte Vorstellung der meisten Menschen, dass Gedanken erst aus dem Empfinden heraus entstehen, ist eine mit der Zeit geborene Sichtweise, die dazu beitrug, die Menschen immer mehr von ihrer angeborenen Weisheit zu entfernen.

Auf die ursprüngliche Bedeutung des Gedankens als Werkzeug hinzuweisen, ihn sozusagen in seine Schranken zu verweisen, obliegt nun vielen geistigen Wesenheiten, die immer wieder darauf hinweisen, bis ihr selbst verantwortungsvoll mit diesem Werkzeug umgehen könnt.

Zuerst kommt der Gedanke, dann die Emotion, die wieder Gedanken entstehen lässt oder sie gebiert. Insofern habt ihr ein Machtpotenzial an eure Gedanken übergeben, welches sicher besser anderweitig genutzt werden könnte und sollte. Und bedenkt bitte immer, dass jeder Gedanke eine Eigenständigkeit entwickelt, die man schon als selbständig handelnde Wesenheit bezeichnen kann, wenn sich der Gedanke immer wieder einstellt. Sollte euch das widersprüchlich erscheinen, so habt bitte Geduld, ich komme noch darauf zurück.

Mit der Zeit ist das, was Gedanken bewerkstelligen sollten, verwischt worden, und heute verläuft es so, wie ich es gerade beschrieb. Die Gedanken sind weniger die Werkzeuge, die sie einst sein sollten, sondern haben sich als große Kraft in den Menschen manifestiert. Und jeder, der beginnt, zu meditieren, erfährt, was ich gerade sagte. Die Gedanken schieben sich immer wieder in den Vordergrund.

Wer sich das bewusst macht, kann leicht einen Weg finden, seine Gedanken zu beobachten, und die Situationen, die aus ihnen entstehen, erkennen. Die Neue Zeit hilft dabei, denn die Abfolge von Gedanke zur Erfahrung der Umsetzung geschieht immer schneller, sodass ihr besser erkennen könnt, wie die Situation entstanden ist.

Was Buddha einst sagte: „Mit euren Gedanken erschafft ihr eure eigene Welt" sollte langsam jeder verstehen. Doch welche Welt jeder für sich erschafft, obliegt ihm natürlich selbst. Ich möchte euch damit sagen, dass ihr eure Gedanken wirklich in der Weise einsetzen könnt, dass sie euch zu der Welt verhelfen, die ihr gerne sehen möchtet. Doch bedenkt dabei bitte auch, dass dies ein wenig Geduld erfordert und dass, was ihr im Außen seht, all das Leid und die „Ungerechtigkeit", die ihr darin so gerne seht, mit den Wünschen und der Vorstellung der Menschen zu tun hat, die das Leid dadurch erfahren.

Beginnt ihr, die Gedanken so zu denken und zu produzieren, dass sie euch Güte und das Loslassen des *Mitleidens* bescheren, wird sich eure Welt verändern. Statt das Leid zu verstärken, kann Mitgefühl erfahren und Achtung vor den Lebensplänen der anderen empfunden werden. Und je mehr Menschen in dieser Weise das Licht halten können, umso mehr Leidgeprüfte werden ihre eigene Welt verändern können, denn sie bekommen Kraft von euch zugeführt. Genauer gehe ich später auch darauf ein.

Ja, liebe Freunde, das könnt ihr mit euren Gedanken bewirken, und das Dritte Auge kann dieses Unterfangen unterstützen, indem ihr in ihm die entsprechenden Bilder produziert. Eure Vorstellungskraft entwickelt sich über dieses Chakra zu Bildern, die dann wieder im „Außen" erfahren werden. Erkennt ihr den Kreislauf?

Die Menschen haben bisher ihre altgewohnten Empfindungen und Glaubensstrukturen gehegt und gepflegt und sie mit ihren Gedanken und ihrer Sprache immer wieder erneuert und sogar noch verstärkt. Ihr könnt euch sicherlich denken, dass auch hiermit ein Weg zur Verstärkung der Trennungsillusion beschritten wurde, und dieser Weg führt genauso in die „Einzelhaft" wie auch in die Individualität, die jeden seine eigene Welt erfahren lässt. Und bemerkenswert scheint, dass jeder seine Welt für die

„Richtige" hält. Nun, wer sich von der göttlichen Welt trennt, der trennt sich auch von anderen Menschen, Tieren, Pflanzen und der Erde – mit anderen Worten: von allem, was ist. Sogar von sich selbst trennt er sich ab, ohne es zu bemerken. Um derart in die Tiefe der Dunkelheit einzutauchen, bedurfte es großer Kraft und Stärke, und ich lobe euch für euren Mut. Diesen Weg zurückzulegen, war schon eine hochfrequente spirituelle Leistung.

Es verändert sich alles für euch, wenn ihr bewusst beginnt, mithilfe des Dritten Auges und der Übernahme der Verantwortung für eure Gedanken eure persönliche und globale Neue Welt zu erschaffen.

Obwohl viele der feinstofflichen Welten und Wesenheiten zur inneren Welt des Menschen gehören, wurden auch sie bisher eben in der getrennten Weise empfunden. In eurem täglichen Leben pflegt ihr die Trennung auch, und sie zeigt sich in den Manifestationen, die für euch dann schließlich zur Wirklichkeit – zur irdischen Realität – geworden ist und in jeder weiteren Sekunde eurer Zeitvorstellung wird. Verändert auch hier alles so, wie ich es gerade gesagt habe, und ihr werdet eure Realität anders erfahren.

Es ist ein spannendes Spiel mit stets offenem Ausgang, und ihr als Einzelwesen habt die Hauptrolle darin.

Die Trennung und die unendlich vielen Möglichkeiten, sie zu erfahren, gehörten zu den Erfahrungswünschen der meisten Menschen. Doch irgendwann werden auch sie erkennen, dass dieser Wunsch äußerst hinderlich für die Verbindung mit ihrer eigenen Seele oder gar für die göttliche Verbindung mit der Quelle ist, die immerzu bestrebt ist, uns, die wir schon bereit sind, wieder in den sprudelnden, lebendigen Lebensquell hineinfallen zu wollen, zu sich zu holen.

Von diesem wundervollen Entstehungspunkt allen Lebens ausgehend, dürfen dann wieder neue Erfahrungsmöglichkeiten geboren werden. Und diese haben zunächst die Qualität und den Sinn, auch den Wesen zur Erleuchtung zu verhelfen, welche sich bis dahin immer noch in der Dunkelheit verstecken.

Ich möchte ja in diesem Buch – außer euch zu erklären, was welche Bedeutung hat – auch die einstigen göttlichen Verbindungen wieder so herstellen helfen, dass sie auch von euch allen angenommen werden können. Und selbst die hartnäckigsten Verweigerer der göttlichen Lichtverbindung, die im Allgemeinen mit Erleuchtung gemeint ist, die schon eine außergewöhnliche Behandlung brauchen, um ihren Widerstand aufzulösen, sind in allen Galaxien als die einstigen Götter wiedererkannt worden, und es werden ihnen dementsprechend hohe göttliche Eigenschaften zugetraut. Dort wird kaum verstanden, dass sie solche Widerstände gegen das Licht aufrechterhalten. Ihr seht, wieder einmal wird Hoffnung in die göttlichen menschlichen Fähigkeiten gesetzt.

Doch wer von den Menschen möchte diesen Status schon für sich beanspruchen? Wer fühlt sich dieser Kraft in sich gewachsen? Es sind in der Tat die Wenigsten.

Um nun wieder zur inneren und äußeren Welt zurückzukommen, frage ich euch: *Wer von euch schaut nach oben, wenn er mit Gott oder Göttin oder den Engeln und Meistern spricht oder wenn er betet?*

Es ist eine hingebungsvolle Geste, dieses zu tun, doch auch der Groll, den so viele Menschen auf Gott haben, wird aus der gleichen Position abgelassen. Und immer besagt der Blick nach oben, dass Gott und Göttin in großer Entfernung vom Menschen existieren und von ihren

Sorgen und Nöten kaum eine Ahnung haben. Menschen fühlen sich verlassen und reagieren mit entsprechenden Mustern auf das, was für sie eine Zurückweisung der göttlichen Eltern darstellt. Und wie viele Menschen stecken in diesem Muster fest, ohne zu erkennen, dass sie selbst es sind, die es immer wieder erneuern.

Das und vieles andere bewirkt die menschliche Vorstellung vom *außen*, über das ich gerade sprach und das ihr auf diese Weise erlebt, obwohl sich vieles davon in der inneren Welt eines jeden Menschen abspielt.

Zur äußeren und inneren Welt sage ich euch auch in den Kapiteln über die Feinstofflichkeit noch mehr.

Das sechste Chakra sendet die Farben Indigo-blau bis Lila aus und sucht die Farbe Grün zu empfangen. Je nach Emotionslage oder Stimmung, würdet ihr wohl eher sagen, verändern sich die Farben von Indigo bis Lila, wie auf einer Farbskala, die alle möglichen Farbtöne einer Farbe und in unserem Falle beider erwähnten Farben aufzeigt.

Dieses Chakra ist mit einem gleich aussehenden am Hinterkopf verbunden, das eine Öffnung für die Hirnanhangdrüse bildet und die Farbe Gold aussendet und ebenso empfängt. Durch dieses wird gewährleistet, dass regelmäßig Licht in die Lichtbahnen im Gehirn fließt.

Ist dieses Chakra im hinteren Kopfbereich verstopft oder verletzt, so ist der Lichtenergiefluss stark eingeschränkt, und je nach Stärke der Verletzung wird er zeitweilig sogar eingestellt. Trotzdem ist auch in diesem Fall das Licht da, jedoch in einen dunklen Kokon wie in ein Vakuum eingehüllt, aus dem es sich scheinbar kaum allein befreien kann. Ihr könnt ihm mit euren Gedanken helfen, sich zu befreien.

Dass eine Verletzung dieses Chakras und die eingekapselte Lichtzufuhr letztendlich zu einem Stau in den Gehirnstrukturen führt, ist euch sicherlich klar, und dieser Stau führt zu verschiedenen Krankheiten. Zum Beispiel kann von hier aus eine Migräne entstehen . Des Weiteren sind alle Arten von Kopfschmerzen, die aus dem Inneren zu kommen scheinen, ursächlich hier zu suchen.

Im Kopf stellen sich Verkrampfungen viel öfter ein als im Rest des Körpers. Man kann sogar behaupten, dass jede Verkrampfung, die ihr im Körper erfahrt, im Kopf ihren Anfang nimmt. Doch das zweite Chakra ist auch in diesem Fall wieder mit zu beachten. Letztendlich geht es immer wieder um die Umsetzung eures eigenen göttlichen Willens in eurem physischen Körper.

Der irdische Arzt erkennt die Verkrampfungen, weil sie sich in den Nervenbahnen fortsetzen, die bei maschinellen Durchleuchtungen von Menschen gesehen werden können. Nerven leiten Empfindungen an euren Schmerzkörper, sobald sich eine Verkrampfung gebildet hat, damit ihr aufmerksam werdet. Und warum sollt ihr aufmerksam werden? Na, weil das Licht fließen will!

So ist der Schmerz der Verkrampfung eben der feinstofflich, irdisch gewordene Hinweis darauf. Schmerz hat immer mit Verkrampfung und Unterbrechung des Lichtflusses zu tun. Und erforscht ihr daraufhin einmal all eure eventuell vorhandenen Schmerzen, so werdet ihr zum gleichen Ergebnis kommen, wenn euch auch vielleicht der Lichtfluss weniger nachvollziehbar erscheint. Welche zusätzlichen Bedeutungen sich im Schmerz verstecken, besprechen wir später noch.

Neben den Kopfschmerzen möchte ich noch die Augenkrankheiten erwähnen, denn auch sie gehören in den Bereich des sechsten Chakras. Ist der Energiefluss des Lichtes vollkommen rein und frei, so sind die Augen meist gesund – es sei denn, der Mensch will Augenkrankheiten und die Wege zur Heilung oder gar Blindheit erfahren. Die vorliegenden Gründe sind wieder sehr spezifisch auf den einzelnen Menschen und seine Wünsche abgestimmt, über die wir auch noch sprechen werden. Erfahrungen gehen eigene Wege, die oft durch Krankheiten oder, besser gesagt, durch Disharmonien begleitet werden. Wie vielseitig und schwerwiegend diese sein können, ist euch wohl allen bekannt.

Doch bleiben wir bei den Kopfschmerzen auslösenden Verkrampfungen. Viele Menschen fühlen oft einen dumpfen Druck oder eine Benommenheit im Kopf. Auch in diesem Fall liegt eine Verkrampfung der Licht- und so auch der Nervenbahnen vor. Zu dem beschriebenen Zustand lasst euch auch sagen, dass, je weiter und tiefer ihr in die Feinstofflichkeit hineinspüren könnt, ihr auch Kopfdruck von anderen Wesenheiten empfangen könnt, die ihr als von euch getrennt anseht. Und dazu gehören auch die, welche schon auf die Seite hinter dem oft „eisernen" Vorhang gegangen sind, die ihr *Verstorbene* nennt.

Wie ihr euch von diesem Druck befreien könnt, ohne gleich Medikamente einnehmen zu müssen, erkläre ich im Kapitel über Krankheiten.

Habt ihr eigentlich bemerkt, dass ich von der Abstand wahrenden Rolle des Lehrers abgewichen und wieder zum freundschaftlichen Miteinander übergegangen bin? So spreche ich wieder von Kapiteln statt von Lehrstunden. Mir vermittelt diese Form mehr Nähe und ich hoffe, dass dies von euch ebenso empfunden wird.

Nun, ich suche auch immer wieder nach Wegen, euch näherzukommen, geliebte Freunde.

Wir haben schon darüber gesprochen, dass der Mensch Bilder entwickelt, die ihm mehr Verständnis ermöglichen. Und da das sechste Chakra das feinstoffliche Organ ist, welches Bilder entstehen lässt, gehört in dieses Kapitel meiner Meinung nach auch ein Bild über den inneren Kopf, das auch feinstoffliche Bahnen zeigt, und ebenso eines, welches euch die Welt der Chakren zeigt, so wie ihr sie bisher erfahren habt.

Und so betrachtet bitte auf dem nachfolgenden Kopfquerschnitt-Bild einmal die Lichtbahnen und seht die Nähe zu den dort befindlichen Organen, Knochen und Nerven, und erklärt euch vielleicht selbst, wie eure Beschwerden – falls vorhanden – oder die anderer, die um Heilung bei euch anklopfen, damit zusammenhängen.

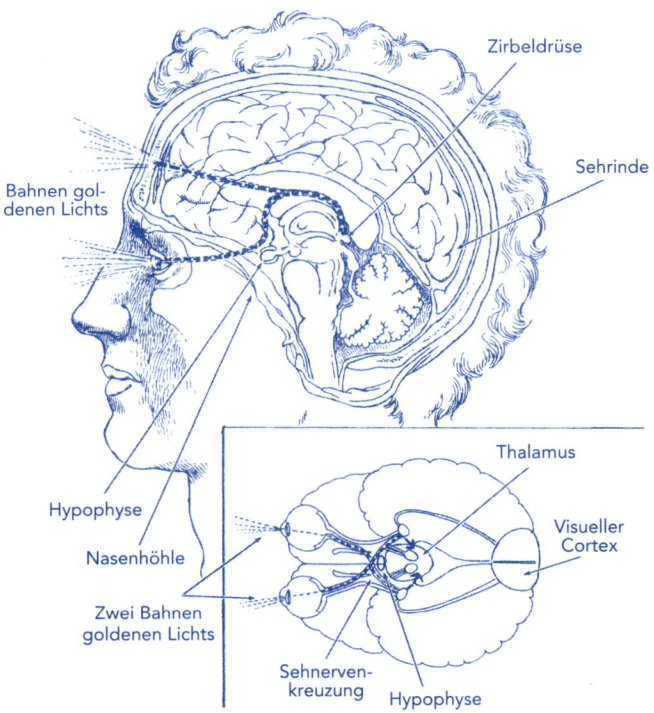

Zirbeldrüse

Sehrinde

Bahnen goldenen Lichts

Hypophyse

Nasenhöhle

Zwei Bahnen goldenen Lichts

Sehnervenkreuzung

Hypophyse

Thalamus

Visueller Cortex

Jeder Mensch, der Heilung bringen möchte, was bedeutet, den inneren Heiler des anderen zu aktivieren –
denn nur dann ist Heilung bei anderen überhaupt möglich –, wird sich mehr und mehr mit der Feinstofflichkeit

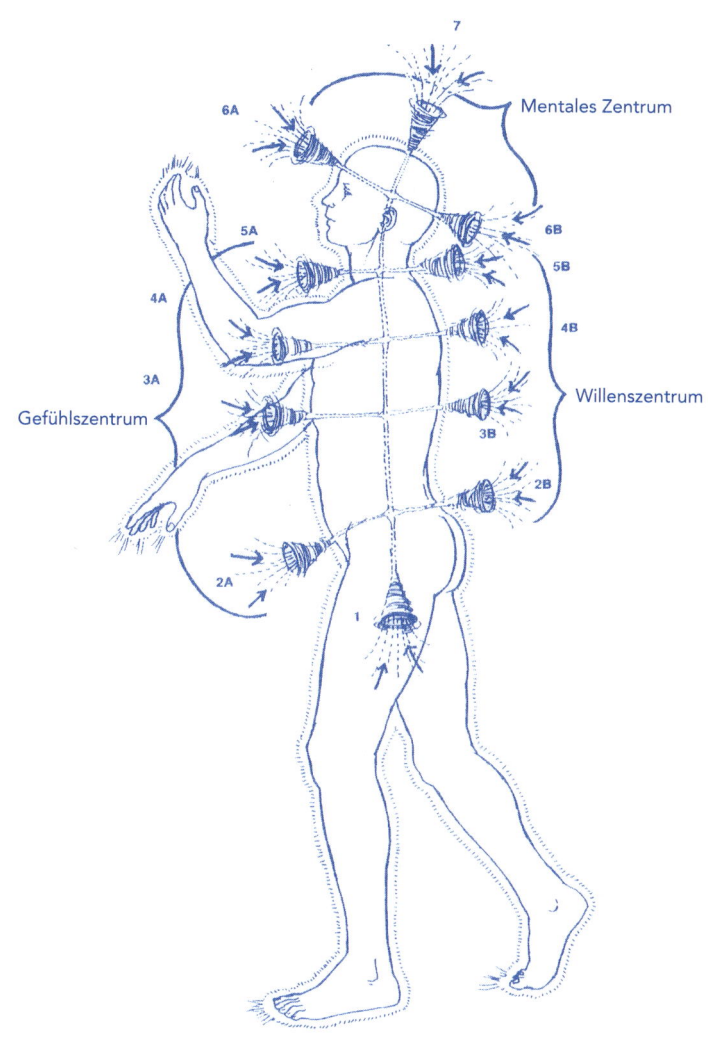

befassen müssen, will eine dauerhafte Heilung bei sich selbst oder bei anderen bewirkt werden.

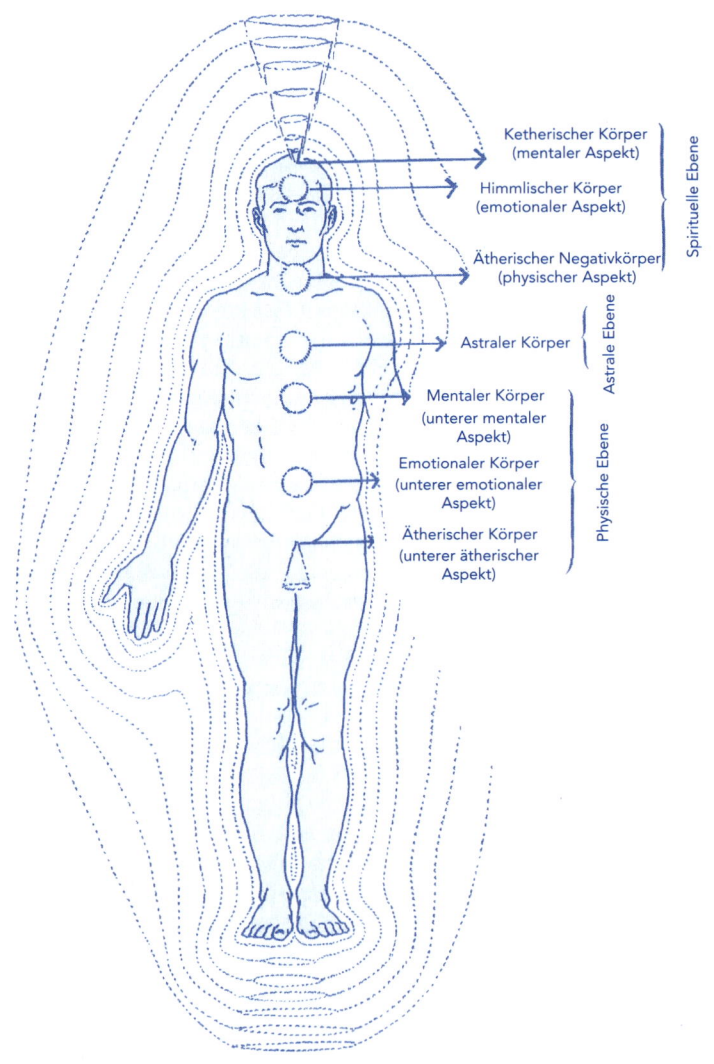

Abbildungen dem Buch *Licht-Arbeit* von Barbara Ann Brennan entnommen.

Um zu einem klaren Kopf und geöffneten, reinen Lichtbahnen zu kommen, hat der Mensch, wenn diese Kanäle
lange ungenutzt oder verletzt waren, einen weiten Weg zu
gehen, der Geduld, tägliche, liebevolle Zuwendung und
Vertrauen von ihm verlangt.

Ihr seht, auch hierbei ist Ungeduld eine Droge, die ver-
schlimmert statt zu heilen.

Mit dem Dritten Auge in Verbindung steht auch wieder
das Harachakra. Die Göttin, welche ihre Weiblichkeit
ausdrücken und ihre Existenz immer wieder in Erinnerung rufen möchte, wird von dem Licht, welches in den
Kopflichtbahnen empfangen wird, genährt.

Sind die Lichtbahnen verkrampft und nur eingeschränkt mit Licht angefüllt, so wird sich die Verkrampfung, die im Kopfbereich beginnt, im Harachakra fortsetzen. Das betrifft beide Geschlechter – Mann und Frau!

Ist die Göttin im physischen Körper mit Licht sozusagen
unterversorgt, drückt sie dies durch ein Zusammenziehen
ihrer Kraft und der damit verbundenen Verkrampfung
aus. Das hat dann zur Folge, dass der Mensch den
Schmerz empfindet, der durch Verkrampfung und Zusammenziehen der Lichtenergie entsteht. Interessant zu
wissen ist für euch vielleicht auch, dass dieser Schmerz auf
das Zentrum der Verkrampfung hinweist.

Verfolgt ihr den Schmerz bis zu der Stelle, die am
schmerzhaftesten scheint, stoßt ihr auf das Zentrum. Und
genau hier solltet ihr mit der Heilung beginnen, die durch
Handauflegen erfolgen sollte.

Stellt euch auch hier vor, dass eure Hände goldenes
Licht ausströmen und die Verkrampfung lösen. So wird
sich der Schmerz zwangsläufig ebenfalls auflösen. Seid bei
der Behandlung liebevoll mit euch selbst und habt Geduld.

Die Verkrampfung und der gestoppte Lichtfluss haben mit dem Denken des Menschen zu tun und mit seiner Ablehnung, Licht als die große, göttliche Heilkraft anzuerkennen. Das Denken des Menschen ist sowohl die Ursache der Verkrampfung wie auch der Auslöser für den gesamten Schmerzverlauf.

Im Irdischen werden übrigens gerne die Hormone als die Verursacher der besagten Schmerzen angesehen, und sie sind in der Tat die physischen Helfer.

Beim Mann kann sich die Verkrampfung weiter als bei der Frau bis in das Wurzelchakra und die dort befindlichen Organe fortsetzen. Und Impotenz und Krebs in diesem Bereich ist die Folge der Ablehnung seiner eigenen Göttlichkeit und Rolle im menschlichen Dasein. Kurz gesagt, die männlichen Rollen sind weniger begehrt als die weiblichen, und der Widerstand dagegen ist eine starke Disharmonie, die der Mann harmonisieren sollte. Aufgrund der Entwicklung in die Neue Zeit hinein werden beide Rollen in ausgewogener Weise – weiblich und männlich – dringend benötigt, wollen die Menschen jemals zur Gleichheit und Verbundenheit zurückfinden, ohne die ihnen ein Leben im Paradies auf Erden bisher verwehrt worden ist.

Um im Paradies leben zu können, ist Heilung zwischen den Geschlechtern von größter Wichtigkeit. Denn wird im Außen eurer Realität der Mann oder die Frau vom anderen Geschlecht mit wenig Achtung behandelt, so wird sich dieses Verhalten auch auf die innere Welt ausdehnen, in der die beiden Anlagen ja vorhanden sind. Und ist ein Mensch mit sich selbst im Unreinen und hat wenig Achtung vor den eigenen Anlagen, wie kann er dann die erstrebte Harmonie des paradiesischen Zustandes erfahren?

Seht, liebe Freunde, die klischeehaften Vorstellungen, dass der Mann das starke Geschlecht verkörpert und für alles geradestehen muss, sind immer wieder unterlaufen worden, mit dem Ergebnis, dass sich Männer, die zu „weich" waren, als minderwertige Geschöpfe angesehen haben. Das ist natürlich nur ein Gesicht der gesamten Gefühlsskala des Mannes.

Auch der Mann, dessen Göttin ebenfalls auf die Vereinigung mit dem männlichen Gott wartet, darf durchaus weich sein, gegen sich und andere. Und wenn er sich anderen Menschen, Tieren oder Pflanzen zuwendet, darf er sich ruhig zärtlich verhalten. Der Glaube, dass der Mann immer hart sein muss, ist doch schon lange im Auflösungsprozess begriffen.

Nun, ihr wisst, dass sich die meisten Männer trotzdem noch in dieser alten Verhaftung an den Glauben der „männlichen" Verhaltensweisen gebunden fühlen. Was das bewirkt, wisst ihr nun auch, und im Kapitel über die Heilung wollen wir die Heilungsmöglichkeiten dieser Strukturen besprechen, die von den Göttinnen im weiblichen Körper ausgehen.

Kampf ist „OUT", sowohl für jedes Organ wie auch für alles, was den ganzen Menschen ausmacht!

Die Zeit des Kämpfens ist vorüber. Wer es trotzdem noch tut, der läuft der Neuen Zeit hinterher. Bitte macht euch das wieder einmal klar; und fällt es schwer, das an sich heranzulassen, fragt euch doch einmal, was ihr zu verlieren habt. Die Antwort darauf dürfte euch wahre und tiefe Einblicke in eure Seele geben. Und die Antwort kommt, dafür bürgt die Neue Zeit mit ihren erhöhten Schwingungen.

Indigo-blau weist auf eine große Gruppe der neuen Kinder hin, die Indigo-Kinder genannt werden. Und das bedeutet, dass bei ihnen dieses Chakra äußerst stark ausgeprägt ist, was sich auch manchmal durch starke Erhebungen über den Augenbrauen zeigt.

Nun ist es jedoch so, dass diese wundervollen Kinder selten so viel Selbstvertrauen und Selbstwertgefühl mitbringen, um sich zu offenbaren, sodass sie sich oft mit ihren Wahrnehmungen zurückhalten – im eigenen inneren Weisheitskörper und erst recht in ihrem Umfeld. Diejenigen, die mehr Mut haben und Stellung beziehen, werden in vielen Fällen von der Schulmedizin immer noch in bestimmte Krankheitsgruppenbilder gesteckt, denn sie scheinen anders zu sein als die Kinder der vorangegangenen Generationen und auch anders als viele Kinder um sie herum, die noch das alte Bild der Massengleichheit aufrechtzuerhalten haben.

Wer versucht, sich mit Mut so zu geben, wie er sich fühlt, eckt oft bei Erwachsenen an, die weniger mit der feinstofflichen Welt zu tun haben, und das führt dann auch oft dazu, dass sie sich wieder zurücknehmen oder sich zu wirklich rabiaten Rebellen entwickeln können. Denn sie sind verzweifelt, und wird das übersehen oder zu wenig beachtet, kann es durchaus vorkommen, dass sie sich „durchgeknallt" zeigen. Und einige der jugendlichen Amokläufer sind es auf diesem Weg geworden und haben dann schließlich zur Waffe gegriffen.

Euch Menschen scheinen diese Tötungsdelikte von unverständlicher Grausamkeit geprägt. Das, was durch diese Taten bewirkt werden sollte, ist ein Flächenbrand des Erwachens. Doch die Wenigsten sind dadurch erwacht und stattdessen ist der Brandherd des Hasses, des Unverständnisses und des Verurteilens erneut entfacht worden.

Immerhin haben sich Verwandte und Freunde des Täters in einigen Fällen gefragt, wie so etwas geschehen konnte, und sich selbst hinterfragt. Auch das ist ein Weg, der ins Erwachen führen kann. So bleiben wir voller Hoffnung auf Besserung der irdischen Situationen.

Warum will das sechste Chakra die Farbe Grün empfangen? Das ist die Farbe der Heilung. Und verbindet man die ausgesandten Farben mit Grün, so ergibt sich zunächst die Farbe Petrol, die sich mit zunehmender Lichtstärke zu Türkis entwickelt. Das ist die Farbe des Milzchakras, wenn es ganz gesund ist und Göttin und Gott in Harmonie miteinander verbindet.

Farben sind sehr wichtig, liebe Freunde. Sie können Heilung bringen und auf jeden Fall Wohlbefinden, wenn sie intuitiv oder bewusst eingesetzt werden.

Was ich bisher über die Chakren gesagt habe, lässt euch vielleicht klarer erkennen, wie sehr auch im physischen Körper alles miteinander verbunden ist.

Doch nun schaut, wie es weitergeht. Wir gehen jetzt zum Kronenchakra, dem siebten Chakra, über.

Chakra 7

Hier sind wir beim heiligsten der sieben Chakren angekommen. In dieser Weise vermitteln die meisten Religionen deren Anordnung und Bedeutung, wenn sie Chakren überhaupt anerkennen.

Warum gerade dieses Energiezentrum als „heilig" angesehen wird? Weil die Menschen sehr lange glaubten, dass dort das Tor zur göttlichen Welt existiere, oben. Doch hatten sie dabei übersehen, dass das Göttliche – Gott und Göttin – ja schon im Herz- und Sakralchakra innerhalb des Körpersystems wohnen.

Wieder einmal wurde nur nach außen geschaut und vergessen, beziehungsweise aus dem Bewusstsein verdrängt, was die innere Welt für jeden bereithält.

Bei Einweihungen in verschiedene Energieströme, die alle derselben göttlichen Quelle entspringen, wird über das Kronenchakra gearbeitet. Von dort aus wird der feinstoffliche Kanal in besonderer, klärender und reinigender Weise behandelt, damit die Energie dann immer stärker durch ihn fließen kann.

Ich sprach vorhin vom Lichtkanal im Kopfbereich, und wenn ihr euch daraufhin den Querschnitt noch einmal anseht, so erkennt ihr auch den Ansatzpunkt, wo das Licht zu fließen beginnt. Hier beginnt das Kronenchakra, welches sich in einer Spirale aus violett-weißem Licht nach außen bewegt.

Dieses Chakra reinigt und transformiert sich sozusagen selbst, indem es die Farbe Gelb aufsaugt oder, anders gesagt, empfängt. Je mehr Gelb hineinfließt und sich mit Weiß verbindet, umso mehr erstrahlt dieses Chakra rein und strahlend in Gold, was immer heller leuchtet, bis es schließlich das Weiß erreicht, welches das Licht des Göttlichen ist.

Dieses Chakra wird von hellsichtigen Menschen oft in violett-weißem Licht gesehen. In ihm werden sich die Farben immer wieder verändern. Denn im menschlichen Körper ist für lange Zeit angelegt, dass immerfort eine Transformation stattzufinden hat, und zwar so lange, bis das letzte Dunkel im Körper des Menschen in Liebe umgewandelt wurde.

Inzwischen wisst ihr sicherlich, dass ein dauerhafter Zustand kaum möglich ist. Auch wenn wir immer wieder von dauerhaftem Frieden sprechen, so ist diese Qualität ebenfalls immer im Wandel.

Im Kronenchakra zeigt sich, welche Bereitschaft der Mensch mitbringt, sich auf Gottes Wege zum Licht zu begeben. Ist noch der kleinste ungeklärte Schatten im Menschen vorhanden, ist der Weg in die höheren Chakren erst einmal versperrt.

Versteht ihr jetzt, warum ich immer wieder darauf hinweise, eure Schatten lieben zu lernen und dadurch zu transformieren?

Alles an euch ist göttlicher Herkunft – auch die Schatten. Warum also schämen sich ihrer so viele Menschen?

Da wird von gefallenen Engeln gesprochen, doch erkennt bitte, dass ihr selbst Angst davor hattet, zu ihnen zu gehören, und damit habt ihr schon bekundet, dass ihr euch in dieser Weise betrachtet und außerordentlich schuldig gefühlt habt.

Ihr seid Engel, die sich zur Erde begeben haben, und das war ein Sturz aus den gewohnten Höhen in die niedrige Ebene der Erde, die sich in der Polaritätsphase befinden musste, um euch helfen zu können, zu erkennen und zu fühlen, wie sich die Lichtwelt und die Liebe anfühlen kann. Sich dafür zu schämen, entbehrt jeglicher Grundlage. Außer der vielleicht, auch hierzu wieder Erfahrungen gesammelt zu haben.

Schließt vielleicht einen kurzen Augenblick eure Augen und schaut euch euer Kronenchakra an, ich helfe euch dabei. Ihr könnt dann sehr gut erkennen, welche Farbe es euch spiegelt. Lasst euch in die Farbenergie hineinziehen und ruft Meister St. Germain hinzu, damit er euch eventuell zeigt oder sagt, welcher euer nächster Schritt sein sollte, um durch dieses Tor den Weg in die göttlichen Welten des Lichtes beschreiten zu können.

Da ich selbst meist als Licht erscheine und Meister St. Germain sich meist in violetter Farbe zeigt, so ist er für euch besser zu „sehen" als ich, der immer wieder mit dem Licht verschmilzt. Und auf diese Weise, also den Meister sehen zu können, ist es vielleicht einfacher für euch, die Transformation auch sichtbar zu genießen.

Bitte vertraut einfach darauf, dass es geschieht. Und solltet ihr mehrere Anläufe machen müssen, so tut es einfach. Einmal seht ihr den Verlauf eurer eigenen Transformation, die sich in diesem Chakra klärt.

Mit dieser kleinen Meditation und Übung, die vielleicht nur Gefühle in euch hochkommen lässt – bitte behandelt auch sie als Antwort – gehen wir nun zum nächsten Chakra über.

Das Kronenchakra werdet ihr besser verstehen, wenn wir über die Feinstofflichkeit sprechen.

Chakra 8

Der Name dieses Chakras bezeichnet den Wohnort der Seele – Sitz der Seele. Es ist der Seelenaspekt, der dort seinen Wohnsitz eingenommen hat – ein Teil der großen Seele, die ihr in eurer Ganzheit darstellt.

Auch die große Seele hat euch in eurem Vorhaben unterstützt und es für gut und richtig empfunden, dass ihr euch als Teil-Aspekte von ihr in einen menschlichen Körper eingezwängt habt. Denn wie sonst hätte sie euch aus sich gebären und in die irdische Welt hineingehen lassen können? Ihr seid eins, und somit ist euer Leben auch von ganz „oben" gewollt und gerechtfertigt.

Könnt ihr das anerkennen?

Um den Kontakt zu eurer Seele in diesem Chakra herzustellen, mache ich jetzt eine kleine Reise mit euch.

Stellt euch vor, ihr geht aus eurem Kronenchakra heraus auf eine goldene Treppe, die mit dreiunddreißig Stufen nach oben führt.

Geht diese Stufen hinauf. Bleibt dann stehen, bis ihr eine weiße Türe bemerkt. Klopft dort an und bittet um Einlass. Habt Geduld!

Wenn sich die Türe öffnet, so geht in den Raum hinter der Türe und lasst euch überraschen. Seid ihr unsicher bei dieser Reise, begleite ich euch gerne.

Seht, liebe Freunde, die Neue Zeit möchte den Seelenkontakt wieder heilen.

Habt ihr damit Schwierigkeiten, so bittet darum – wenn ihr das so wollt – dass euch geholfen wird.

Manchmal wird man dann zu einem Menschen geführt, der den Kontakt aus der menschlichen Ebene heraus herstellen und damit dem inneren Heiler mehr Kraft verleihen kann. Doch manchmal schafft man es auch mithilfe der Seele oder Wesen aus der geistigen Welt. Wie ihr den Kontakt herstellt, hängt auch davon ab, wie ihr euch bewertet.

Das achte Chakra und die Seele, die in ihm wohnt, möchte euch zum göttlichen Vertrauen zurückführen, sollte es euch noch fehlen.

Und da sehe ich bei fast allen Menschen noch Heilungsbedarf.

Die Farbe, die das achte Chakra aussendet, ist weiß-golden. Empfangen möchte es alle Farben, die sich in dem euch bekannten Regenbogen zeigen. Sind in ihm diese Farben verfügbar, so ist der Weg in die nächsthöheren Chakren frei.

Dass von diesem Chakra aus, wenn ihr es wieder frei betreten könnt, auch die Verbindung zu allen anderen Chakren besteht und genutzt werden kann, ist eine angenehme Erleichterung eures oft so schweren menschlichen Daseins, und es ermöglicht euch einen Herzschrittmacher der besonderen Art, womit ich meine, dass ihr euer Bewusstsein zwar immer noch Schritt für Schritt erweitert, jedoch mit größeren Schritten, die, wenn ihr die Spirale zu Grunde legt, einen Radius von 360 Grad erreichen können.

Und wer wirklich den innigen Wunsch in sich trägt und ohne Angst bereit ist, sich einer völligen Heilung hinzugeben, der sollte es ruhig auch auf diesem Weg versuchen.

Auch das achte Chakra wird sich euch in seiner tieferen Bedeutung in den Kapiteln über die Feinstofflichkeit noch mehr erschließen. Und so gehen wir jetzt weiter, nämlich zum neunten Chakra.

Chakra 9

Über dieses Chakra gibt es im Moment nur wenig zu sagen. Es empfängt und hält euren Lichtkörper. Dieser wiederum ist verantwortlich für den Lichttransfer in das Dritte Auge und alle Lichtbahnen im physischen und feinstofflichen Körper. Die Lichtbahnen, die im physischen Körper vorhanden sind, liegen im Atmungsbereich des Menschen und sind selbstverständlich wieder feinstofflich. Durch den Atem, der mit Licht angefüllt ist, kann es in alle Zellen transportiert werden.

Und atmet ihr in eurer Vorstellung in disharmonische Bereiche eures physischen Körpers hinein, in dem Wissen, dass ihr dort die Lichtenergie einbringt, so geschieht auch über diesen Weg Heilung, der Schmerz kann sich auflösen und ein Gefühl von Geborgenheit und Sicherheit breitet sich aus.

Nun habe ich ja gesagt, dass ihr erst Zugang zu den höheren Chakren bekommt, wenn das Kronenchakra frei von Schatten ist. Trotzdem könnt ihr die höheren Chakren mit Hilfe aus den höheren Welten bereisen. Sie kennen die Umwege, die gegangen werden müssen, um die Schatten in ihrer abwartenden Stellung unangetastet zu lassen. Sie einfach aufzulösen oder wegzuschicken, würde ihnen wenig Achtung bezeigen, was bedeutet, dass sie von euch erwarten, dass ihr die Auflösung selbst in die Hand nehmt und allenfalls vom Transformationsmeister Unterstützung dabei bekommt. Es bedarf des Verständnisses für sie und das Erkennen ihrer Aufgabenerfüllung, um sie dann umwandeln zu können.

Ihr könnt auch selbst und allein in die Welt der höheren Chakren reisen, doch seid ihr zu wenig vorbereitet, könnten euch Ängste – die euch eure Schatten senden – überkommen und einen reinen, angstfreien Zugang versperren, und was noch belastender für euch sein könnte, dass ihr vor den Begegnungen mit den immer stärker werdenden Energien und oft auch vor denen mit einzelnen Wesenheiten zurückschreckt. Was das bedeutet, könnt ihr euch sicherlich vorstellen.

Meist verschließt ihr euch dann wieder.

Auch auf die nun folgenden Chakren treffen meine Erklärungen zu. Bedenkt bitte auch, dass ihr dabei mit immer mehr Energie aufgeladen werdet, die einem andauernden elektrischen Stromschlag gleichkommt. Es leuchtet euch sicher ein, dass diese Empfindung einer Gewöhnung bedarf.

Auch hier solltet ihr alles langsam angehen, um euch selbst zu schützen.

Hinzu kommt noch, dass ihr auch, je höher ihr euch in die Chakren hinaufschwingt, mit immer stärkeren Dosen von Radioaktivität aus dem Kosmos in Berührung kommt. Und das ist auch einer der Gründe dafür, dass ich euch bat, erst euer Kronenchakra zu klären, bevor ihr weiter hinaufschwingt.

Das geklärte Kronenchakra wirkt wie ein Filter, der die schädliche Radioaktivität in unschädliche Dosen umwandelt. Hier wird die Entscheidung gefällt, in welcher Dosis kosmische Strahlen für den physischen Körper verträglich sind. Sie sollten wie Medikamente eingenommen werden – beginnend in kleinen Dosen, die dann immer stärker werden dürfen, so wie der Körper sich an sie gewöhnt.

Dass auch dabei wieder die Individualität des einzelnen menschlichen Körpers bedacht ist, versteht sich von selbst.

Warum ich überhaupt über die höheren Chakren spreche, über die ihr vielleicht erst in Zukunft zur eigenen Nutzung frei verfügen solltet, hat den Grund, dass ihr versteht, wie ihr aufgebaut seid. Und da wir ja auch übers Channeln sprechen, solltet ihr auch wieder wissen, wie sich eure Körper mit der Ebene dieser Kommunikation verbinden können, ohne dass es sich wie bisher umgekehrt verhält.

Das wiederum hat den Grund, dass ihr eure eigene Göttlichkeit erkennen solltet und versteht, was es bedeutet, wenn wir euch sagen: Was der Mensch bewirken kann, das sollte er auch tun.

Denn mit zunehmendem Wissen um die eigene Göttlichkeit seid ihr bald wieder in der Lage, das Wunder zu bewirken, die Welt ganzheitlich zu heilen und alle Schrecken in den friedvollen Status umzuwandeln. Auch darum kommen immer mehr Helfer aus unseren Reihen zu euch.

Die Zeit der Hilferufe an die geistigen Wesenheiten nähert sich dem Ende. Denn ihr werdet mehr und mehr euren eigenen physischen und feinstofflichen Körper in seiner unendlichen Weisheit erkennen und zu gebrauchen wissen.

Mit dem Öffnen des Chakras, welches den Lichtkörper beherbergt, ihn wachsen oder einengen kann, beginnt die Reise in die gerade erwähnte Verwandlung des Menschen in seine eigene Göttlichkeit auf sehr direktem Weg. Wer bis zu diesem Chakra gekommen ist, der hat sich seiner Wahrheit gestellt und wandert nun weiter, immer höher hinauf in seine Meisterschaft.

Und, liebe Freunde, es steht geschrieben, dass ihr Menschen es sein werdet, die auf dem Weg in ihre Meisterschaft ihr Umfeld mit einbeziehen müssen und die Ganzheit zu akzeptieren haben, was bedeutet, dass ihr ganzheitlich wirken solltet: Heilung für euch und Heilung für die Erde. Je höher euch euer Weg hinaufführt, umso mehr Heilung dürft ihr verbreiten. Und das im physischen Körper, der auf jede Nuance eures Gedankengutes reagiert und eure unbewussten Gedanken ebenso als Wegweiser betrachtet wie die bewusst eingesetzten.

Doch wer von euch erlaubt seinem Körper bisher schon, seine eigene Weisheit zu nutzen, denn über sie verfügt jede Zelle in eurem Körper, die allerdings durch eure Gedanken an den armen, alternden Körper in Hilflosigkeit und alterndem Verhalten eingekapselt ist.

Nun könnte ich wieder mit den Vorstellungen und den Gedanken beginnen, doch ich möchte euch helfen, diese zu verändern, und darum erzähle ich euch im Kapitel über die Verjüngung, wie ihr sie wieder befreien und heilen könnt.

Bedenkt bitte, dass auch für euch alles möglich ist. Und bedenkt bitte ebenso, dass euer Körper genau das tut, was ihr ihm vorgebt, so lange, bis er weiß, dass er seine eigene Weisheit mit einbringen darf, die dann mit euren Gedanken und eurem Wunsch der Körpergestaltung in Liebe verschmilzt.

Bisher haben allzu viele Menschen darauf gehofft, dass Engel oder Aufgestiegene Meister eingreifen und dies für euch tun. Doch sie helfen euch nur bedingt weiter, damit ihr erkennt, dass ihr es seid, die selbst gefragt sind. Jede Zelle eures Körpers wartet auf einen diesbezüglich erteilten Befehl von euch.

Je weiter ihr lest, umso besser werdet ihr verstehen und begreifen, warum ihr die Erde bevölkert. Ein Zufallstreffer?

Mit diesem Wissen lasst uns nun zum zehnten Chakra kommen.

Chakra 10

Vielleicht kommt es einigen von euch so vor, als ob die Chakrenweisheit ein sehr nüchternes Thema ist, und ihr fragt euch vielleicht, warum ich in noch einem Channelbuch darüber schreibe, und überhaupt: es gibt doch schon so viele Bücher, die sich diesem Thema widmen. Warum also noch mehr Informationen über sie?

Chakren sind die Verbindungen zu allen Aspekten bis hin zur göttlichen Quelle. Sie sind die feinstofflichen Einrichtungen, die euch die Existenz in der Physis überhaupt erst ermöglichen und euch mit allem, was ist, verbinden! Und je mehr ihr über die Funktionsweisen und Einsatzmöglichkeiten wisst, je eher seid ihr wieder in der Lage, euch zu jeder Zeit in die Ebenen der Einheit einzuklinken, um euch bewusst – je nach Bedarf – der dort vorhandenen Weisheiten zu bedienen und euch letztendlich auch wieder als eins mit allem, was ist, zu fühlen, was euch die so sehr herbeigesehnte Sicherheit und Geborgenheit vermittelt.

Gerade der Weg ins Paradies ist mit vielen Hindernissen im täglichen Leben übersät, was euch noch fremd ist und euch oft mutlos macht. In alten Zeiten konntet ihr den Weg nehmen, aus dem Leben auszuscheiden und ein neues zu beginnen. Doch jetzt werdet ihr gebeten, zu bleiben, damit ihr den Weg freiräumt. Liebe Freunde, ihr seid auf der Erde, und wir bitten euch, dort eure Aufgaben zu erfüllen. Und dazu bieten wir euch Hilfen an, zu denen auch ein umfassenderes Wissen um die Chakren gehört.

Meine Hilfe sieht dabei vor, feinstoffliche Zusammenhänge aufzuzeigen, die euch einen Weg in eure persönliche Göttlichkeit erkennen lassen – in eure göttlichen Rechte und die damit verbundene Verantwortung, in diesem Sinne zu handeln. Ich werde euch immer wieder daran erinnern, und das immer eindringlicher.

Denn darum geht es – eure Handlungen bewusster und verantwortungsvoll auszuüben und dabei die göttlichen Gesetze zum Wohle für alles, was ist, zu befolgen.

Ein Paradies kann nur entstehen, wenn sich seine Bewohner ihrer selbst und ihrer Taten bewusst sind. Und da der dringliche Wunsch vieler Menschen nach einem Paradies auf Erden, von uns erfüllt werden soll, müssen wir euch zwangsläufig an die Verantwortung eures eigenen göttlichen SEINS erinnern. Denn euch den Wunsch nach einem paradiesischen Zustand auf der Erde zu erfüllen, bedeutet, dass ihr daran mitzuwirken habt – bewusst.

Die Neue Zeit und ihr selbst wollen euch, angelehnt an euren Erfahrungsplan für das jetzige Leben, *bewusst* erfahren lassen, wie es sich anfühlt, aus dem kindlichen Verhalten und Verständnis für das Leben im Allgemeinen in das Erwachsenendasein hineinzuwachsen und euch von belastenden, erlernten Verhaltensweisen zu lösen, doch dabei die Freude und Leichtigkeit eines glücklichen Kindes zu bewahren.

Wachsende Bewusstheit und Erkenntnis sind ein Erfahrungsgut der Neuen Zeit, die euch dazu bringen, den Augenblick intensiver zu erfahren. Und das bezieht sich auch auf eure Handlungen. Eine Handlung bewusst auszuführen, bedingt eine bewusste Anwesenheit in jedem Moment dieser Handlung, das heißt, der Handelnde hat dann im HIER und JETZT zu SEIN.

174

Ihr erwähnt das zwar gern immer wieder, und es ist euch durchaus bekannt, doch lebt ihr es nur äußerst selten. Und da die Zeit immer schneller zu fließen scheint, wird dieses Leben im Hier und Jetzt offensichtlich immer schwieriger, was im Grunde bedeutet, dass es immer ungewohnter für euch zu werden scheint, sich dem Fluss der Zeit anzupassen und dabei auch noch bewusst zu sein.

Ich weiß, dass dies zurzeit vielen Menschen sehr schwer fällt, doch Übung macht auch hier den Meister.

Seid ihr außerhalb der bewussten Wahrnehmung des Moments, begebt ihr euch oft auf eine Reise, auf der ihr euren physischen Körper verlasst. Die Taten, die getan werden müssen, werden dann einem Automatismus übergeben, der sie weiter und tiefer ins Unterbewusstsein verdrängt und euch die Verantwortung für euer Handeln aus den Händen nimmt. Nun tut ihr das ja freiwillig, und somit gebt ihr in diesen Momenten auch freiwillig alles aus der Hand, was euch dann unbewusst wird.

Vielleicht träumt ihr in diesen Momenten in Tagträumen den lichten Welten entgegen, von denen ihr Verständnis und Geborgenheit erhofft und in denen ihr eure unbewusste oder manchmal sogar bewusste Sehnsucht nach dem göttlichen Zuhause zu stillen hofft. Doch macht euch, wenn ihr euch dabei „ertappt", also dessen bewusst werdet, immer wieder klar, dass ihr eure Traumwelten durchaus in eurem Inneren angesiedelt mit euch tragt und immer zu Hause seid. Das Außen der Erdatmosphäre sagt euch das in jedem Moment und bittet euch, dieses Außen, welches auch eine Spiegelfunktion hat, anzunehmen und Freude darüber zu empfinden, in dieser Atmosphäre wirken zu dürfen und zu können. Und vor allen Dingen macht euch immer wieder bewusst, dass ihr immer mit diesen Welten des Inneren und des Außen verbunden seid.

Gerne verdrängt ihr immer wieder diesen Tatbestand und verliert euch stattdessen in der Welt der Illusionen, die euch jedoch verschweigt, dass ihr immerzu verbunden seid. Aus diesen Welten der Illusionen auszusteigen, die euch dabei dienen, euch einsam, verlassen und allein zu fühlen, kommt ihr leicht heraus, wenn ihr euch die Verbindungen immer wieder bewusst macht. Tut es zuerst ganz bewusst mit Worten, und das Fühlen dieser Tatsache stellt sich dann auch ein.

Mir ist bekannt, dass ihr glaubt, hin und wieder abtauchen zu müssen, um den schweren und niederschmetternden Erfahrungen in eurer physischen Welt für kurze Zeit auszuweichen. Das ist vollkommen in Ordnung – für eine kurze Zeit. Doch dieses Abtauchen hindert euch natürlich daran, euch den Erfahrungen, die ihr machen wollt, zu stellen – was in diesem Fall bedeutet, dass ihr die Erfahrung der Schwere durch die bewusste Wahrnehmung und Erkenntnis der Hintergründe – bezogen auf euren Lebensplan – in Leichtigkeit umwandeln wolltet. Es dauert sicher einige Zeit, bis ihr die Erkenntnis wirklich annehmen könnt und die Schwere dann auch in eurer Realität umwandeln könnt. Doch viele Beispiele von anderen Menschen erzählen davon, dass es möglich ist. Und ich weiß, dass es so ist.

Die Verbundenheit mit dem Großen und Ganzen verhilft euch dazu, euch in diese Richtung zu verändern. Geht in euch und erkennt, dass ihr zu dem großen Ganzen gehört – immerzu verbunden seid, und damit dürftet ihr dann auch die Illusion langsam, jedoch besser, auflösen, beziehungsweise umwandeln können.

Ist das jetzt bei euch allen angekommen?

Einigen von euch gelingt es schon, den Moment bewusst zu leben – auch für einen längeren Zeitraum – und in den

Momenten, die sich schnell aneinanderreihen, zu bleiben – auch sie haben geübt, vielfach in Meditationen, in denen dann die Zeit stillzustehen und sich der Moment auszudehnen scheint.

Je häufiger ihr euch bewusst macht, dass Zeit eine Illusion ist, in der ihr euch jedoch üben dürft, sie „stillstehen" zu lassen, umso häufiger werdet ihr euch auch im SEIN, dem Gefühl eurer Verbundenheit und der damit verbundenen Leichtigkeit wiederfinden. Eine innere Ruhe und ein Gefühl von Sicherheit wird euch dann dabei helfen, trotzdem eure täglichen Aufgaben zu vollbringen.

Auch für kurze Zeit im Hier und Jetzt sein zu können, ist schon wundervoll. Es wird sich jedoch zeigen, dass eure bewusste Anwesenheit im Augenblick bald dauerhafter erfolgt. Mit erwachter Bewusstheit geht ihr diesen Weg in eure „persönliche" Göttlichkeit.

Bevor ich auf die Zeit zu sprechen kam, sagte ich, dass die göttlichen Gesetze befolgt werden wollen. Das könnte der eine oder andere als Gesetzerlass verstehen, der aus einer höheren Instanz erfolgte. Doch seht – bevor ihr erkennt – bitte auch eure Eigenbeteiligung an der Formulierung dieser Gesetze, die eure Weisheit sehr gut ausdrücken.

Indem ihr sie anerkennt – im Anfang vielleicht auch nur mit Worten, die euch langsam ins Verstehen tragen – hebt ihr damit ebenfalls ein Stückchen Trennung auf. Andernfalls übergebt ihr auch weiterhin die Verantwortung den göttlichen Händen und nehmt euch als weit entfernte Wesen wahr, die dem Göttlichen nur mit Abstand begegnen dürfen und die vielleicht auch weiterhin ein wenig verantwortungslos – bezogen auf die große Liebe, die ja immer bei einem selbst für sich selbst beginnen sollte – handeln können.

Vielleicht würdet ihr euch dann sozusagen als Marionetten betrachten, die immer nur vorangeschoben und bewegt werden – ohne den eigenen Willen einbringen zu können. Das bedeutet, dass ihr mit einem solchen Gedanken- und Gefühlsgut euren menschlichen Willen stärker aktiviert, um euch zu widersetzen, denn welcher Mensch möchte schon von anderer Seite geschoben und bewegt werden! Doch tut ihr – meist unbewusst – genau das im täglichen Leben, solange ihr euch der Selbstverantwortung entzieht. Damit verfangt ihr euch sehr schnell in kindlichen Verhaltensweisen. Und eine davon ist die des Trotzes.

Gebt ihr die Verantwortung aus den Händen, so benutzt ihr dazu oft die kindliche Struktur des Trotzes, die, wie ihr sicher nachvollziehen könnt, einen enormen Widerstand aufbaut. Versetzt euch doch wieder einmal in eure kindlichen Empfindungen, wenn ein Erwachsener etwas von euch verlangt hat, dem ihr euch widersetzen wolltet. Wurde euch mit Strafe gedroht oder wurdet ihr gezwungen, dem Wunsch des Erwachsenen nachzukommen? Meist ja! Doch das rief noch mehr Trotz und Widerstand in euch hervor, denn oft habt ihr das als ungerechte Bestrafung empfunden. Manch ein Kind konnte sich dem widersetzen, in Gedanken oder auch Taten, und wuchs zum „kindlichen Rebell" heran, der sich dauerhaft allen vorgegebenen Strukturen zwanghaft widersetzen musste, und manch eines fühlte sich hilflos – und das bis heute.

Sätze wie vielleicht: „Gott, warum tust du mir das an?" oder „Warum gerade ich, was hab ich denn getan, dass mir alles so schwer gemacht wird?" werden aus diesen Widerständen heraus entwickelt – und das bei beiden Verhaltensweisen. Daran dürft ihr erkennen, dass beide das Leben begleitende Verhaltensweisen aus kindlichen Erfahrungen hervorgegangen sind, denen ihr euch dann auch weiterhin im Erwachsenenalter unterwerft. Verändern könnt ihr das Verhalten, wenn ihr bereit seid, die Verantwortung für euer Handeln zu übernehmen. Das heißt, dass ihr **jede** Schuldzuweisung zurücknehmt und auch hier die Verantwortung für eure Eigenbeteiligung annehmt. Ihr werdet auf Wege geführt, die euch die Erkenntnis ermöglichen und damit auch die Bereitschaft, die Verantwortung in Freude zu übernehmen.

Vielleicht ist euch mittlerweile ja auch klar geworden, dass dieses Gedankengut zur alten Zeit gehört und diese Sätze schon damals von euch gesprochen wurden, immer und immer wieder – bis heute?

Damals habt ihr in den meisten Fällen „blind" gehandelt, und oftmals habt ihr euch ferngesteuert gefühlt. Ihr wart viel zu weit von eurer Ganzheit entfernt, vor der ihr allergrößten Respekt und vielfach Angst hattet – doch bei vielen Menschen, auch bei einigen von euch, liebe Freunde, ist der Zustand noch zu sehen und hält euch in einer Art Gefängnis fest. Gebe Gott, dass wir alle – ihr eingeschlossen – euch schnellstmöglich aus diesem Gefängnis befreien.

Dieses Buch ist nun das erste, welches sich mit vielen Möglichkeiten befasst, die euch zeigen, wie ihr euch für alle euch begegnenden Situationen eure Weisheit zunutze macht und euch in eurer Ganzheit trotz allen scheinbaren Erschwernissen des täglichen Lebens liebevollen Respekt und Achtung entgegenbringen könnt.

Wenn ihr bewusst in die Chakrenweisheit eintauchen würdet, könntet ihr erfahren, was allein schon mit dieser Weisheit alles bewirkt werden kann, einschließlich des immer intensiveren Kontaktes zu den Wesen aus der geistigen

Welt, der euch sehr viel mehr und nähere Verbundenheit mit ihnen ermöglicht und deshalb auch das Channeln in einer sehr direkten Weise stattfinden lässt – ohne die noch immer wirkenden menschlichen Egostrukturen hervorzulocken und zu benutzen.

Über bestimmte Chakren können diese nämlich sofort von euch erkannt und somit auch sofort umgangen werden. Und eines dieser Chakren ist das zehnte Chakra, welches auch zugleich den Beginn des reinen kosmischen Empfangs ermöglicht, dem dann das elfte Chakra zur Verfeinerung verhilft. Auch das erkläre ich noch detaillierter.

Über bestimmte Chakren können wir also einvernehmlich in Kontakt stehen, und ihr könnt die Botschaften ohne Eigenfärbung empfangen und weitergeben. Die Channelstufe – im ersten Buch habe ich bereits über die Stufen eins bis sieben geschrieben – ist dann die Stufe 9, die jetzt schon von einigen Kanälen erreicht werden kann. Doch bedenkt bitte, dass sich auch diese Kanäle, solltet ihr euch zu diesen Kanälen zählen, trotzdem weiterentwickeln sollten. Warum, werdet ihr auch gleich noch erfahren. Und bedenkt bitte ebenso, dass ihr diese Stufen immer nur in Intervallen erfahren könnt, denn eure Körper sind diesen hohen Schwingungen wenig angepasst. Auch hier erfolgt ein *Schritt für Schritt-Hineinwachsen*.

Die Chakrenwelt ist im Übrigen alles andere als langweilig. Sie ist eine bunte, wundervolle und liebevolle Welt, die es euch ermöglicht, eure irdische Welt zu einem ebensolchen Ort zu gestalten, an dem ihr dann die wundervollsten Dinge bewirken und erreichen könnt. Damit würdet ihr eurem Planeten dann wieder ein wenig mehr paradiesischen Ausdrucks verleihen, der die menschliche Welt und somit auch wieder alles, was ist, bereichert.

Euer sehnlicher und inniger Wunsch danach, euch bewusst mit der Welt eures körperlichen Wunders zu vereinigen, wird genau das in Bewegung setzen. In diesen hohen Schwingungen ist es möglich, dass ihr meine Energie, die der Engel oder anderer Meister als eine Energiewelle empfindet, auf deren Wellenkamm ihr fortan weitergetragen werdet, und es ist ebenso möglich, dass die Wellen immer höher schlagen – ebenso wie euer Herz, welches mit ihnen und durch sie die endlos starke Liebe empfängt und aussendet. Es scheint euch dann, als ob dieser Zustand des *in die göttlichen Ebenen Hineinwachsens* ein dauerhafter ist.

Jetzt habe ich ein wenig Zukunftsmusik gespielt. Freut euch vielleicht lieber erst einmal darauf als euch jetzt schnellstens in diesen Zustand bringen zu wollen. Es scheint ein bisschen wie Weihnachten zu sein. Genießt die Zeit dieser Entwicklung, die der Vorweihnachtszeit gleichen könnte, ganz bewusst und empfindet ruhig jeden Augenblick so tief, wie ihr es vermögt.

Doch bei aller Entwicklung bedenkt bitte immer wieder, dass jeder Körper nur die Energiestärke erfahren wird, die ihm gesundheitlichen Schaden fernhält, und es ist außerordentlich wichtig, dass ihr euch innerlich geklärt und alles, was euch ausmacht, in Liebe umgewandelt habt.

Jeder Körper empfindet anders – eben individuell – und verkraftet die Energiewellen und ihre Stärke dementsprechend unterschiedlich. Wer sich in der beschriebenen Situation des *Getragenwerdens* befindet, wird sich als Mensch leichter und glücklich fühlen.

Da Wellen sich bewegen und auch immer wieder talwärts fließen, ist das Gefühl der Dauerhaftigkeit schon ein Phänomen an sich. Ihr geht hier auf die Reise in höhere

Ebenen eures Seins, auf denen ihr dann verweilt – in eurem menschlichen Körper. Dieser Zustand kommt einem dauerhaften Anheben gleich. Es ist dann kaum noch möglich, dass ihr mit der Welle in die Tiefe abgleitet. Ihr seid dann in der Lage, dem irdischen Geschehen aus einer verständnisvolleren Sichtweise zu folgen und alle Urteilsbekundungen auszuschließen. Ihr werdet weder Ankläger noch Richter sein und darüber das göttliche Phänomen des „Geschehenlassens" erfahren. Eure Gedanken folgen euren Herzensschwingungen und sind dementsprechend rein und voller Liebe für alles, was euch begegnet, womit ich auch Begegnungen aus den Anderswelten meine, wie ihr sie oft nennt.

Ihr erkennt den Wert der Lebenspläne des Einzelnen und greift nur noch dann ein, wenn dieser euch um Hilfe bittet. Nun, das ist unter den Menschen ein strittiges Thema, wenn man geschehen lassen soll, obwohl man meint, es für den anderen doch besser zu wissen und ihm unbedingt Gutes tun möchte. Zu erkennen, welchen Wert „Geschehenlassen" hat, ist wundervoll.

Im Moment ist es sicherlich für die meisten von euch, die ihr gerade meine Schüler seid, noch beängstigend, sich auf dieser Stufe oder Ebene zu sehen, obwohl ihr doch schon einigermaßen darauf vorbereitet seid. Wie mögen erst die anderen, weniger erwachten Menschen, auf meine Mitteilungen, die Zukunft betreffend, reagieren? Sie können sie selbstverständlich noch weniger annehmen. Ihr Glaube daran, dass die Welt so bleiben wird, wie sie ist, hat eine große Macht und hält die Welt natürlich auch in einer niedrigeren Schwingung, die zwar schon höher und feiner ist als vor dem Erwachensprozess der vielen Lichtträger, doch immer noch zu niedrig für die Paradiesesschwingung des Planeten. Um sie zu erreichen, ist es so wichtig, dass schon einige Menschen vorausgehen, die den Weg für die Nachzügler bereiten. Und diese Menschen seid nun einmal ihr, liebe Freunde.

Vielleicht überkommt euch jetzt eine Verzweiflung darüber, dass gerade ihr es sein müsst, die diese Aufgabe für die anderen übernehmen müssen. Vielleicht glaubt ihr gar, ihr werdet ausgenutzt, weil ihr so intensiv an euch gearbeitet habt, was die anderen sich und der Menschheit verweigert haben, und viele Menschen taten das aus – wie ihr gerne sagt – Bequemlichkeit.

Doch ihr möchtet doch auch gerne Gutes tun. Und statt die Menschen zu missionieren, zeigt ihnen einfach, wie es geht – durch euer Vorleben. Glaubt mir ruhig, dass dieser Weg funktioniert. Und es ist ein Weg, der jeden anderen freilässt, euch nachzueifern in dem Glauben, dass er es freiwillig tut. In gewisser Weise tut er es auch, doch in den Kapiteln über die Feinstofflichkeit werdet ihr besser verstehen, wie euer Vorangehen auf andere Menschen wirkt und sie sich euch anschließen möchten und schließlich auch wirklich tun. Die Arbeit ihres Erwachensprozesses bleibt allerdings bei ihnen – und dieser Weg führt sie aus ihrer augenscheinlichen Bequemlichkeit heraus. Sie werden euch mit Freuden nacheifern.

Vielleicht könnt ihr die Vorstellung über eure Göttlichkeit leichter annehmen, wenn ich euch sage, dass dann auch die Stufe erreicht ist, in der ihr nachvollziehen könnt, was es bedeutet, den freien Willen zu leben. Sie hilft euch, die alten Vorstellungen, die zu unbewusster Begrenzung geführt haben, loszulassen. Ihr versteht dann das Thema Loslassen in seiner ganzen Bedeutung. Und damit betretet ihr eine faszinierende Welt. Sie wirkt herzerweiternd und bringt euch zu einem von unendlicher Liebe getragenen Verständnis, das dürft ihr mir einfach glauben.

Manch einer mag sich auch jetzt wieder meinen Worten mit einem starken innerlichen Widerstand widersetzen, doch auch ihr Lieben, die ihn in sich zurückhalten und mir brav glauben wollen – aus erlernter Zurückhaltung und dem Bedürfnis *„gut"* sein zu wollen, traut euch, ihn auszuleben!

Der Widerstand hat mit einem in die Irre führenden allgemeinen Verständnis dieses Themas zu tun, was aus dem lange Zeit erlernten eigenen Verständnis für das Leben und die menschlichen Aufgaben herrührt. Und in diesem fehlt bis heute die Anwendung des eigenen göttlichen Potenzials, welches euch bei der Auflösung eurer alten Ansichten helfen könnte.

Im Moment lasse ich euch Widerständler los und diesen Widerstand ausleben. Ich hoffe, dass es dann das letzte Mal gewesen ist, denn ich verhelfe euch zur Erkenntnis des Irrglaubens. In den Kapiteln über die Feinstofflichkeit trage ich euch in das Wissen und das Verstehen hinein, von dem ich gerade sprach.

Da das Anheben auf diese Ebenen des Verstehens meist mit der Erfahrung einer großen Hitze verbunden ist und elektrisierend wirkt, möchte ich euch kurz erklären, welche Auswirkungen das im Feinstofflichen hat.

Diese Art Hitze erweitert eure persönliche Liebesfähigkeit, löst Ängste auf und trägt euch in die hohen Ebenen eures göttlichen Zuhauses, obwohl ihr den irdischen Bereich, den ihr auf der Erde euer Zuhause nennt, ebenfalls sehr stark empfindet. Ihr erfahrt hier ein irdisches und physisches Zusammenwachsen mit kosmischen Wesen und Welten, das euch schon fast aus dem physischen Körper hebt.

Doch bleibt angstfrei, denn ihr werdet auch weiterhin Bodenkontakt zur Erde halten und in eurem physischen

Dasein bleiben. Ich erwähne das für diejenigen, die bei ähnlichen Erfahrungen auf der anderen Seite geblieben sind und dadurch eine unbewusste Angst vor dem Kontakt mit ihrer eigenen göttlichen Ebene entwickelt haben, die sie vor weiteren Experimenten dieser Art schützen wollte. Denn meist wurde der Lebensweg durch diese Art des Hinübergehens unterbrochen, und die Sphärenwanderer, die sich während ihrer Besuche und Kontakte mit der göttlichen Welt entschlossen haben, in ihrer göttlichen Heimat zu bleiben, fühlten sich für ihre Entscheidung schuldig.

Das von mir beschriebene Zusammenwachsen kosmischer und irdischer Welten hat auch mit dem für den Menschen dann immer besser nachfühlbaren Aufstieg der Erde zu tun. Bisher ist es eher ein theoretisches Wissen für euch, und ihr habt die Veränderungen, die der Aufstieg mit sich brachte und weiterhin bringt – wenn überhaupt – kaum wahrgenommen. Ihr wart in großer Zahl von großen Erwartungen erfüllt, die viele von euch als unerfüllt empfunden haben, nachdem der große Tag des 21. 12. 2012 vorüber war. Erfahrt ihr das Zusammenwachsen dieser Welten, könnten wir doch wohl davon ausgehen, dass euch in der nahen Zukunft ein allumfassendes Verständnis des Lebens mit seinen Gesetzmäßigkeiten erwartet und damit einhergehend auch die große innerliche Freiheit.

Das, was da auf euch zukommt, hört sich doch alles sehr gut an, oder?

Ja, es hört sich zwar alles gut an, doch ich sehe die Zweifel und die Skepsis in euren Köpfen, die dann auch wieder von den Körperzellen aufgesogen werden. Und daraus erfolgt das Ergebnis, dass ihr ob dieses außerordentlich veralteten Verhaltens wieder einmal im Zweifel hängen bleibt und euch die höheren Ebenen selbst versperrt. Vertrauen gehört schon dazu, wenn man sich in diese Ebenen seines eigenen Zuhauses begeben möchte.

Ein „ewig altes Lied" der Menschheit erzählt von Vertrauensverlust und vom Vergessen-werden von Gott, dem Vater allen Seins, aus gutem Grund. Denn wie oft habt ihr „vertrauensvoll" Enttäuschung erlebt, ohne die Hilfe, die immer in irgendeiner Weise kam, erkennen zu können. Und da ist Vertrauensverlust aus der tiefen Enttäuschung des Menschen aus seiner Sicht doch verständlich, oder?

Die Trennung vom Göttlichen im Bewusstsein der Menschen hat leider auch dazu geführt, dass die höher liegenden Chakren, die euch erkennen lassen würden, geschlossen wurden und ihr euch tatsächlich auch getrennt von der Liebe des Göttlichen fühlen konntet.

Die feinstofflichen Körper mussten auf ein Minimum an Kraft und Verbundenheit mit dem Göttlichen zurückgedreht werden, damit der Mensch die Hilflosigkeit und das Alleinsein und alles, was damit zusammenhängt, erfuhr. Zurückgedreht heißt einfach nur: zusammenziehen. Dieser Begriff ist vielen von euch aus anderen Büchern bekannt, die sich mit Erklärungen zum Thema Chakren befassen. Und Chakren drehen sich in die öffnende wie auch in die verschließende Richtung.

Während der dunklen Zeit haben wir geistigen Lichtgestalten uns rar gemacht, doch sie ist nun zu Ende, diese – auf ihre Weise von Erfahrungen der dunklen Möglichkeiten überquellenden Gelegenheiten – wundervolle Zeitgeschichte. Das ist durchaus ernst gemeint, denn seht euren Auftrag hinter diesen Geschehnissen. Ihr habt ihn hervorragend erfüllt und dürft euch jetzt rühmen, eure ganze Kraft genutzt zu haben, in diese Erfahrungen einzutauchen, sie bis an die Grenze des Erträglichen auszuschöpfen, um wirklich zu empfinden und damit auch bewusster zu erkennen, dass ihr euch wieder dem Licht mit seiner Art der Liebe zuwenden wolltet. Und mit dieser Erkenntnis habt ihr eure Kraft auch dazu genutzt, die neue Zeit einläuten zu helfen – und das einigermaßen termingerecht, was bedeutet, ihr habt die geplante Zeit für bestimmte Erfahrungen sehr gut eingehalten und trotzdem eure Aufgaben vollständig erfüllt.

Was wir bei unserer Planung damals alle weniger bedacht hatten – denn das Projekt *Erde, Lebewesen* und ganz besonders *Menschheit* ist von euch zum ersten Mal in dieser Form als Erfahrungswelt ausgesucht worden – ist, wie sehr der Mensch an den alten Strukturen und dem, was er in der Vergangenheit gelernt hat, festhalten würde. Hier habt ihr euch oftmals in die Erfahrungswelt der Angst begeben und damit dann auch noch diese Erfahrung ausleben wollen.

Doch ich muss euch sagen, ich verstehe euch und euer Festhalten nur zu gut, dient es doch als eine Art Sicherheitsverständnis für das Leben. Und einen Plan glaubt der Mensch haben zu müssen, damit er sich orientieren kann. Ihr seid ohne ersichtliche Bedienungsanleitung in eurer physischen Welt angekommen, ihr habt nur das gesehen, was eure Vorfahren euch an Weisheit hinterlassen haben – aus ihren eigenen Erfahrungen heraus. Sich an diese anzulehnen, gibt schon einen nutzbaren Wegweiser her, und so glaubet ihr viele Zeitzyklen daran, dass dies auch euch so vorbestimmt war und ihr es ebenfalls leben musstet. Diesen Glauben dürft ihr jetzt loslassen, doch ihr dürft ihm auch weiterhin gehorchen – ganz wie ihr möchtet.

Immer wieder werdet ihr mit Loslassen bedrängt – zwar aus eurer eigenen göttlichen Welt heraus, empfunden jedoch als „Fremdbestimmung". Loslassen ist wohl eines der schwersten Hindernisse, die ihr euch aufgebaut habt.

Doch wie ich schon erwähnte, habt ihr trotz aller Hindernisse hervorragend gearbeitet und seid an der Zielmarke angekommen. Jetzt ist die Zeit da, die so vieles verändert und in der die Chakren wieder grenzenlos geöffnet werden dürfen und sich eure Erfahrungen endlich zur lichtvollen Seite hinwenden. Das bedeutet auch, dass die Erfahrungen aus allen Lebenszyklen, die ihr auf der Erde verbracht habt, aus einer lichtvollen Perspektive heraus betrachtet werden können, wodurch sie aus der Schwere und Dunkelheit herausgehoben werden.

Wer dieses Buch liest, wird nach und nach den Wunsch verspüren, sich von den alten Vorstellungen zu verabschieden und sich der Lichtseite zuzuwenden. Dass dieser Wunsch bereits seit Langem in euch schlummert, ist eine Tatsache, auch wenn ihr ihn kaum wahrgenommen habt. Denn im Grunde möchtet ihr alle wieder in dieser Weise leben und wirken können, wie ihr das einst als Wissende getan habt. Und weil dieser Wunsch in euch wirkt, so könnt ihr davon ausgehen, dass eine Ahnung an diese glorreichen Zeiten in euch vorhanden ist, die hilft, Wünsche in diese Richtung zu gebären, und euch letztendlich an sie erinnert, damit sie wieder ins Bewusstsein aufsteigen können.

Damals wart ihr noch an die Welt der Engel angebunden – bewusst – und habt ihre kreativen Vorschläge und Ideen in eurem irdischen Körper auf der wundervollen Erde nutzen können, aus denen ihr dann auch eure Veranlagung zu dieser Fähigkeit erkannt und in menschlichem Sinne weiterentwickelt habt. Ihr habt die Verbundenheit für eine lange Zeit anerkannt und mit diesem Wissen, das euch ein Gefühl tiefer Sicherheit gab, gelebt.

Über das zehnte Chakra empfangt ihr bewusst die Welt der Kreativität, die auf vielen Ebenen der Engel nur darauf wartet, wieder integriert und mit der euch eigenen verbunden zu werden.

Um in diese Welt schon einmal hineinzuspüren, beginnt doch vielleicht einfach damit, das zehnte Chakra dafür zu nutzen, die Kreativität „des Himmels" anzuzapfen, die euch durch die anderen Chakren nur bedingt zur Verfügung steht. Lest nur weiter, denn ich beschreibe in der im Anschluss an dieses Kapitel folgenden Meditation, wie ihr den Zugang zum Himmel der Kreativität in spielerischer Weise öffnen könnt.

Diejenigen von euch, die glauben, dass sie schon kreativ genug seien, sollten vielleicht trotzdem einmal versuchen, ob sie in diesen Ebenen noch weitere kreative Höhenflüge erreichen können. Auch diese Welt ist wahrlich voller Wunder.

Ihr sollt beschenkt werden wie Kinder vom Weihnachtsmann und mit allen euch zur Verfügung stehenden Geschenken spielen können, von denen unendlich viele für euch bereitstehen.

Um die erwähnte Integration der Kreativität zu vollbringen, bedarf es außer des euch bereits bekannten „irdischen" Energieflusses, zum Beispiel beim Atmen, eines, der den Polaritätsausgleich zwischen „Himmel und Erde" bewirkt. Im Grunde ist natürlich jeder Energiefluss einer zwischen Himmel und Erde. Doch ich möchte euch ja in die bewusste Nutzung aller Kräfte einweisen und darum trenne ich bei meiner Beschreibung nun auch.

Die kosmische Kreativität muss dem irdischen Energiefeld angepasst werden. Und da der Energiefluss sowohl in die eine Richtung nach „unten" wie auch in die andere Richtung nach „oben" fließt, ergibt sich auch in diesem

Fall ein Zusammenspiel aus kosmischer und irdischer Handlung. Immer wieder erfahren wir alle dieses wundervolle Zusammenfließen unserer Kräfte.

Es ist nur naheliegend, dass das zehnte Chakra auch diesen Ausgleich zu bewirken hat, denn es ist ja gleichzeitig das Chakra, welches dem Weißen Strahl verbunden ist und gleich einem Schlüssel alle höher liegenden Chakren aufschließen kann. Der Weiße Strahl „überprüft", ob eure Gedankenwelt so rein ist, dass ihr die Reise in die höheren Ebenen vollziehen und gleichzeitig im Irdischen verhaftet bleiben könnt. Er wirkt wie ein Sicherheitsventil, das jeder von euch in seinem Körper eingebaut hat.

Doch was bedeutet das alles für den menschlichen und den ganzheitlichen Körper? Braucht es wirklich ein besonderes Chakra, um diese Arbeit zu tun, oder habt ihr selbst auch die Möglichkeit, diese Aufgabe mit jedem Atemzug zu erfüllen?

Beim Ein- und Ausatmen findet doch der gleiche Austausch statt, so denken zum Beispiel viele Menschen, die sich in bewusster Weise dem Atmen hingeben. Oder ist die Aufgabe, die sich im zehnten Chakra zu erfüllen gedenkt, doch eine andere?

Warum müssen überhaupt so viele Chakren einzelne Aufgaben übernehmen, wo doch immer wieder gesagt wurde, dass die sieben Hauptchakren alles abdecken, dass alle Chakren untereinander und miteinander arbeiten können und alles gemeinsam fließt – ohne die Trennungslinie, die ihr auf der Erde bislang zu ziehen hattet? Wo bleibt hier die unendliche Verbundenheit, zu der euer Körpersystem doch auch gehört?

Grundsätzlich sei dazu gesagt, dass die unendliche Weisheit eures Seins schon genau wusste, was sie tat. Also gehen wir davon aus, dass alle Chakren ihre Daseinsberechtigung haben. Und je mehr ihr euch wieder eurer eigenen Weisheit nähert, umso mehr werdet ihr auch wieder erkennen, wie weise ihr „aufgebaut" seid, um in den irdischen Ebenen die gestalterische Aufgabe für alles, was euch dann dort sichtbar gegenübersteht, übernehmen zu können. Ja, ihr seid es wirklich, die gestalten – und das momentan oft noch unbewusst. Was geschieht erst, wenn ihr alle die bewusste Gestaltung eures Planeten lenken könnt?

Noch sind wir Helfer und Begleiter an eurer Seite. Und da werfen wir doch wieder einen Blick in die Chakrenwelt, die uns das ermöglicht.

Im ersten Teil dieser Serie habe ich geschrieben, dass dieses Chakra für die Integration des Energieflusses verantwortlich ist. Ich habe die Chakren in einer geraden Linie aufzeichnen lassen, was den Eindruck erweckt, dass nun alle Chakren in dieser geraden Linie weiter hinaufsteigen. Doch es verhält sich anders.

Bis zum Seelenchakra verlaufen die Chakren unmittelbar in gerader Linie aufsteigend und sind verbunden mit dem feinstofflichen Empfangskanal, der sich an der Wirbelsäule befindet und diese sowohl umfasst wie auch durchdringt – ebenfalls in aufsteigender Weise. Das ist in dieser Weise angelegt, weil ihr die Wirbelsäule als festgefügtes Element versteht, und dementsprechend habt ihr dann auch die Energiezentren in festgefügter Form zugeordnet. Doch immerhin habt ihr die feinstoffliche Bewegung und das Fließen akzeptiert.

Doch bereits das Seelenchakra wie alle nachfolgenden, über die ich hier schreibe, ist losgelöst vom physischen Körper und nur noch durch einen dünnen Energiestrahl mit dem Empfangskanal verbunden, der, ab hier ebenfalls frei beweglich, flexibel agiert und sich allen fließenden Bewegungen in jeder Richtung anpasst.

Das Seelenchakra und alle höher liegenden können sich somit in eurem gesamten Körpersystem frei bewegen. Es ist ihnen möglich, sich ständig in einem 360 Grad-Radius zu bewegen und bei eurer Ausdehnung behilflich zu sein. Die Ausdehnung und die Aktivitätssteigerung der höher liegenden Chakren werden durch eure menschliche Bewusstheit unterstützt. Indem ihr also bewusster werdet und die alten Ängste auflöst, dehnen sich die Chakren immer weiter aus und somit eure feinstofflichen Körper.

Habe ich im ersten Buch ausführlich erklärt, was den direkten Channelvorgang betrifft und das sehr eng gefasst, so ist in dem hier vorliegenden Buch alles in einen viel größeren Zusammenhang gestellt, der nur darum zu eurer Kenntnis gelangen konnte, weil ihr an der geistigen Entwicklung für euch und damit auch für andere gearbeitet habt. Die engen Vorstellungen der irdischen und vor allen Dingen menschlichen Begrenzungen der Bewusstheit haben mich auch dazu veranlasst, euch diese Schritt für Schritt aufzuzeigen und damit ihre Auflösung zu ermöglichen.

Denn nach meinem ersten Buch habe ich erkannt, dass sehr viele von euch überfordert und wenig an diesem Buch interessiert waren. Kurz gesagt, es blieb bei vielen im Bücherschrank liegen – ohne dass sie meine Erklärungen zu Ende gelesen haben. Da habe ich erkannt, dass ihr oder zumindest die meisten von euch doch den irdischen Weg des Begreifens gehen wolltet. Die Mitteilungen, die ihr bekommt, werden gleichermaßen durch einen Bewusstseinsfilter in das menschliche Bewusstsein geleitet. Die Filteranlage lässt die Informationen eben nur Schritt für Schritt ins Stadium des Begreifens fließen.

Für mich kam diese Erfahrung einem Studium gleich, welches mir geholfen hat, euch besser zu verstehen und eure Weisheit zu studieren. Ich danke euch dafür aus meinem tiefen Gefühl der Liebe zu euch.

Und jetzt, mit den bisherigen Erklärungen zum zehnten Chakra, dem Polaritätschakra, lasse ich euch das Fließen eurer Feinstofflichkeit erfahren, euch ausbrechen aus dem festen Körpergefühl des Eingeengtseins, denn ich gehe gleich mit jedem, der mir so weit vertraut, dass er sich von mir tragen lässt, in die Meditation, die euch auch den Schlüssel zur Öffnung eurer verschlossenen Chakren finden lässt.

Durch das Erlebnis des freien Fließens werdet ihr erkennen, wie frei ihr wirklich seid. Frei, um alles zu bewegen, was euch wichtig scheint.

Bereits in den anderen Teilen unserer Serie habe ich darüber geschrieben und angedeutet, wie frei ihr sein könntet. Und einige von euch wissen schon darum, denn sie sind mutig in diesen Zustand hineingeschwebt.

Doch immer wieder erfahrt ihr Grenzen, die sich vor euch auftun und so nur eine Kurzzeiterfahrung ermöglichen.

An Grenzen werdet ihr in dem Moment stoßen, in dem ihr die dunklen Schatten von euch weist und ihnen Feindschaft signalisiert. Das bewirkt unverzüglich ein Zusammenziehen des feinstofflichen Kostüms, was dann wiederum bewirkt, dass der „Ausflug" beendet wird.

Da habe ich euch wieder einmal einen Grund genannt, warum ihr frei sein solltet von euren eigenen Schatten. Doch auch die von vielen anderen Wesen sind um euch herum noch anwesend und erschaffen Grenzen, die ihr jedoch durchwandern könnt. Signalisiert Verständnis für sie, und sie lassen euch unbehelligt beim Erfahren eurer eigenen Feinstofflichkeit, die daraufhin vielleicht sogar grenzenlos erfahren werden kann.

Doch trotzdem ist auch die Rückreise an den Ort anzutreten, an dem ihr auf der Erde zu wirken habt. Und um das zu gewährleisten, stehen viele Engel bereit, die euch zurückbringen, sollte plötzlich der Wunsch in euch entstehen, euren Körper dauerhaft verlassen zu wollen. Und ja, auch das Chakra, das für den Rücktransport angelegt ist, wird stark angeregt, sodass es euch in euren physischen Körper zurücksaugen wird. Da ihr die Reise vom zehnten Chakra aus antreten werdet, so ist eben dieses auch dafür da, euch zurückzuholen.

Seht, die Erde und einiges im Kosmos unterliegt dem Gesetz der Polarität, und im ganzheitlichen Körper des Menschen, sowie in allem, was euch umgibt, muss ein Austausch stattfinden, damit diesem Gesetz Genüge getan wird. Die Auflösung, beziehungsweise die Umwandlung kann nur langsam vor sich gehen. Doch sie wird geschehen. Denn dieses Gesetz ist zeitlich begrenzt worden.

Inzwischen haben viele von euch begriffen, warum es auf der Erde „gut und böse" und all die dazwischenliegenden Verhaltensweisen gibt. Es dient wirklich den Erfahrungen, die euch fühlen lassen, wie sich was anfühlt. Und ich sehe und fühle eure Verzweiflung darüber und die scheinbare Hilflosigkeit, sich aus diesem Dilemma zu befreien.

Doch solange die Polarität noch besteht, seid ihr ihr insoweit ausgeliefert, als dass ihr eure Schatten ausgleicht. Das heißt, dass ihr sie mit der Herzensliebe vereinen solltet.

Die dunkle Seite der Polarität gewinnt dadurch mehr Licht und kann sich an die helle Seite anpassen, was ihr dabei hilft, sich umzuwandeln. Und geschieht das auf der

Erde, kann sich dieser Zustand auch auf den Kosmos ausdehnen. Und alles wird wieder so wie einst?

In etwa schon, doch diesmal erforschen wir alle gemeinsam die unterschiedlichsten Dinge, die mit reinem Licht und der dazugehörenden Liebe geschehen können. Vielleicht fällt es euch schwer, euch das vorzustellen, doch das ist ein Teil unseres gemeinsam erstellten Planes für die Zukunft.

Ich meine, dass es wichtig ist, überhaupt Perspektiven erkennen zu können, die ein Anreiz sein sollten, sich selbst vor Ort halten und weitentwickeln zu wollen.

Denn wir sehen durchaus, dass viele von euch ohne Zukunftsperspektive aufgeben wollen. Ich glaube, ihr wisst alle, was ich damit anspreche.

Um nun das Gesetz der Polarität zu erfüllen, muss ein ständiger Energieaustausch stattfinden, der von dort aus in alle – bildlich gesprochen – darunterliegenden Chakren fließt. Es findet ein wechselseitiger Fluss statt, der bis in die 88.000 Chakren des gesamten feinstofflichen Chakrensystems hineinfließt, die sich daraufhin stetig weiter öffnen, jedoch auch wieder schließen können. Und dies geschieht so lange, bis ihr die Gedanken in der Weise nutzt, dass sie zum späteren Wohle aller dienen. Auch das erkläre ich noch näher.

Durch den Energieaustausch und Fluss werden die kreativen Anlagen, die ihr mitgebracht habt, aktiviert. Es sind die Anlagen gemeint, die euch ermöglichen, euer Leben eurem Lebensplan entsprechend umzusetzen – also auch die Fähigkeit, eure Gedanken in der von euch wirklich erwünschten Weise zu gestalten und dann umzusetzen.

Im Moment ist zum zehnten Chakra alles gesagt, und darum lasst uns nun in die angekündigte Meditation gehen. Danach beginnen wir endlich mit den Kapiteln über eure feinstofflichen Körper, in denen dann auch über die höheren Chakren 11-21 gesprochen wird.

Entspannt euch jetzt bitte und bereitet euch gedanklich auf unsere Reise vor. Hier dürft ihr gerne Erwartungen haben, die ihr dann jedoch wieder loslassen solltet, wenn ich euch mit auf den Weg nehme. Ich kenne nun eure Erwartungen und weiß natürlich, dass auch sie aus dem Wissen stammen, was auf euch zukommen wird. Und ich bin bestrebt, euch diese zu erfüllen.

Trotzdem bitte ich euch, mir zu vertrauen und mit mir zu gehen.

DANKE!

Meditation

Im Meditieren sind viele von euch geübt. Für die Unge-
übten weise ich darauf hin, dass sie ihren Meditationsplatz
in einen harmonischen Platz verwandeln sollten. Die Harmonie des Ortes, an dem man in sich geht, hilft, sich fallen zu lassen. Vielleicht mögt ihr Blumen und brennende
Kerzen in eurer Nähe. Und manchmal hilft auch eine ent-
spannende Musik, sich vom Alltag zu lösen.

Ist alles so, wie ihr es haben möchtet, setzt oder legt
euch bequem hin, nehmt das Buch wieder zur Hand und
lest diese Meditation sehr aufmerksam durch. Bittet euer
Unterbewusstsein, alles Gelesene zu speichern und es euch
gleich, während ihr euch ganz vom Alltag loslöst und mit
mir reist, wieder vollkommen bewusst zu machen. Verlasst
euch einfach darauf, dass es funktioniert. Und außerdem
bin ich ja auch noch da.

Ich denke, es ist nun genug der Vorrede und der Vorbereitungen. Seid ihr bereit?

So nehmt mich wahr, und bitte lasst euch ein wenig Zeit
dabei, die ich nutze, um mich noch intensiver mit euch zu
verbinden. Ich nehme euch sanft in meine Arme und sende euch meine Liebe, die euer Herz weicher und weicher
werden lässt. Tränen sind willkommen, denn wir dürfen
sie als einen liebevollen Gruß eurer Seele empfangen.

Lasst euch Zeit, in die auftretenden Emotionen hineinzuwachsen.

Stellt euch nun vor, dass ich euch auf der untersten Stufe einer goldenen, nach oben führenden Treppe gegenüberstehe und diese mit euch hinaufsteigen werde, sobald ihr auch dazu bereit seid.

Ich erwähne das Bereitsein immer wieder gerne und wiederhole es auch immer wieder, weil ich bei einigen von euch doch noch immer eine kleine ängstliche Spannung sehe, die ein Zögern verursacht. Da ich alle meine Schüler gleichzeitig mit hinaufnehmen möchte, bitte ich jetzt diejenigen unter euch, die wirklich bereit sind – ohne Angst, den anderen hilfreich ihre Hände zu reichen und ihnen von ihrer Sicherheit abzugeben. Gemeinsam schaffen wir es besser.

Macht euch währenddessen bitte bewusst, dass wir jetzt eine Reise antreten, auf der wir die Chakrenwelt erschließen wollen, und lasst diese Gedanken ihren Raum in eurer Gedankenwelt einnehmen, damit sie sich dort manifestieren und ihr eure Bewusstheit auf die Reise mit all ihren Wundern lenken könnt.

Atmet nun bitte sehr tief ein und haltet den Atem ein wenig länger in euch, bevor ihr ihn wieder loslasst. Während sich der Atem in euch ausbreitet, verfolgt diesen Vorgang mit eurem inneren Auge und seht, wie eure Zellen mit seiner Energie angefüllt werden. Bei jedem Atemzug verfolgt bitte seinen Fluss. Wiederholt diese Art der Atmung einige Male, bis ihr eine tiefe Entspannung fühlt.

Nun stellt euch vor, dass der Atem mit goldener Energie angereichert wird, die sich ebenfalls in euren Zellen aufhalten möchte. Euer Atem ist also zusätzlich der Energieträger der goldenen Energie.

Macht euch bitte bewusst, dass er auch in anderen Fällen der wichtigste göttliche Energieträger „für alle Fälle" für euch ist. Er trägt zum Beispiel auch Krankheitserreger zu euch, doch auch die Schwingungen, die sich um euch herum befinden. So ist auch der Atem, der euch eurer Wahrnehmung nach ja von außen zufließt, ein weiser Helfer, denn auch er reagiert auf jeden Gedanken und auf jeden Wunsch von euch, wie ihr noch erkennen werdet.

Atmet bitte weiter in der von mir beschriebenen Weise und bemerkt, wie ihr den ersten Schritt zu mir macht. Stellt euch vor, dass das geschieht, und lasst es geschehen. Bemerkt euer Verstand etwas, so ignoriert die Bemerkung und konzentriert euch weiter auf mich.

Auf der Treppe stehend, begrüße und umarme ich euch sehr herzlich und liebevoll. Es wird einen Moment dauern, bis ihr meine Umarmung auch wirklich spürt.

Ist es dann soweit, könnt ihr in dieser Schwingung ganz leicht die Treppe mit mir hinaufsteigen. Sie beginnt an der Stelle, wo das Wurzelchakra an den feinstofflichen Kanal, der entlang der Wirbelsäule verläuft, angeschlossen ist und verläuft neben dem Kanal in die aufsteigende Richtung.

Spürt die sanfte Freude, die ihr bei jeder weiteren Stufe, bei jedem Schritt hinauf empfindet, und erlaubt euch bitte, sie anzunehmen, und lasst sie sich bis in alle Zellen ausbreiten. Spürt ihr nach, und vielleicht empfindet ihr schon dabei eine Ausdehnung eures feinstofflichen Körpersystems, welche euch aus der körperlichen, physischen Begrenzung in die Freiheit trägt. Erlaubt euch auch dieses Empfinden, vielleicht indem ihr in eurer Stille einfach denkt: „Ja, ich erlaube es!"

Ganz gleich, welche Schuldgefühle oder Ängste euch im täglichen Leben noch plagen mögen, hier ist eure Welt in freudiger Erwartung und voller Liebe – also in göttlicher, liebevoller, euch vollkommen annehmender Ordnung.

Je mehr Atem ihr aufnehmt, umso mehr könnt ihr dem Alltag entfliehen und in die Leichtigkeit der Welt, die wir nun betreten haben, hineingehen.

Nun richtet euren Blick auf mich, während ihr die nächsten Stufen hinaufsteigt. Ich trage um meinen Hals einen goldenen Schlüssel, mit dem ich alle Türen zu euren Chakren öffnen kann. Viele, viele Duplikate trage ich in meinem Gewand, die ich für jeden Einzelnen von euch bereithalte und die ich an euch verteile, sobald ihr sie zu eurer freien Verfügung haben möchtet. Ein gedankliches „Ja" genügt mir als Bestätigung eurer Bereitschaft.

Jeder darf die Zeit für die Meditation einbringen, die er einbringen möchte. Er darf fühlen, wahrnehmen und sich frei fühlen. Und so darf auch jeder die Chakren so lange besuchen, wie er es möchte, vielleicht nach persönlicher Wichtigkeit mal länger, mal kürzer. Ich bleibe auch jetzt bei jedem von euch an seiner Seite, solange er sich an dem von ihm gewählten Ort aufhalten möchte, und helfe, den Besuch freudvoll und informativ zu gestalten.

Jeder Eingang der sieben Hauptchakren liegt direkt an der goldenen Treppe, die wir hinaufsteigen wollen. Dort wo sich der Eingang zu einem Chakra befindet, ist die Treppenstufe vergrößert, sodass wir genug Platz und Bewegungsfreiheit haben, um gemeinsam dort stehen zu können, während wir den Eingang öffnen. Stellt euch diesen Eingang ruhig als eine Türe vor, die nur darauf wartet, von uns geöffnet zu werden. Doch bedenkt, dass hinter jeder Türe auch ein Hüterwesen steht, das gerne von euch beachtet werden möchte. Begrüßt es und dankt ihm für die segensreiche Arbeit, die es in all den Jahren für euch geleistet hat.

Gehen wir nun davon aus, dass jeder seinen Schlüssel erhalten hat, so ist auch jeder frei, die Treppe nach Belieben hinauf- oder auch wieder hinunterzusteigen. Ich bleibe auch hier an eurer Seite. Tummelt euch ruhig in euren Chakren und beobachtet, wie sie sich ausdehnen, wie sie ihre Farben intensivieren und euch mit Unterstützung des Hüterwesens genau zeigen, wo sie sich unwohl fühlen.

Kommt in ein Gespräch mit den Hüterwesen und lasst euch sagen, was ihr tun könnt, damit sie sich wohler fühlen. Und vertraut dem, was ihr hört oder zu hören glaubt. Manchmal werden euch auch Bilder gezeigt, die ich gerne helfe zu interpretieren, wenn ihr das möchtet. Ein „Ja" genügt auch hier.

Lässt sich die Türe nur schwer öffnen oder klemmt sogar, bittet das Hüterwesen, von innen mitzuhelfen, und spürt dann, wie sich die Türe leichter öffnen lässt. Dankt dem Hüterwesen dann auch für diese Hilfe und fragt es, ob ihr nun eintreten dürft.

Denn öffnet sich ein Chakra schwer, so ist in ihm eine Situation zu betrachten, der ihr euch vielleicht noch verweigern möchtet. Es liegt an euch, sich dieser Situation zu stellen. Und zeigt sie euch als Opfer und sendet eine große Angst aus, so lasst euch bitte erklären, was ihr hier an Erfahrungen und anschließenden Auflösungen erleben wolltet.

Solltet ihr die Türen als bereits geöffnet erblicken, so bleibt trotzdem stehen und nehmt zuerst Kontakt mit dem Wesen auf, das dort auf euch wartet. Bleibt es unsichtbar, so geht davon aus, dass es trotzdem dort steht, und verhaltet euch ruhig so, als ob ihr es sehen könntet. Manchmal geschieht auch dann ein Wunder und es zeigt sich euch doch noch in manifestierter Form. Vielleicht könnt ihr die darauf erfolgenden gegenseitigen Glücksmomente fühlen und darin auch ein Himmelsgeschenk erkennen.

Beim achten Chakra seht ebenfalls die Türe, doch bitte klopft hier an und bittet um Einlass. Tut das bitte dreimal. Die Seele wird euch öffnen, sodass ihr den Schlüssel in diesem Falle bei euch belassen solltet.

Vielleicht habt ihr schon bemerkt, dass ich allen Wesenheiten eures Körpers mit sehr viel Achtung begegne, und ich bitte euch, das ebenfalls zu tun.

Auf der Ebene des achten Chakras beginnt eine neue Erfahrungswelt, die eure Seele euch erschließen oder freigeben wird, sodass ihr bei Freigabe den Schlüssel wieder einsetzen dürft.

Ist die Öffnung der Seelentüre erfolgt, begrüßt eure Seele und bittet sie, sich für euch zu manifestieren, und dann habt bitte Geduld. Ihr dürft die Bitte auch dreimal aussprechen, sollte die Manifestation längere Zeit auf sich warten lassen. Trotzdem ist Geduld angesagt.

Ist nun auch der sichtbare Kontakt hergestellt, so bittet eure Seele um eine Botschaft und fragt, ob sie es euch erlaubt, in die höheren Chakren zu reisen. Verneint sie, so fragt bitte, was ihr tun könnt, damit sie euch den Weg freigibt. Auch in diesem Fall ist wieder Geduld gefragt. Taucht hinein in die wundervolle Liebe, die ihr euch selbst über eure Seelenführung zuführt, und bleibt einige Zeit dort.

Habt ihr die Erlaubnis bekommen, weiter hinaufzusteigen, so seht eine weitere goldene Treppe, die aus dem Seelenraum hinausführt und in einen langen, goldenen Gang führt, der wiederum an einer verschlossenen Türe endet. Auch hier klopft dreimal an und bittet um Einlass. Habt ihr das Gefühl, dass ihr willkommen seid, so benutzt euren Schlüssel, um die Türe zu öffnen. Tretet ein in diesen

Raum, seht euch dort genau um und bittet auch hier wieder darum, dass sich das dort befindende Wesen für euch manifestiert. Geduld ist auch hier angesagt. Habt ihr Kontakt, so fragt bitte wieder nach einer Botschaft und anschließend nach dem Weg ins zehnte Chakra.

Bittet das Wesen, euch dorthin zu führen, und übergebt ihm den Schlüssel für die Türe, die sich vor euch zeigt. Es wird ebenfalls um Eintrittserlaubnis ersuchen.

Im zehnten Chakra solltet ihr eine größere Pause einlegen und alles auf euch wirken lassen. Schaut euch nach einer Sitzgelegenheit um und nehmt Platz. Es sind Einrichtungen dort, die zum Verweilen einladen. Schaut euch um und seht sie.

Da dieses Chakra oftmals sehr heftig schwingt, passt euch diesen Schwingungen an, indem ihr euren Körper mitschwingen lasst. Glaubt ihr, soweit zu sein, bittet das Wesen, welches sich als Hüter dieses Chakras versteht, um Manifestation, damit ihr mit einem sichtbaren Wesen in Kontakt und im Gespräch stehen könnt.

Dadurch, dass ich an eurer Seite bin, wird sich der Hüter oder die Hüterin zeigen und bereit sein, mit euch zu sprechen. Geht davon aus, dass es ein äußerst interessantes Gespräch werden wird mit sehr persönlichen Informationen. Auch hier kann es passieren, dass ihr Bilder seht, statt Worte zu empfangen, oder gar kleine Filme vor euch ablaufen, nehmt alles an. Und ihr dürft selbstverständlich auch hier wie in den anderen Chakren Fragen stellen.

Manchmal trifft man dort auch auf mehrere Wesen, sie gehören zu diesem Chakra dazu oder kommen aus anderen Welten oder aus den höheren Chakren. Sie sind neugierig auf eure Reaktionen auf sie, und auch sie möchten euch vieles erzählen. Wer bis zu diesem Chakra gereist ist, der hat bereits einen weiten spirituellen Weg zurückgelegt – ob ihm das nun bewusst ist oder unbewusst.

Manchmal stellen auch die Wesen Fragen, die ich euch bitte, geduldig zu beantworten.

Wichtig ist, dass ihr euch vertrauensvoll und vollkommen entspannt in diese Welt einfügt, die zu eurem Zuhause gehört, das ihr vielleicht glaubt, verlassen zu haben. Und darüber, dass ihr euch in diese Welt einfügt, erkennt und erfahrt ihr auch wieder euer Zuhause, das in die unendliche Weite eures feinstofflichen Körpersystems führt. Ihr werdet euch dort wohlfühlen. Vertraut darauf.

Die Reise endet hier zunächst einmal, denn ich möchte jetzt zu den weiteren Informationen über eure feinstofflichen Körper kommen.

Ihr könnt diese Meditation jederzeit wiederholen und mich dazurufen, wenn ihr mögt. Ich bin jederzeit für euch da.

Möchtet ihr aus eurer Chakrenwelt aussteigen, so kommt einfach in das Hier und Jetzt eures täglichen Lebens zurück. Fällt euch das schwer – denn die Chakrenwelt ist wundervoll und man mag manchmal einfach in ihr verweilen wollen – bittet mich, euch zurückzuhelfen.

Willkommen im Hier und Jetzt eures täglichen Lebens. Ich liebe euch unendlich und sende euch noch einmal eine Extraportion Liebe aus meinem Herzen.

Nach dieser Meditation solltet ihr vielleicht eine Pause einlegen, bevor ihr weiter studiert, und noch einmal eure Erlebnisse an euch vorbeiziehen lassen oder gar in sie eintauchen. Vertraut auf das, was ihr gesehen, gefühlt oder gehört habt. Alles ist ebenso real wie euer tägliches Leben auf der Erde.

Wer also glaubt zu spinnen, dem sei gesagt, dass dies ein Muster des Ego ist, das euch gerne verunsichern möchte. Denn wisst, eure innere Welt ist im Grunde realer als die Welt, die ihr im Außen erlebt.

Je öfter ihr euch das sagt, umso mutiger werdet ihr auch bei den Erkundungsreisen in eure Innere Welt.

Feinstoffliche Körper in einem menschlichen Körpersystem

Die Chakren 11-21 werde ich im Laufe der folgenden Kapitel näher beschreiben, denn sie gehören so sehr zum feinstofflichen Körpersytem, dass ich sie in Verbindung mit diesem betrachtet wissen möchte. Trotzdem steht es jedem natürlich frei, diese zu besuchen, falls eure Seele die Einwilligung erteilt. Bedenkt bitte immer, dass sie das tut, es sei denn, es ist noch etwas zu erlösen, das sich wie eine Sperre oder Hürde ausnimmt. Lasst euch in einem solchen Fall bitte von eurer Seele helfen, diese aufzulösen und aufzuheben.

Beim Eintauchen in die Weisheit der Chakrenwelt sind einige von euch nun schon zu erfolgreichen Forschern geworden, denn ihr habt zu dem, was ich euch sagte, euer Wissen hinzugefügt und es sind euch weitere interessante Zusammenhänge bewusst geworden. Gratulation!

Doch bevor ihr nun mit diesem Wissen auch die Welt der Natur und der Tiere erforscht, ist es notwendig, dass ihr versteht, wie der Mensch, beginnend aus den göttlichen Ebenen heraus, aufgebaut ist, und zwar aus seiner eigenen und der göttlichen Weisheit heraus.

Davon ausgehend könnt ihr dieses Wissen dann auf alles andere, was euch umgibt und bedingt auch auf das, was sich in anderen Universen zeigt, anwenden. Seht, liebe Freunde, auch das feinstoffliche Sein der Wesenheiten in den Anderswelten ist zum Verständnis dessen, was Channeln bedeutet, wichtig zu kennen.

Ich sagte ja bereits, dass die Zeit der Zusammenkünfte vieler Wesenheiten aus vielen Ecken der diversen Universen gekommen ist. Und da euch diese Wesen ganzheitlich erkennen, eure Schwächen sofort wahrnehmen und sie euch zu spiegeln haben, so ist es doch durchaus ratsam, dass ihr euch auf dem gleichen oder zumindest einem annähernd gleichen Status befindet.

Bitte versteht, dass sie weit davon entfernt sind, euch schaden zu wollen. Für ein besseres Verständnis gebe ich ein kleines Beispiel, damit ihr wisst, was ich in diesem Fall mit *spiegeln* sagen möchte:

Stellt euch vor, in eurem Kronenchakra oder den darunter befindlichen ist noch ein Schatten vorhanden, der auf Kontakte mit Außerirdischen hinweist, die sich eurer bemächtigt haben. Der Schatten wird euch kaum darüber informieren, dass ihr bei diesem Geschehen außer Opfer auch Täter gewesen seid. Er lässt euch brav in der Opferrolle verharren. Sieht das außerirdische Wesen das, so wird es euch diese Angst so spiegeln, dass es euch zeigt, wie groß seine Angst vor euch ist – und das kann sich für euch dann sehr bedrohlich anfühlen. Wer will schon freiwillig mit seiner Täterrolle konfrontiert werden? Schließlich wolltet ihr doch alle nur gut sein, und die Täterschaft habt ihr mitsamt der Verantwortung dafür ganz gerne denen überlassen, die euch eure Taten dann gezeigt haben, indem sie euch mit Schmerzen und allem, was zur Angstbildung führt, gequält haben. Das, was ihr selbst getan habt, wurde ins Unbewusste verdrängt, und ihr konntet euch als Opfer fühlen.

Euer ganzes irdisches Leben ist auf dieser Prämisse aufgebaut worden – immer sind die „Anderen" schuld an allem gewesen, was euch schmerzte. Allenfalls sind Teilschuldanerkenntnisse erfolgt, die in seltenen Momenten einen klareren Blick für die Situation zuließen. Diejenigen, die sich selbst immer an allem die Schuld geben, gehören in eine andere Erfahrungsgruppe, die sich allerdings ebenfalls mit Verdrängung des wahren Erlebnisses befassen. Hier sind tiefe religiöse Glaubensmuster der Wertlosigkeit im Spiel und ein völlig verdrehtes Verständnis von den göttlichen liebenden Qualitäten. Doch ihr werdet auch hierzu noch einiges erfahren.

Bei jeder bewussten oder unbewussten Zurückweisung eurer eigenen Beteiligung an diesen Forschungen wurdet und werdet ihr in unbewusste Schuldgefühle gebracht, die abwehrende Verhaltensweisen entwickelt haben. So wurde euch zum Beispiel immer wieder gesagt, dass euch die Außerirdischen Implantate eingepflanzt haben, dass sie euch zerstückelt haben und viele Grausamkeiten beginnen, sogar dass sie euren Planeten beherrschen wollten. Das Letztere haben sie dann auch, jedoch weil ihr die Verantwortung abgegeben habt. Ihr habt euch ihnen ergeben. Ich habe schon darauf hingewiesen.

Und ich möchte bei diesem Thema an karmische Verbindungen erinnern. Selbst wenn der einzelne Aspekt vielleicht andere Erfahrungen gemacht hat, so bleibt er in seiner Ganzheit doch derjenige, der sich beteiligt hat.

Erkennt ihr eine Mittäterschaft an oder zieht sie wenigstens in Betracht, so löst sich alles wie von Geisterhand auf. Nun habt ihr die Möglichkeit, diese Sache durch Vergebungsgedanken in beide Richtungen vollständig zu bereinigen oder wieder abzutauchen. Der Kontakt in diesen Ebenen ist dann weiterhin gestört und vielfach mit noch größerer Angst behaftet.

Jedes Wesen aus diesen Welten ist daran interessiert, dass es sich mit euch auf gleicher Ebene treffen und beratschlagen oder zumindest auf dieser Ebene kommunizieren kann.

Die Zeiten, in denen ihr euch gegenseitig schweres Leid zufügen musstet, um zu erforschen, wie körperliche

Weisheit bei den unterschiedlichen Körperformen der Physis zum Ausdruck kam, sind nun vorüber. Es ist ähnlich wie mit den Scheiterhaufen. Auch sie gehören der Vergangenheit an.

Deshalb lasst eure Angst vor diesen alten Erlebnissen gehen. Ich helfe euch auch gerne dabei, die spezifischen Situationen in einem persönlichen Gespräch zu klären. Doch dazu setze ich manchmal auch meinen Kanal ein, solltet ihr glauben, dass meine Worte euch versperrt sind.

Ich erhoffe mir durch die folgenden Kapitel, dass ihr euch wirklich von den alten belastenden Erfahrungen löst und den neuen, wissenden öffnet.

In alten tibetischen Weisheitslehren werden feinstoffliche Körper beschrieben, deren Gliederung sehr anschaulich gestaltet ist. Diese Körper werden als Aura beschrieben, und es wird von vier Körpern gesprochen.

Menschen, die sich mit diesem Wissen beschäftigt haben, sind jedoch auch heute noch in dem Glauben, dass dies das einzige ist, was zu sehen ist.

Es sind dies, vom physischen Körper ausgehend, die ätherische Aura oder auch der ätherische Körper, der emotionale, der mentale und der spirituelle Körper.

Das Wissen um diese Körper ist schon sehr alt, doch dem damaligen Bewusstseinsstand angepasst und darum nur sehr eingeschränkt wiedergegeben worden.

Im Laufe der Zeit ist, wie ihr sicherlich alle wisst, das Bewusstsein des einzelnen Menschen, seine Bewusstheit und das der Massen, die sich spirituell weiterentwickeln wollten, in viel höhere Ebenen hineingewachsen. Ihr als Menschen seid während all der Zeit viel feinstofflicher geworden, was euch auch ein umfassenderes Verständnis der Geisterwelt, wie ihr sie gerne genannt habt, ermöglicht. Die Angst vor diesem Zustand der Feinstofflichkeit hat euch Jahrtausendelang vor euch selbst zurückgehalten. Und selbst heute noch sehen viele Menschen diese Welt weit von sich entfernt, so sie diese überhaupt sehen möchten.

Doch warum ist das so? Euch wurde doch immer wieder gesagt, dass es hier in unserer feinstofflichen Lichtwelt nur Liebe und Verständnis gibt. Es scheint ein paradoxes Verhalten euerseits zu sein, trotzdem Angst vor ihr zu haben.

Angst! Dieser große, ja sogar der größte Schatten überhaupt scheint kaum auflösbar zu sein. Hat man eine Angst angesehen, sie vielleicht sogar aufgelöst, taucht schon bald die nächste auf. Und so geht das nun schon Jahrtausende. Das Potenzial der Angst scheint wirklich unendlich zu sein. Diejenigen, die stetig an sich arbeiten, wissen, wovon ich spreche, und ihr anderen habt ebenfalls genügend Erfahrungen mit den unterschiedlichsten Ängsten gemacht. Also wisst auch ihr, wovon ich spreche.

Es scheint also sinnvoll zu sein, dieses Phänomen zu beleuchten. Und ich habe mich entschlossen, mit diesem Thema die Erklärungen über die Feinstofflichkeit und der in ihr verborgenen Weisheit zu beginnen. Doch zuvor möchte ich euch an unsere gemeinsame Gestaltung der ganzen *Geschichte Menschheit* erinnern, indem ich euch einiges dazu erzähle. Ob ihr mir dies dann glauben mögt oder es zurückweist, bleibt wieder eurem Entscheid überlassen. Doch lest bitte zuerst, was ich zu sagen habe.

Die göttliche Quelle hatte Wesen ins Leben gerufen, die sich jederzeit an die Intelligenz der Quelle anschließen konnten. Das waren wir alle gemeinsam, ihr und wir, die wir Geistwesen genannt werden. Wir wussten um die Wünsche der Gottheit, die Erfahrungen des Fühlens machen wollte, und wir alle waren begeistert davon. Erfahrungen des Fühlens weitab von der Liebe und den Weg des Fühlens zurück zur Liebe – das klang aufregend, wenn ich das mal so menschlich ausdrücken darf, traf jedoch in etwa die Sachlage.

Wir wurden aufgerufen, einen Weg zu finden, der diese Erfahrungen bei drei Lebensformen ermöglichte. Es sollten sozusagen Gottgestalten an einem Ort wirken, die sich in verschiedene Lebewesen gebären lassen konnten. So entstand die Idee, dass ein Planet erschaffen werden musste, der diese Erfahrungen möglich machte, und Freiwillige mussten gefunden werden, die schließlich zu Menschen, Tieren und Pflanzen auf diesem Planeten werden sollten.

Das göttliche, magische Dreieck, als Ausdrucksform der himmlischen Dreiheit gehörte ab sofort bei den Planungen als Orientierungspunkt dazu. Das bedeutete, dass die Zahl *drei* bei den Hauptplanungen immer wieder befolgt werden musste und sich in allem fortsetzte, was mit der irdischen Gestaltung zu tun hatte. Unsere Kreativität war in einer Weise gefordert, wie sie uns allen bis dahin neu war.

Ein Planet war schnell ins Leben gerufen. Die Wesenheit, die sich für das Projekt dieses vollkommen neuen Erfahrungsweges zur Verfügung stellte, hatte immens starke Muttereigenschaften und war ein Aspekt der göttlichen Mutter. Und sehr weise ist es von den Menschen, die Erde als die Mutter zu bezeichnen, und viele Menschen glauben sogar, dass die Erde die einzige Göttin ist, die jemals existiert hat. So wissen zumindest diese Menschen um die göttliche Urkraft eures Planeten.

Die Entstehung eures Planeten kann man als Urknall bezeichnen. Doch bis die Wesenheit, die die Erde verkörpern sollte, so vorbereitet war, dass sie ihre Aufgabe erfüllen konnte, war schon eine intensive Planung notwendig. Nun, wir waren Planer mit Herz und Seele, wie ihr so schön sagt.

Drei Grundvoraussetzungen waren zu befolgen, um eine körperliche Existenz auf der Erde zu ermöglichen.

1. Ein Körper musste erschaffen werden, der sich so flexibel bewegen ließ, dass er für alle Situationen dort eingesetzt werden konnte.
2. Das göttliche Bewusstsein musste so versteckt werden, dass es für den Menschen nur in kleinen Dosen durch Erfahrungen geweckt wurde und die alles möglich machenden göttlichen Fähigkeiten trotzdem auch weiterhin für eine lange Zeit unerkannt bleiben konnten.
3. Die Zeitzyklen der verschiedenen Erfahrungswege mussten eingehalten und in den Körpern gespeichert jedoch in vollkommener Unbewusstheit zur Wirkung gebracht werden.

Nun glaubt ihr vielleicht, dass wir lediglich ein Fingerschnippen einsetzen mussten, um die Aufgabe zu erfüllen. Doch es war vielmehr so, dass wir alle jedes Detail durchleuchten mussten, um wirklich sozusagen das Projekt fehlerfrei starten zu können, in dem einige von uns ja in direkter Weise auf der Erde mitwirken wollten. Denn wir hatten ja nur uns, um Freiwillige zu finden. Es war eine spannende Zeit, und durch die vielen inzwischen hinzugekommenen Erfahrungen mussten die Pläne immer wieder angepasst oder erneuert werden. Kurzum: Das Projekt Menschheit läuft auch in unseren Reihen noch.

Allein dieser Hinweis sollte euch auch sagen, dass ihr wahrlich gut beobachtet und betreut werdet. Und über allem wacht noch die göttliche Kraft der Quelle.

Dieser zusätzliche Schutz ist uns immer gewährt, das sollten wir uns auf jeden Fall auch immer wieder ins Bewusstsein rufen, denn es verleiht ein Gefühl der Geborgenheit und Sicherheit. Denkt immer wieder bewusst daran, spürt in euch hinein und lasst euren ganzen Körper in dieses Gefühl hineinwachsen.

Die göttliche Kraft kann immer gefühlt werden, sobald ihr das Zeichen gebt, dass ihr sie gerade jetzt fühlen möchtet. Dieses Zeichen kann schon ein Gedanke daran sein, in dem das Wissen vorhanden ist, dass aus der göttlichen Kraft Geborgenheit und Liebe zu euch strömt.

Auch für die göttliche Kraft ist dieser Gedanke ein sehr sicheres Zeichen, dass ihr die Verbindung gerade jetzt wünscht, und sie ist ja ihrerseits daran interessiert und wartet sehnsüchtig darauf, dass ihr euch bewusst mit ihr verbinden möchtet. Dann hilft sie euch voller Liebe, sie zu spüren.

Und dieser Moment aktiviert so viele Emotionen, denen ihr euch im Alltag immer wieder verweigert, was zwar verständlich, doch schade ist. All das, was ihr in diesen Momenten spürt, bedarf der intensiven Heilung, und indem ihr es in dieser Verbindung erfahrt, wird die Heilung bereits in Gang gesetzt.

Bemerkt ihr eigentlich, wie viele Heilmöglichkeiten in euch angelegt sind? Auch das sind göttliche Geschenke, die wir bei unserer Planung bewusst eingesetzt haben, eben für die individuellen Erfahrungswünsche.

Und damit sind wir wieder bei unserem Thema der gemeinsamen Planung des Menschen und dem, was dazu gehört, angekommen. Es ist, wie ich erkenne, doch immer wieder sehr vieles, das zusätzlich erwähnt sein sollte, denn bei jedem Abschnitt, den ich erkläre, tauchen tiefergehende Fragen auf, und somit besteht immer wieder Aufklärungsbedarf.

Da ich eure Gedanken lesen kann, erkenne ich die Fragen und baue die Antworten, wann immer es möglich ist, in den Text ein – manchmal ein wenig später, doch manchmal auch direkt, wenn sie auftauchen.

Ich bin hocherfreut darüber, zeigt dies doch wirklich euer immenses Interesse an allen zurückliegenden und gegenwärtigen Geschichten, die mit euch zusammenhängen. Und so stellt sich ein Lehrer seine aufgeweckte Schülerschar vor – stets voller Interesse. Ich danke euch von ganzem Herzen.

Inzwischen liegen schon viele geschichtliche Aufzeichnungen vor, die ihr nachlesen könnt, und einiges wurde euch in der Schule erzählt, so wisst ihr auch vieles über das Mittelalter. Dies war wirklich die dunkelste Zeit auf der Erde, die in so geballter Weise den dunklen Erfahrungen zur Verfügung stehen musste. Und so denkt ihr euch vielleicht, dass die Wesen des Lichts, die sich freiwillig für die Dunkelheit entschieden haben, bei unserer Planung gefehlt haben. Doch sie waren ebenfalls zugegen. Und auch sie haben voller Freude und Liebe mitgewirkt.

Ja, ihr Lieben, auch die hohen Wesen aus der Dunkelheit können sich freuen, anders als ihr vielleicht, doch auch sie erfahren Lebensfreude. Und seht, bei unserer gemeinsamen Arbeit wurden sie anerkannt statt abgelehnt, wie so viele von euch dies vielleicht glauben. Anerkennung baut auf und gebiert Lebensfreude. Vielleicht beachtet ihr das einmal in eurem täglichen Leben. Ein kleines Lob für die Menschen in eurer Umgebung erhöht die Schwingungen und hilft manch einem über die Hürden des Alltags hinweg.

Der Planet Erde wurde mit viel Liebe geplant und schließlich manifestiert. In seinen Anfängen sah er natürlich ganz anders aus als heute. Einiges dazu haben eure Wissenschaftler schon herausgefunden, und sie werden mehr erkennen und weiter forschen. Hier erfüllt sich schon einmal eines der von allen geplanten Vorhaben, dass in irdisch realer Weise erzählt wird, was im Feinstofflichen vorgegeben war, um tatsächlich in eurer Welt manifestiert werden zu können. Denn Manifestation kann nur erfolgen, wenn die Planung im Feinstofflichen stattgefunden hat.

Die Zusammenhänge von geistiger und irdischer Verbindung bei der Erschaffung der Erde werden den meisten Wissenschaftlern jedoch noch lange verborgen bleiben. Um sie zu verstehen, müssten sie sich der geistigen Welt öffnen und ihre physikalischen Gesetze überdenken und überarbeiten. Denn die Gesetze, die ihr entwickelt habt, können ja nur das ausdrücken, was von den Menschen verstanden worden ist, und wie ihr ja inzwischen sicher bemerkt habt, ist das weit weniger, als tatsächlich gegeben ist.

Zusammenwirken der feinstofflichen Körper im irdischen Bereich

Die göttliche Mutter hat sich voller Liebe als einen Aspekt zur Verfügung gestellt, um den Planeten bewohnbar zu machen. Doch auch der Aspekt des göttlichen Vaters lebt in der Erde. Er lebt im Feuer, welches im Erdkern brodelt. Ihr wisst ja sicher, dass auf eurer Ebene immer noch das kosmische Gesetz der Polarität wirkt. Und so ist es nur natürlich, dass auch beide göttlichen Aspekte bei euch wirken müssen, um alles zu harmonisieren und die Entwicklungen in alle Richtungen voranzubringen, die ein bewohnbarer Planet ermöglicht. Mit bewohnbar meine ich in diesem Falle, bewohnbar für die euch bekannten Lebewesen auf der Erde.

Ebenso wie der Mensch beide Aspekte in sich beherbergt, so ist das auch für die Erde gegeben. Auch in diesem Fall wurde wieder ein kosmisches Gesetz befolgt, nämlich: *Wie oben, so unten!* Und so kann wieder einmal erkannt werden, dass auch die Erde ein Lebewesen ist, wie ihr es seid, und dass sie zu euch gehört. Ihr alle seid unzertrennlich miteinander vernetzt und vom Herzen her verbunden. Ihr braucht einander sowohl für die Erfahrungen, die ihr macht, als auch für die Entwicklung eurer zukünftigen Geschichte. Und gerade dafür braucht ihr euch gegenseitig mehr denn je. Bedenkt das bitte, denn jeder von euch wird für seinen Weg in die Zukunft außer der Hilfe aus unseren Reihen auch die Hilfe des Planeten und aller dort beheimateten Kräfte benötigen.

Ein kleiner Hinweis auf eine weitere eurer Lebensaufgaben ist der, dass ihr das Massenbewusstsein in den vergebenden, Frieden bewahrenden Zustand zu versetzen habt. Das bedeutet, dass diese Entwicklung in allen euren Plänen als unbedingt einzuhalten vermerkt ist. Und dazu bedarf es auf der Erde dringend beider göttlicher Aspekte.

Entwicklung bedarf immer des Gebens und des Nehmens auf der Erde. Denn nur dadurch ist ein Ausgleich, eine Harmonisierung möglich. Und auf die Entwicklung der Erde bezogen, meine ich damit, dass der weibliche göttliche Anteil empfängt, was der männliche Gott gibt, und ebenso bedeutet das, dass der weibliche Aspekt der ausgleichende ist, während der männliche der verändernde, zerstörende und vorantreibende ist.

Bei dem Wort *Zerstörung* sind jetzt einige von euch zusammengezuckt. Wie kann Gott ein Zerstörer sein, fragt ihr euch jetzt. Denkt ihr einmal darüber nach, dass Evolution immer auch mit Zerstörung zu tun hat, so ist dies vielleicht erklärlicher. Jede Zerstörung ermöglicht einen Neuanfang und lässt ein anderes, neues Bild entstehen. Und Fortschritt bedeutet ja auch, dass ihr immer wieder Neues ausprobieren möchtet. Die Forscher unter euch wollen auch immer wieder Neues entdecken. Das menschliche Dasein wird von vielen Wesenheiten gewählt, um gerade diese Art der Erfahrung zu machen. Und vielleicht könnt ihr den männlichen göttlichen Aspekt jetzt besser verstehen? Und schaut ihr euch um, so werdet ihr auch in der Natur das gleiche Vorgehen finden und bei euch selbst bisher doch ebenfalls. Denn was bedeutet sterben? Dass ihr ein ganzes Leben dazu nutzt, euch selbst zu zerstören – bis zum „bitteren" Ende!

Der weibliche Aspekt empfängt die Zerstörung mit Gleichmut, zieht mit und gleicht dann wieder aus und harmonisiert den Planeten. Dieses Spiel wiederholt sich ständig, und das ist gut so. Dabei erfolgt nämlich ein Zusammenarbeiten beider göttlichen Aspekte, was sich in allem, was euch und euer Umfeld betrifft, ebenso abspielen sollte.

Würde jeder der beiden göttlichen Aspekte für sich allein arbeiten und in fortwährender Trennung leben, so würde sich die Erde selbst zerstören. Soweit, so gut, doch inzwischen muckt die Erde schon seit längerer Zeit auf, denn die Zerstörung durch die Menschen hat überhandgenommen. Das, was der göttliche Aspekt als Aufgabe übernommen hatte, hat der Mensch ihm aus der Hand genommen und seine eigenen Vorstellungen von Zerstörung in die Tat umgesetzt. Das ist euch seit langem in vielen Botschaften übermittelt worden, und was einst vorgesehen war, wurde von den Menschen mehr und mehr in ein Chaos verwandelt. Was sich einst nach einem harmonischen Planeten anhörte, könnt ihr jetzt als Chaos sondergleichen betrachten. Wie solltet ihr auch wissen, was zum Wohle aller getan werden muss? Ihr habt in der dunklen Zeit gut gelernt! Denn dort begann das unbeschreibliche Chaos, das die göttlichen Aspekte jedoch immer wieder in Ordnung bringen konnten.

Da ihr jedoch von den göttlichen Eltern den freien Willen zugestanden bekommen habt, so hat man die Menschen lange wirken lassen. Und all die Technik und die Versuche, euch zu beweisen, dass der Mensch schlauer ist als die göttlichen Eltern, und der Glaube daran, dass alles, ohne ihren Willen zu beachten, von den Menschen bewerkstelligt werden kann, hat euch das beschert, was heute zu sehen ist.

Der weibliche göttliche Aspekt hat sich zurückgenommen und hat dem männlichen die Vorherrschaft überlassen. Das musste so sein, um die Menschen zum Umdenken zu bewegen, um sie den Schaden erkennen zu lassen, den sie angerichtet haben. Doch das geht, wie ihr ja gerade erfahrt, immer nur in kleinen Bewusstseinsschritten. Und wie ihr ebenfalls wisst, zuerst nur bei wenigen Menschen, die dann sehr laut zu schreien haben, um Aufmerksamkeit zu erlangen. Wie sich das entwickelt, werden wir sehen.

Gerade für solche Fälle haben wir damals schon einen Notfallplan ausgearbeitet, der besagte, dass ihr alle so tief in die Erfahrung des irdischen Ungleichgewichts hineintauchen musstet, bis ihr eure Grenzen auch erkennen würdet. Und dann erst dürften die himmlischen Helfer wirklich eingreifen.

Und wie bei allen Notfallplänen, so wurden auch in diesem Falle besonders darauf vorbereitete Wesen, in unserem Fall Menschen, dafür ausgebildet, den Schaden nach göttlichem Willen wieder zu beheben. Und zu diesen Menschen gehört ihr alle, die dieses Buch lesen. Doch was das für den Einzelnen bedeutet, ist viel Arbeit an sich selbst, denn wir hatten beschlossen, dass es, um wirklich heilen und verändern zu können, die beste Lösung wäre, alle dazu wichtigen Erfahrungen in einem Leben – nämlich dem jetzigen – noch einmal im Schnelldurchgang zu durchlaufen und zu verstehen, wie sich andere, die weniger weit sind in ihrer Bewusstseinsentwicklung, fühlen mögen. Vielleicht erklärt sich jetzt einiges für euch persönlich.

Der Aufstieg des Planeten gehört zum Plan und ist rechtzeitig in Gang gebracht worden. Euer Verhalten ist der Schlüssel für den Aufstieg. Doch ihr wisst, wie viel dadurch an euch hängt, was bewältigt werden muss, um das Ziel des harmonischen Miteinanders zu erreichen. Und für beide Gottwesensaspekte bedeutet das, dass sie sich euch anpassen und in die Entwicklung eures Geistes in den Frieden hinein nur über eure persönliche Anfrage an sie antworten oder auch eingreifen.

Beide göttlichen Aspekte, die lange in Harmonie miteinander wirkten, haben sich für eine Weile, deren Ende ihr bestimmt, getrennt. Vorausgehend seid ihr nun dazu aufgerufen, euch, jeder für sich, ein anderes Denken, das von weiblicher Kraft durchströmt ist, anzueignen. Vergebung und Liebe für alles und jeden ist anzustreben. Und wie der Mensch vorangeht, so werden die göttlichen Aspekte folgen.

Wie darf man das verstehen?

Bei den Menschen begann die Trennung von der göttlichen Abstammung, als ihr in die dunkleren Zeiten hinein inkarniertet. Die Folgen einer Trennung sind meist ein schleichender Prozess, der zuerst kaum bemerkt wird, doch irgendwann zu den Emotionen führt, die euch wohl allen bestens bekannt sind. Für manche Menschen begann dieser Vorgang ein wenig eher und für andere später.

Auf den Planeten bezogen bedeutet das, dass sich Mutter Erde mit euch und den zu erwartenden Zeiten solidarisch erklärt, sich im Moment noch zurückhält und später, wenn ihr soweit seid, mit ihrer weiblichen Kraft und Liebe dem Planeten mehr Standfestigkeit geben wird. Der noch verhältnismäßig langsame Aufstieg wird sich beschleunigen, wenn diese Phase erreicht ist.

Bis vor einiger Zeit hat der weibliche göttliche Aspekt bei der Harmonisierung eine große Ausdehnung erfahren, während sich der männliche immer wieder stark zusammenziehen musste, um Druck aufzubauen, der bei der Explosion gewaltige Veränderungen auf der Erde – innen und außen – mit sich brachte. Ihr kennt sicher ähnliche Situationen, in denen ihr einen innerlichen Druck aufbaut, vieles „schluckt", was für einen harmonischen Ablauf vielleicht besser ausgesprochen werden sollte, bevor es dann zu einer Explosion und vielleicht verletzenden Worten oder Handlungen kommt. Dieser Druck entsteht im Solarplexus, und der Erdkern mit dem Feuer des männlichen Aspektes ist der Solarplexus der Erde. Ich werde euch noch einiges dazu an späterer Stelle erzählen. Jedenfalls habt ihr bei diesem Beispiel wieder einen Hinweis darauf, dass ihr wirklich Kinder der göttlichen Eltern seid, denn die Gene der Eltern sind auch in den Kindern vorhanden. Und in euren Verhaltensweisen lebt ihr auch viele der Eltern weiter. Eine körperliche Harmonisierung hat zunächst auch erst einmal mit Verdrängung zu tun. Es sei denn, dass ihr schon so weit erwacht seid, dass alles im Gleichgewicht wirkt.

Was nun den männlichen göttlichen Anteil angeht, der sich selbst in die Position des Verdrängers seiner selbst bringt, indem er sich zusammenzieht, so will damit gezeigt werden, dass Gewalt und Zerstörung hilft, die Erde niedrig schwingen zu lassen, doch gleichzeitig auch, dass da eine Kraft vorhanden ist, die sich bei einer sanften Vereinigung in sanfte Veränderungsmöglichkeiten verwandeln lässt. Das ist jedoch erst dann möglich, wenn ihr als die Menschenrasse bereit seid, euch mit beiden Aspekten in euch in harmonischer Weise zu verbinden und so harmonisch zu wirken. Denn die göttlichen Eltern tun das, was ihre Kinder vorgeben, seit sie auf dem Weg ins Erwachsenenalter sind – kommt euch das vielleicht irgendwie bekannt vor? Bei euch ist es doch ähnlich, oft werden ältere Menschen wieder zu Kindern, die geführt werden möchten – möglichst von ihren eigenen Kindern.

Als die Erde noch im Gleichgewicht war, was sie bis zum Beginn der dunklen Zeiten war, gab es weniger Plattenverschiebungen, weniger Katstrophen kleinerer Art als heute. Dafür gab es hin und wieder massive Katastrophen, wozu auch Asteroiden eingesetzt wurden, die kosmische Strahlung auf die Erde brachten, die ganz langsam wirken sollte, um die Schwingungen dort nach und nach erhöhen zu können. Und ist diese Strahlung hoch genug und genügend Seelen sind erwacht, die dem Licht dienen, bewegt sich die Erde schneller in die vorgesehenen Ebenen.

Wichtig war, dass die Strahlungen und das Erwachen möglichst gleichzeitig wachsen konnten. Nun habt ihr allerdings die Naturgesetze gebrochen und es ist ein großes Ungleichgewicht entstanden, wie ich schon sagte und wie wohl die meisten von euch auch erkannt haben. Und obwohl sich einige von euch bereits wieder an die Naturgesetze halten, soweit ihnen dies möglich ist, wurde entgegen aller zunächst vorgesehenen Zurückhaltung der göttlichen Kraft ein Eingreifen notwendig, damit der Schaden wieder repariert werden kann.

Ihr habt drei Sicherheitsstufen überschritten und damit ebenso drei kosmische Gesetze aus den höheren Ebenen gebrochen, und darum wird jetzt einiges über eure Köpfe hinweg unternommen. Denn was der Mensch immer wieder zu verdrängen sucht, ist leider noch immer die Vorstellung und vor allen Dingen die Akzeptanz, dass außer ihm noch weitere Lebewesen die Erde bevölkern, und auch sie haben ein Massenbewusstsein, das nun um Hilfe gebeten hat.

Mit eurem Hochmut habt ihr die erste Grenze überschritten. Für eine Weile mag das ja angehen, zwecks der Erfahrungen, doch der ganze Zeitplan geriet mittlerweile durch dieses immer noch bei den meisten Menschen zu beobachtende Verhalten ins Wanken. Und damit habt ihr die zweite Grenze überschritten. Denn der vorgegebene Zeitplan, der – zugegeben – in manchen Dingen weitgehend eingehalten wurde, ist für den Entwicklungsweg in die Neue Welt unbedingt einzuhalten. In dieser Neuen

Zeit solltet ihr das Zusammenwachsen mit kosmischen Wesenheiten erfahren. Und da auch sie an diesem Zeitplan festhalten, muss er eingehalten werden, weil die Auswirkungen auf alles, was „danach" kommt, von verheerender Wirkung wäre. Das Chaos, welches auf der Erde von den Menschen angerichtet wurde, würde sich in die kosmischen Ebenen hinein verbreiten und der Dunklen Welt mit ihren Wesen zu einer längeren Daseinsberechtigung verhelfen. Die dritte jedoch ist die gravierendste. Ihr habt das Leben ignoriert – das eigentliche Leben, das mit Partys, Alkoholexzessen und dergleichen wenig zu tun hat. Es ist das Leben eurer eigenen Seele gemeint, die immer noch zumeist ignoriert wird, schon allein dadurch, dass sich so viele Menschen, selbst wenn sie wissen, dass sie da ist, kaum getrauen, sie anzusprechen und sich mit ihr zu verbinden. Und Ignoranz bedeutet nun einmal, dass das Ignorierte die Daseinsberechtigung, also das Leben, verwirkt hat. Damit ist die Trennung von der göttlichen Ebene dermaßen stark unterbrochen, dass es viel Zeit kosten wird, diese wieder zu heilen, was bedeutet, sie zu beachten und zu achten.

Auch wenn ihr Helfer an eurer Seite hattet, die euch davor zu bewahren hatten, euch jedoch verlassen haben, so tragt auch ihr Verantwortung für dieses Geschehen.

Um noch besser zu verstehen, was ich damit meine, möchte ich euch jetzt eine kleine Meditation durchgeben, die ihr bitte wie eine Geschichte lesen und euch dabei gleichzeitig in dieser Geschichte „verlieren" sollt. Die Meditation dürft ihr auch gerne ohne weitere Vorbereitungen machen, denn sie wird euch auch so berühren. Ihr Menschen seid mit euren Inneren Kindern verbunden, und diese hören gerne Geschichten, darum weiß ich, dass sie euch berührt, ohne große äußere Vorbereitungen treffen zu müssen.

Also lasst uns beginnen.

Stellt euch bitte vor, dass wir gemeinsam einen Waldweg entlanggehen, der immer tiefer in den dunklen Wald hineinführt. An einer Wegbiegung steht ein großer Mann, der auf uns zu warten scheint. Er hat dunkle Kleidung an und einen großen, dunklen Hut auf dem Kopf, und er hat sehr große Füße. Auf die Frage, wer er sei, stellt er sich als Hüter des Waldes vor. Er hat auf uns gewartet und bittet uns nun, ihm zu folgen, denn er will uns etwas zeigen, was wir unbedingt wissen müssen, so seine Worte.

Wir gehen mit ihm immer tiefer und tiefer in den Wald hinein. Die Bäume werden immer größer und wachsen immer dichter. Es ist kaum noch Unterholz zu sehen. Und es ist wirklich sehr dunkel. Manch einem der Kinder ist jetzt vielleicht ein wenig unheimlich zumute. So viel Bäume und kaum Sonne, die mehr Licht verbreiten könnte.

Wir gehen weiter und kommen zu einer Lichtung, die in vollstem Sonnenschein erstrahlt. Vom Dunkel in die Helligkeit tretend, sind wir zunächst einmal fast geblendet, doch auch so unbeschreiblich erleichtert, dass es einige von uns zu Tränen rührt. Die ganze Lichtung scheint von einem überirdischen Licht durchstrahlt zu werden. Die Farben der Pflanzen dort sind wundervoll leuchtend, die Blumen von einer solchen Vielfalt und Farbenpracht und die Blätter an den Bäumen von so saftigem Grün, dass es jeden von uns vor Freude berührt. Der Platz ist mit Gras bewachsen, auf dem sich kleine Blümchen befinden, die ebenso bunt und prächtig erstrahlen wie die größeren Pflanzen. Schaut euch um und genießt die leuchtende Farbenpracht und die scheinbare Stille, die uns ein heimeliges Gefühl vermittelt. Hier möchten wir bleiben, sagen wir dem Hüter, der uns sagt, dass das der Sinn seiner Führung sei, uns an den Ort zu bringen, wo wir uns erst einmal geborgen fühlen können.

Zuerst scheint der Platz frei von anderen Lebewesen zu sein, und wir lassen uns im Gras nieder. Doch wenn ihr euch genauer umschaut, so seht ihr plötzlich viele, viele kleine und größere Gestalten, die sich tanzend bewegen, als ob der Wind ihre Bewegungen veranlasst. Diese Wesen sind weniger feststofflich als ihr, in etwa so wie ich, doch sie sind gut zu erkennen.

Wir sehen uns hier Naturgeistern gegenüber. Schaut euch um, und erkennt die Vielzahl der unterschiedlich aussehenden Wesen, die alle als Naturgeister wirken.

An einen Baum gelehnt, steht eine große Fee, die die Naturgeister mit einer Handbewegung bittet, sich ihr gegenüber in einem Halbkreis niederzulassen. Jeweils an einer Seite stehen drei weitere Feen und bilden auch einen Halbkreis, der die anderen Naturgeister wie eine schützende Hülle umgibt. Denn die Feen sind sehr groß von Gestalt und die anderen Naturgeister fast alle sehr klein.

Wir bleiben im Hintergrund und schauen einfach zu. Es hat nämlich den Anschein, dass wir kaum wahrgenommen werden.

Zuerst hören wir ein leises Wispern, so als ob der Wind in den Blättern rauscht, doch schon sehr bald können wir Laute aus dem Wispern heraushören, die sich zu Worten bilden.

Die Fee in der Mitte, leicht an den Baum gelehnt und eine wundervolle Ruhe ausstrahlend, spricht!

Sie blickt sich liebevoll um und beginnt, eine kleine Rede zu halten, die jedoch sehr eindrucksvoll zu werden scheint, wenn man die aufmerksamen Gesichtchen der Elfen, Gnome, Zwerge, Wichtel und der vielen anderen bekannten und unbekannten Naturgeister ansieht. Sie alle sind sehr in sich gekehrt und doch außerordentlich aufmerksam.

Wir haben das Gefühl, geräuschlos dabei sein zu müssen, denn irgendwie scheint auch uns das etwas anzugehen, was die Fee erzählt. Jedenfalls fühlen auch wir uns wie in einem Schutzkreis aufgehoben.

Der Hüter des Waldes schreitet nun zur Fee und scheint ihr etwas zu sagen. Und es scheint so, als ob die Fee außerordentlich erfreut darüber zu sein scheint.

Ich grüße euch, meine hochverehrten Freunde, und biete euch meine Ehrerbietung und Dankbarkeit über euer Erscheinen dar, meine lieben Naturgeschwister. Ich bin, wie so viele von euch wissen, Liara, die Fee des gesamten Waldvorkommens auf der Erde. Bei mir stehen die anderen Feen, die sich den Meeren, den kleineren Gewässern, den Flüssen, Bergen, Tälern und den Tieren als Begleiter und Beschützer zur Verfügung gestellt haben. Die Erdfeen, die in der Erde tätig sind, haben Abstand von unserem Treffen genommen wie auch die anderen Naturgeister, die tief in der Erde wirken, weil sie erst einmal abwarten möchten, wie wir verbleiben und was dabei herauskommt. Sie haben ihre Aufgabe erfüllt, indem sie an ihren Plätzen geblieben sind, wie sehr sie darunter auch manchmal zu leiden hatten, wenn wieder eine große, die Erdkruste beschädigende und zerstörende Katastrophe über sie hereinbrach. Da wir uns auch von diesen Orten zurückgezogen hatten, mussten unsere lieben Geschwister doppelt so hart arbeiten. Ich möchte euch danken, ihr Lieben, und ich verstehe, dass ihr erst einmal abwarten und sehen möchtet, ob es uns diesmal ernst ist. Vielleicht können wir ja zu unserem nächsten Treffen zusammenkommen?

Euch, die ihr gekommen seid, habe ich rufen lassen, damit wir uns beraten. Ihr alle wisst, wie es um die Erde, die

Pflanzen und die Menschen steht. Es hat katastrophale Aus-
maße angenommen, die bereits geringere Schäden im Kosmos
mit sich bringen.

Inzwischen kommen immer mehr Naturgeister hinzu, die
von Tieren begleitet werden. Es hat den Anschein, als ob
die Naturgeister die Tiere hinzugeholt hätten. Wir wagen
kaum zu atmen und bleiben ganz still sitzen.

Liara begrüßt die neu Hinzugekommenen, bittet sie
ebenfalls, im Halbkreis Platz zu nehmen, und spricht weiter.

Unsere einstige Aufgabe, unsere Mutter, die Erde, zu unter-
stützen, indem wir die Balance der Wälder, Wasser- Berg-,
Pflanzen- und Tierwelt zu wahren hatten, haben viele von
uns vernachlässigt. Viele haben sich in die Machenschaften
einiger Menschen hineinziehen lassen und haben damit un-
seren gemeinsam abgelegten Eid gebrochen, immer für unsere
Aufgabe einzustehen, egal, was passiert. Wir hatten uns vor-
genommen, stabile Stützen zu sein.
Doch was ist daraus geworden?
Ich spreche von den Gebieten auf der Erde, die von uns
verlassen worden sind und die kaum noch als Heimat für uns
gelten können, doch zwischenzeitlich ebensowenig für die
Menschen.
Wir haben Ängste entwickelt, wir haben die Freude am
Dasein verleugnet und haben uns zurückgezogen – aus den
Gebieten, die uns am dringendsten gebraucht hätten.
Wer von euch hat das schon einmal so gesehen? Wer von
euch hat sich inzwischen wieder soweit erholt, dass er seine
Aufgabe wieder übernehmen kann? Wer ist bereit, seine alte,
einstige Heimat wieder aufzusuchen, um sein zerstörtes
Heim wieder aufzubauen, ohne die Machenschaften der zer-
störenden Menschen weiter zu beachten?

Es ist meine Mission, euch wachzurütteln, damit ihr den Menschen helfen könnt, wieder zu sich selbst zu finden.

Bedenkt doch bitte, dass wir alle auch für bestimmte Bedeutungen des menschlichen Lebens geboren wurden. Wir alle kommen aus den Engelsebenen, und Engel dürfen Liebe verbreiten, doch auch zerstören. Das wissen wir alle. Und auf diese Weise haben wir der göttlichen Mutter, doch auch Gottvater gedient, die wir durch unseren Rückzug verlassen haben und auch damit dem menschlichen Beispiel der Abtrennung vom Göttlichen gefolgt sind. Dabei haben wir uns zum großen Teil selbst verloren. Und die einstigen wundervollen Gefühle der Freude sind denen der Trauer und Verzweiflung gewichen. Wir können dies unter dem Deckmäntelchen der Solidarität mit den Menschen sehen und uns so aus der Verantwortung schleichen, doch die Neue Zeit hat schon erhöhte Schwingungen, und somit ist jedes Lügengebilde, wie schön es auch eingekleidet wird, zum Scheitern verurteilt. Diese Zeit bringt uns wieder in unsere Verantwortung.

Ich sprach gerade von bestimmten Bedeutungen für das menschliche Leben. Damit meine ich, dass sich die Menschen über diese orientieren können sollten. Auf eine Bedeutung will ich besonders hinweisen, denn sie stellt die gesamte Verbindung zwischen den Menschen und der Pflanzenwelt dar. Es sind unsere geliebten Bäume, die mit all ihren Ästen und Blättern so deutlich die Verzweigungen der menschlichen Ahnenreihen zeigen, dass es erstaunlich ist, dass so viele Menschen die Zusammenhänge kaum erkannt haben.

Über die anderen Zusammenhänge wisst ihr bestens Bescheid, jeder auf seine eigene Aufgabe bezogen, so zu einem weiteren Beispiel, die Fee des Wassers hat die Bedeutung, den Fluss des Lebens zu symbolisieren und zu unterstützen. Es gibt viele andere Bedeutungen, über die ich schweigen kann, eben weil ihr sie kennt.

228

Pause! Die Fee schaut uns jetzt in die Augen und spricht zu uns:

Ihr Menschen, die ihr im Hintergrund steht und meinen Worten lauscht, glaubt ihr wirklich, dass ich euch übersehen könnte? Ihr gehört zu denen, die sich größtenteils ebenso in die Machenschaften einiger Menschen haben hineinziehen lassen und ihnen ausgewichen sind, ohne darüber nachzudenken, dass ihr eure Stellung hättet behalten sollen. Woher ich das weiß? Es ist in eurer Aura und den spirituellen, feinstofflichen Ausdehnungen oder, wie ihr sagt, Körpern zu sehen. Wie dunkle Mahnmale wirken sie auf uns Naturgeister.

Doch bevor ihr euch selbst als schuldig bekennt, möchte ich euch sagen, dass wir die Schuld daran tragen, eben weil wir unsere Aufgabe vernachlässigt haben.

Wir lieben euch über alles, egal, was ihr getan habt. Es hatte alles einen Sinn. Doch es ist jetzt an der Zeit, Schluss mit dem Versteckspielen zu machen und wieder in unsere Rollen und Aufgaben zu schlüpfen.

Da taucht die Frage auf: Wie kann ich zerstörend wirkenden Kräften entgegenwirken, ohne gleich in Angst und Schrecken zu verfallen, wenn sie größer und mächtiger zu sein scheinen als ich selbst? Nun, körperliche Kräfte reichen nur bedingt aus, doch wenn ihr so arbeitet wie wir, nämlich über die Gedankenwelt, die doch die wirkliche Verbindung darstellt, könnt ihr den Machenschaften entgegenwirken und mit ausgleichender Harmonie und vielen zusätzlichen liebevollen Gedanken diesem Treiben alsbald ein Ende bereiten.

Natürlich werden sich die Mächtigen, die der Welt und den Menschen Schaden zufügen, zuerst wehren. Doch welcher Macht sieht sich diese verhältnismäßig kleine Gruppe gegenüber, wenn wir uns alle wieder an unsere Plätze begeben und die Verbindung halten? Sie können sich nur für

kurze Zeit an ihre Macht klammern, und durch unser Wir-
ken werden sie schließlich erkennen, dass sie ihre Macht auch
zum Wohle für alle einsetzen können.

Auf diese Weise sollten wir es schaffen können, den Unter-
gang unseres wundervollen Planeten zu verhindern. Ich weiß,
dass es so sein wird, denn ich weiß, dass ich mich auf euch
alle verlassen kann.

So lasst uns alle aufstehen und gemeinsam ein Lied an-
stimmen und leise beginnend immer lauter und schließlich
mit Inbrunst in die Lüfte schmettern:

„Wem Gott will rechte Gunst erweisen, den schickt er in
die weite Welt, dem will er seine Wunder weisen in Berg und
Tal und Strom und Feld." (Der wundervolle Text stammt von Jo-
seph von Eichendorff {1788-1857}.)

Ich bitte jeden von euch, diesen Text so zu singen, wie es ihm
gefällt. Und ihr werdet euch vielleicht wundern, wenn ihr
bemerkt, wie sich eure Schwingungen in die Freude erheben,
wie ihr eure Seele dabei fühlen und auch ihre Freude spüren
könnt, die sich mit eurer zu verbinden sucht.

Dieses Lied wird sich eine Weile in eurem Kopf halten
und euch an meine Rede erinnern – und vielleicht hilft sie
euch dabei, euren Weg selbstbewusster zu gehen und eure
Aufgabe für den Weltfrieden anzunehmen. Die Zeit ist da,
euch zu erkennen zu geben.

Ich danke euch, dass ihr gekommen seid und meine Worte
in euer Herz aufgenommen habt. Nehmt die göttlichen
Wunder an, die euch geschenkt werden – auch an dem Ort,
der vielleicht erst wieder von euch aufgebaut werden möchte.

Ich sende euch Liebe und segne euren Weg. Geht bitte alle wie-
der an den Ort, der euch von Gott gewiesen wurde und dem
ihr einst als irdische Heimat zugestimmt habt. Es sei denn,
dass ihr euren Wohnort im Laufe des Lebens zu wechseln

hattet. Um das herauszubekommen, fragt eure Seelenfüh-
rung, die es euch sagen wird. Denn ein Wohnungswechsel,
beziehungsweise ein Ortswechsel, sogar in größerer Entfer-
nung vom ehemaligen Wohnort, ist für die Neue Zeit ebenso
ein Ort, den Gott euch gewiesen haben könnte, zumal damit
auch neue Aufgaben auf euch zukommen.

Ich sehe voller Vertrauen in die Zukunft.
In tiefer Verbundenheit

Liara, die Fee der Wälder dieser Welt

Mit dem Lied auf den Lippen seid ihr jetzt wieder hell-
wach und könnt, wenn ihr mögt, weiterlesen oder auch
noch ein Weilchen den soeben erlebten Kontakt halten.

Warum habe ich diese Meditation in das Kapitel einge-
fügt? Nun, um euch die Verbindungserfahrung zu den
Naturgeistern hautnah zu ermöglichen und euch vielleicht
auch eine kleine Erklärung dafür zu geben, warum sich so
viele Menschen dermaßen verirren konnten. Die Naturgeister übernehmen die Verantwortung für den Teil ihres
gebrochenen Vertrages, der sehr große Auswirkungen hatte, wie ihr selbst erfahren konntet. Und da sie ins feinstoffliche menschliche Körpersystem eingebunden sind,
hätten sie euch besser auf alles vorbereiten können, was
nun geschehen ist, und vielleicht eine schnellere Umwandlung bewirkt, wären sie geblieben. Denn sie sollten
im feinstofflichen menschlichen Körpersystem versuchen,
dort ebenso zu wirken wie in der Natur an den Orten, die
sie bewohnen sollten. Dass sie sich teilweise abgewandt
haben, hatte mit euren Gedanken zu tun, welche sie als
die Wesenheiten an eurer Seite ignoriert hatten.

Doch um ihre Aufgabe in euch wieder erfüllen zu können, müssen sie eure Erlaubnis von euch einholen. Zumindest diejenigen, die jetzt bei der Meditation mitgemacht haben, sollten schon einmal ihre Erlaubnis erteilen und dann sehen, welche Geschenke ihnen gemacht werden. Denn Naturgeister belohnen sehr direkt und sichtbar für den Menschen.

Und wenn ich schon schreibe, dass sie mit eurem feinstofflichen Körper verbunden sind, so möchte ich euch auch sagen, durch welches Chakra diese Verbindung gehalten wird. Es ist das elfte Chakra.

Dieses Kapitel ist sehr lang, das gebe ich zu, davon können auch die Untertitel kaum ablenken, doch hier ist sozusagen der Kern meines Buches, und alles, was ist, hängt nun einmal zusammen, egal, welcher Anschein erweckt werden sollte.

Und nun schreibe ich einiges über das elfte Chakra. Das tue ich innerhalb des Kapitels, denn ich halte es für sinnvoll, dass ihr zu diesem Wissen den gesamten Text dieses Kapitels lest und auch immer wieder hineinschaut, um alles zu vertiefen und in euer Bewusstseinssystem einzugliedern.

Chakra 11

Vielleicht ist euch aufgefallen, dass ich bei den letzten Chakren die Farbenergie unerwähnt gelassen habe. Das hat den Grund, dass sie alle Gold-Weiß aussenden und ebenso empfangen. „Verirrt" sich hin und wieder ein andersfarbiger Strahl in einem der Energiewirbel, so hat das mit der Lebensaufgabe des Einzelnen zu tun, bei dem diese Farbe auftaucht, was bedeutet, dass der Meister oder/und der Engel des betreffenden Farbstrahls in der Weise mit dem Menschen verbunden ist, dass dieser die Farbenergie zur Umsetzung bestimmter Fähigkeiten nutzen sollte.

Wer sich nun fragt, wie er denn diese Energie entdecken kann, dem sage ich, dass er immer wieder Hinweise erhält, die ihm sein mit einer bestimmten Farbe vorhandenes Potenzial zeigen. So kann man auch hierzu altes und neueres Wissen um die Farbenergie erlesen oder sich beraten lassen. Viele Menschen wissen selbst schon einmal um die Farben, die ihnen gut zu Gesicht stehen. Das ist ein deutliches Zeichen, was auf einen Teil der Lebensaufgabe hindeutet. Zu einfach? Warum glaubt ihr denn, dass ihr so aussieht, wie ihr ausseht? Auch das hat doch Gründe, ganz abgesehen von der Verfallsprogrammierung eurer physischen Körper. Doch lasst uns zuerst noch über die Farbenergie sprechen. Sie ist ebenfalls wichtig.

Vielleicht liebt ihr ganz bestimmte Farben und/oder bevorzugt sie, um euer näheres Umfeld mit ihnen auszustatten. Auch das ist ein deutliches Zeichen. Doch es gibt auch die Erfahrungsmöglichkeit, zum elften Chakra zu reisen und von dem dort hütenden Wesen Informationen zu erbitten. Ihr seid so gut ausgerüstet, dass ihr alle Möglichkeiten habt, an die euch betreffenden Informationen zu kommen.

Könnt ihr dann selbst in die höheren Chakren sehen und Farben erkennen, so setzt sie ein, wo immer ihr könnt, und verbindet euch bewusst mit den Wesenheiten, die den Farbstrahl hüten – was auch bedeutet, dass sie ihn mit höherem Wissen angefüllt einsetzen.

Der Zugang zu den Strahlen liegt ebenfalls in diesem Chakra. Und wer dieses Wissen nutzt, der kann sich selbst Wunder kreieren. Zum Beispiel kann hier geklärt werden, warum ihr über Mangelerscheinungen im Leben kaum hinauswachsen könnt, ganz abgesehen davon, dass dies selbstverständlich auch durch Glaubenssätze aus vergangenen Leben hervorgerufen worden ist. Wenn ihr verstanden habt, was euch wirklich an der Fülle hindert, und wenn ihr das dann abstellt, wird euch Fülle erreichen. Und das ist dann schon ein Wunder, das ihr selbst geschaffen habt.

Ich habe geschrieben, dass die höheren Chakren erst aufgesucht werden können, wenn eure Schatten im Kronenchakra aufgelöst sind. Doch es genügt die tiefe Absicht, diese zu beachten und anzuhören, damit sie umgewandelt werden können, um sich den Weg in die höheren Ebenen hinein freizumachen.

Also habt Mut, euch selbst zu begegnen, denn durch den Kontakt mit den höheren Chakren und den Wesenheiten, die in ihnen wirken, wird eure Absicht in die Tat umgesetzt, was bedeutet, dass die Schatten in Liebe umgewandelt werden. Der Weg, das geschehen zu lassen, geht allerdings auch in diesem Fall über die Erkenntnis der

Ursache für die Schattenentwicklung. Immer ist es mit Schuldgefühlen verbunden. Ihr könnt euch wahrscheinlich kaum vorstellen, wie sehr ihr diese an euch bindet.

Dass sich die Welt der Naturgeister in diesen Ebenen bewegt und ihr über dieses Chakra mit ihnen verbunden seid, könnte euch vielleicht verwirren. Denn viele Menschen, die sich dieses Chakras unbewusst sind, haben trotzdem Verbindung zu den Naturgeistern und arbeiten wundervoll im Einklang mit ihnen.

Wie kann das sein?

Nun, diese Menschen lieben die Natur und die Tiere, und so getrauen sich die Naturgeister in ihre Nähe. Sie werden mit dem Herzen gerufen und dürfen sich nähern, sich mit den Pflanzen und mit den Tieren verbinden, so wie sie sich ihre Aufgabe ausgesucht hatten.

Herzensrufe nach den geistigen Hilfen machen alle Chakren frei, und es kann ein Kommen und Gehen stattfinden, doch es muss schon angstfrei sein. Und auch die falsch verstandene Demut, die ihr aus religiösen Mustern beibehalten habt, wird euch hier kaum weiterhelfen, denn sie verleugnet euren göttlichen Anteil, macht euch klein und ist eine starke Zurückweisung eurer Herkunft und so auch eine für alle anderen göttlichen Wesen.

Bitte denkt immer daran.

Ergänzend möchte ich noch erwähnen, obwohl ich es schon häufiger erwähnt hatte, dass sich viele Menschen, unter anderem auch einige von euch, ihr lieben Schüler, dermaßen stark mit dem Muster des religiös verstandenen, demütigen Verhaltens der göttlichen Kraft gegenüber identifiziert haben, dass es den Betroffenen selbst kaum mehr auffällt und sie glauben, dass man Gott in dieser Weise begegnen muss. Es ist sogar möglich, dass sie ihren Eltern ebenfalls so gegenübertreten. Doch bei diesem Verhaltensmuster fehlt die reine Liebe, die durch eine unterwürfige Haltung verdrängt wird, was ja auch bedeutet, dass sich der Mensch seiner eigenen Größe verweigert. Und wie kann sich ein Mensch unter diesen Voraussetzungen selbst lieben oder gar in die Einheit zurückfinden?

Was bei diesem Verhaltensmuster statt der Liebe oft aktiviert wird, ist das Gefühl der Sehnsucht nach der reinen Liebe und dem Angenommenwerden durch die göttliche Kraft. Das Gefühl der Sehnsucht wird häufig mit dem der reinen Liebe verwechselt und festigt dadurch natürlich das Muster. Angst vor Bestrafung leitet diese Art der Demut, und eine unbewusste Bitte schwingt darin mit, die lautet, dass der Vater die „Sünden" des Kindes bitte übersehen möge. Spürt ihr, dass dabei das Vertrauen fehlt?

Die Menschen, die ein ausgeprägtes Verpflichtungsgefühl Menschen gegenüber haben, die sie der Obrigkeit zugehörig einordnen, ergeben sich ebenfalls dem Muster des von mir angesprochenen Demutsverhaltens. Wie bei jedem Verhaltensmuster, so gibt es auch bei diesem etliche Möglichkeiten, es zu leben und dadurch weitere Erfahrungen zu machen. Ich denke, jeder, der betroffen ist, wird sich jetzt selbst erkennen. Vielleicht steht ihr auf und nehmt eure Größe an, oder ihr lebt weiter so wie bisher.

Das Verhalten, das ihr einst aus dem demütigen, religiösen Anbeten erlernt habt, hat sich inzwischen bei sehr vielen Menschen in ihren Alltag eingeschlichen. Das heißt, dass ihr euch in der gleichen Weise in alltäglichen Situationen verhaltet. Das Muster wird deshalb dermaßen stark gelebt, damit die Menschen beginnen, es als störend zu empfinden, es schließlich erkennen und beginnen, sich dagegen aufzulehnen, und meine Erklärung hilft vielleicht zusätzlich, es aufzuweichen und euch selbst wiederzufinden.

236

Wie bei allen Mustern, die euch von eurer Größe abhalten, muss sich auch dieses meist zusätzlich durch körperliche Beschwerden bemerkbar machen.

Ich denke, über die Auswirkungen und die Bedeutung dieses belastenden Verhaltens habe ich in den letzten Absätzen genug gesagt, sodass ihr selbst nun das Muster besser beleuchten und euch auch selbst besser erkennen und selbstverantwortlich aus ihm heraustreten könnt.

Dieses Muster ist übrigens ein sehr weit verbreitetes. Die Kraft der religiösen Vereinigungen, die dahintersteht, scheint euch eine übergroße zu sein, die in der vergangenen Zeit geprägt und von Jahrhundert zu Jahrhundert stärker wurde, damit die Menschen sich selbst als kleine, unbedeutende Wesen empfinden konnten. Und wie ihr mittlerweile wisst, war das für die Erfahrungspalette von großem Vorteil, doch jetzt gehört das alles der Vergangenheit an.

Für die Auflösung dieses Musters und anderer lädt euch das elfte Chakra ein, es den Naturgeistern nachzumachen und euch ebenso selbstverständlich als das anzuerkennen, was ihr seid, und damit einhergehend die große göttliche Kraft in euch selbst wiederzuentdecken. So wie die Naturgeister ihre Aufgaben mit einer Selbstverständlichkeit erfüllen, könnt ihr das ebenfalls. Und je mehr ihr euch selbst anerkennt, je mehr Kraft werdet ihr entwickeln, die wiederum dabei hilft, den Planeten zu heilen.

Es geht doch letztendlich auch darum, den noch vorherrschenden dunkleren Kräften auf der Erde eine zumindest gleichstarke Kraft der Lichtseite entgegenzusetzen, damit Möglichkeiten geschaffen werden, Verhandlungen zur Aufgabe ihres einstigen Daseinszwecks führen zu können. Und all meine Hinweise auf eure göttliche Abstammung und Größe dienen dazu, dieser Kraft zur Verwirklichung zu verhelfen. Doch bedenkt bitte, dass ihr auch bereit seid, mit Achtung vor ihnen in die Verhandlungen zu gehen. Sie kommen auf euch zu, meine Lieben, vielleicht schon eher, als ihr es glauben mögt.

Das elfte Chakra, wie alle höheren, dehnt sich um euren physischen Körper bis 360 Grad aus, es umkreist euren physischen Körper und ermöglicht euch ebenfalls, eine Reise in die darunter liegenden Chakren zu machen, wie wir es schon bei der Meditation getan haben, doch es bringt euch zusätzlich mit denen an eurem Rücken zusammen, das heißt, das ist die eigentliche Aufgabe dieses Chakras.

Kurz möchte ich auch auf die rückwärtigen Chakren eingehen:

Vielleicht schaut ihr euch dazu noch einmal die Abbildung der Chakren auf Seite 155 an?

Über die mentalen rückwärtigen Chakren habe ich schon einiges gesagt, doch über die des Willenszentrums weniger.

Fangen wir beim untersten rückwärtigen, dem Steißbeinchakra an. Es steht in direkter Verbindung zum Sexualchakra, und ist in diesem eine Verletzung entstanden, so findet ihr sie auch im gegenüberliegenden Chakra, dem Steißbeinchakra.

Ihr glaubt vielleicht, wenn ihr auf das Steißbein fallt, es dadurch verletzt und dabei das entsprechende Chakra verformt, dass das nur ein Zufall ist. Doch der Sturz will euch aufmerksam machen – auf die Verletzung seines Partnerchakras. Und wie ihr wisst, ist hier der weibliche göttliche Aspekt zu Hause, der die Verletzung in euer Bewusstsein zu bringen versucht, damit sie ausgeheilt werden kann.

Dass das wiederum zuerst in der feinstofflichen Welt, also dem feinstofflichen Körper, zu geschehen hat, dürfte wohl inzwischen auch allen klar sein. Und dabei kann euch die Wesenheit, die das elfte Chakra hütet, behilflich sein.

Jetzt greife ich noch ein wenig tiefer in die Schatztruhe eures weisen Körpers. Warum gehört das Steißbeinchakra in das Willenszentrum, und warum gibt es das Willenszentrum überhaupt?

Im Steißbeinchakra liegen eure physischen Sitzmuskeln, die ihr unter anderem auch Po nennt, eingebettet, und der Po versinnbildlicht die Machtstrukturen in eurem Leben. Wer sich einen ausgeprägten Po „gebaut" hat, der sagt damit, dass er sein Leben nach seiner eigenen Vorstellung, nach seinem Willen, „im Griff" hat und dass er bereit ist, um diesen Status zu kämpfen. Es fällt ihm in der Regel schwer, diesen Status loszulassen, wieder getreu dem Leitsatz folgend: Vertrauen ist gut, Kontrolle ist besser.

Wer jedoch spirituell an sich arbeitet, der befindet sich auf dem Weg, diesen Status freiwillig abzugeben und sich mit dem Willen der göttlichen Kraft in sich zu verbinden. Vielleicht könnt ihr ja bei euch oder anderen Menschen beobachten, wie sich durch spirituelle Arbeit die Form des Pos verändert, wie er flacher wird. Das hat übrigens herzlich wenig mit „Abnehmen" zu tun, sondern ist lediglich ein Ausdruck eures Willenszentrums an dieser Stelle.

Der sehr flache Po deutet auf die Unterwürfigkeit hin, die ich schon erwähnte. Und durch spirituelle Arbeit wird hier ein Ausgleich geschaffen, der einen weder zu flachen noch zu stark ausgeprägten Po wachsen lässt.

Spirituelle Arbeit bedeutet, dass ihr eure Zellen fortwährend umprogrammiert und dabei die Bewusstseinserweiterung voranbringt, und vielleicht erkennt ihr sogar, wie zumindest in dem angesprochenen Fall Programmierungen wirken. Also könnt ihr davon ausgehen, dass die Bereitschaft und der Herzenswunsch, sich mit der göttlichen

Kraft zu verbinden, ebenfalls Programmierung in Gang setzt. Bisher war euch das, wie bei den meisten Programmierungen, noch unbewusst.

Ist das Steißbeinchakra verletzt, so wird sich das mit der Zeit auf die ganze Wirbelsäule und den Fortbewegungsapparat, wie Hüften und Beine, auswirken. Dazu solltet ihr wissen, dass jede Krankheit in diesem Bereich an der Basis der Wirbelsäule, nämlich dem Steißbein, seinen Anfang nimmt.

Nun kommen wir zu dem dem Solarplexus gegenüberliegenden Chakra. Ich nenne es der Einfachheit halber: Willenschakra der Mitte.

Seine Hauptaufgabe liegt darin, euch – bildlich gesprochen – das Rückgrat zu brechen. Na, wer von euch kennt den „Hexenschuss" oder den Ischias-Vorfall?

Menschen mit einem ausgeprägten Po werden weit häufiger unter dieser Disharmonie oder, wie ihr sagt, Krankheit leiden als diejenigen, die an dieser Stelle eine weniger ausgeprägte Form zeigen. Könnt ihr einen Zusammenhang erkennen?

Das Steißbeinchakra und auch die anderen Willenschakren wollen dem göttlichen Willen der Einheit dienen. Und jedes Zuwiderhandeln des Menschen, indem er seinem eigenen mehr als dem göttlichen Aufmerksamkeit und Bedeutung schenkt, zieht disharmonische Zustände des physischen Körpers nach sich, einfach um aufmerksam zu machen.

Im Solarplexus sind ganz tief an der Verbindungsstelle zum Willenschakra der Mitte eure unterdrückten Ängste verborgen, auf die das rückwärtige Chakra aufmerksam zu machen hat. Die Verbindungsstelle liegt übrigens, wie ihr auf der Abbildung sehen könnt, am energetischen Kanal, der die Wirbelsäule entlang nach oben aufsteigt und wieder bis zum Wurzelchakra hinunterfließt und somit die Verbindungen zu allen Chakren herstellt, wenn der Mensch das wünscht.

Da der Solarplexus auch wieder mit dem Sexualchakra verbunden ist, in dem die göttliche Mutter zu Hause ist und ebenso das Unterbewusstsein, muss hier ein Zusammenhang erkannt werden. Denn die dort seit langem ruhenden verdrängten Ängste werden in den Solarplexus geleitet, wenn sie zur alsbaldigen Auflösung bereitstehen. Haben sich dort wiederum viele Ängste angesammelt, und ihr seid nach wie vor weniger aufmerksam eurem Magen gegenüber, so muss sich der Rücken schmerzvoll bemerkbar machen. Es kann sein, dass kurz vor dem Schmerz ein aggressiver Ausbruch durch Worte und Handlungen erfolgt, doch auch aggressive Gedanken tun die gleiche Arbeit. Beide Verhaltensweisen setzen den Schmerz sozusagen in Gang. Denn die Aggression löst den aufgebauten Druck an dieser Stelle und räumt den Zellen im Willenschakra der Mitte den Weg frei, euren Körper zu einer unbedachten Bewegung zu veranlassen, die dann die erwähnten Schmerzen zur Folge hat.

Was das mit eurem menschlichen Willen zu tun hat?

Die Frage scheint berechtigt zu sein, scheint es doch immer noch so, als ob ihr selbst herzlich wenig dazu tun könnt, euch gesund zu erhalten. Euch fehlt meist noch das wissende Gefühl dafür, dass ihr selbst an dieser Programmierung beteiligt wart. Und es euch „nur" zu sagen, hilft wenig dabei, euch wieder die wissende Sicherheit zu vermitteln. Doch nehmt einstweilen vielleicht erst einmal an, dass es sich so verhält, wie ich es euch sage.

Ihr drückt über dieses Chakra euren eigenen Willen aus, wenn ihr an dieser Stelle Schmerzen habt. Und manch ein

Mensch ist ausgesprochen hart zu sich, indem er den Schmerz möglichst heftig empfinden möchte. Ihr tut das, weil ihr im Grunde dem inneren Kampf der Verdrängung ein Ende bereiten wollt. Und das ist auch der Wille des männlichen göttlichen Aspektes. Ein harmonisches Miteinander der beiden Willensstrukturen ist von euch ebenso gewünscht wie vom göttlichen Vater.

Doch es gibt noch eine weitere geistige Diagnose zu diesem Chakra. Die Lendenwirbelsäule, beginnend bei diesem Chakra, steht auch für die Sicherheit im Leben, und dazu gehört, sich auch in materieller Weise abgesichert zu fühlen. Das ist natürlich nur ein Punkt, der Sicherheit ausdrücken kann, doch es scheint im Moment derjenige zu sein, der die meisten Lichtarbeiter betrifft, deshalb erwähne ich ihn.

Wem also das Vertrauen in die göttliche Kraft und Sicherheit vermittelnde Liebe fehlt, der kann ebenfalls durch dieses Chakra auf seine ungläubige, wenig vertrauende Verhaltensweise hingewiesen werden. Das Thema Geld und überhaupt materielle Sicherheit liegt in diesem Chakra verborgen, und in diesem Fall drängt es ganz besonders die Ängste nach vorne in den Solarplexus, was häufig zu extremen Magenproblemen führt. Es kann, je stärker sich die Disharmonie in diesem Bereich als Schmerz zeigt, auch die angrenzenden Organe, wie Milz, Leber, Galle, Bauchspeicheldrüse, Zwölffingerdarm usw. in die Schmerzen mit einbeziehen.

Die Wesenheit, die im elften Chakra ihr Domizil aufgeschlagen hat und euren Körper in diesem Bereich hütet, immer zu eurem höchsten Wohl übrigens, wie krank ihr euch auch fühlt, weiß sehr genau, warum euch Geld, Sicherheit und Vertrauen fehlt. Schließlich ist sie ja sehr nahe an den Ängsten und kann sie deutlich erkennen, außerdem kennt auch sie euren Lebensplan.

Jetzt müsste dazu allerdings auch von euch gewusst werden, ob der Lebensplan ein Mangelgefühl als Erfahrung vorgibt. Doch das kann mit der Wesenheit des elften Chakras geklärt, die weitere Vorgehensweise zur Auflösung besprochen und dann sehr schnell aufgelöst werden.

Wie immer sind Meditationen dazu sehr sinnvoll, denn es geht darum, den Kontakt herzustellen und selbst zu erkennen, was euch erzählt wurde beziehungsweise wird.

Abschließend zum Willenschakra der Mitte können wir also sagen, dass in diesem Chakra göttlicher und menschlicher Wille in dem Moment zusammenarbeiten, in dem der Schmerz erfolgt. Bevor es dazu kommt, hat das Chakra die Aufgabe, die verdrängten Emotionen ruhig zu halten, bis der göttliche Wille hinzukommt und beide gemeinsam handeln können.

Im rückwärtigen Herzchakra liegen eure Lungenflügel eingebettet und werden sehr gut behütet. Denn an dieser Stelle, die im unteren Bereich der Lungenflügel liegt, würden euch in anderen Dimensionen Flügel wachsen können, wenn ihr dies so haben wolltet. Das Wort *Lungenflügel* deutet ja bereits darauf hin. Das ist nun bildlich gesprochen, doch im Feinstofflichen bedeutet das, dass ihr im wahrsten Sinne des Wortes fliegen könntet, würdet ihr euch der Heilung des vorderen und hinteren Herzchakras ergeben. Ist das Herz verschlossen, ist es zwangsläufig auch das hintere Chakra. Und das Fliegen, vor dem übrigens sehr viele Menschen Angst haben, fällt aus. Das hört sich wie ein Märchen an? Nun, auch Märchen können wahr werden. Doch mal ernsthaft betrachtet, bedeutet das einzig und allein, dass ihr so frei sein könntet wie die Vögel, wenn sie sich in die Lüfte schwingen. Euren Gedanken erlaubt ihr das schon sehr lange, und was die Gedanken können, das könnt ihr eines Tages auch wieder. Ich erinnere hier noch einmal an den Lichtkörper. Je mehr Licht in euch fließt, desto leichter könnt ihr euch fortbewegen, bis ihr schließlich das Gefühl habt zu schweben.

Das Chakra des Willenszentrums, welches das Gegenüber des Halschakras ist, möchte in jeder Weise den göttlichen Willen ausdrücken. Stellt ihr auch hier wieder den menschlichen Willen in den Vordergrund, so zeigen sich auch hier Krankheiten. Denkt an die Menschen, die ihren Rücken beugen, die sich mit Schuldgefühlen plagen, die wiederum helfen, den Rücken zu beugen. Auch für diese Körperhaltung und Verkrümmung der Wirbelsäule hat die Ärzteschaft Krankheitsschubladen gebaut. Nun, immerhin können die Ärzte und die Pharmaindustrie kurzfristige Linderung der Schmerzen bewirken. Und auch die Menschen, die durch Massagen und anderen streichelnden, doch manchmal auch ruckartigen Einrenkungen an den Kranken arbeiten, helfen erst einmal, Schmerzen zu lindern.

Doch der Schmerz kommt wieder, und das sagt doch, dass dieser Mensch wohl kaum als geheilt gelten kann. Auch wenn es einigen von euch vielleicht lästig fällt, sich mit vergangenen Leben auseinanderzusetzen, und ihr vielleicht glaubt, das übergehen zu können, erst ein Blick in die feinstofflichen Ursachen und die bewusste Rücknahme der einst gefassten Entschlüsse, die dann zu den belastenden Verhaltensweisen geführt haben, heilt dauerhaft.

Die feinstofflichen Ursachen sind die unbewussten, gespeicherten Erfahrungen aus anderen Inkarnationen mit ihren damals gefassten Entschlüssen und dementsprechend gelebten Glaubenssätzen, die euch auch, und zwar am härtesten, in eurem jetzigen Leben zu schaffen machen. Grund dafür ist, dass ihr den dadurch entstandenen Verkrampfungen in eurem jetzigen Leben zur Loslösung verhelfen wolltet, und zwar dauerhaft. Für dieses Vorhaben habt ihr so lange gewartet, bis euch die Neue Zeit mit ihren erhöhten Schwingungen dabei hilft und die harte Zeit der Vergangenheit auch Vergangenheit mit einem Schlussstrich wird. Die Erfahrungen aus dieser Zeit bleiben zwar im kosmischen Archiv abrufbar für jeden, der sie noch einmal sehen möchte, sind jedoch nach der Auflösung von euch abgetrennt und ermöglichen euch, die Leichtigkeit des Seins zu erfahren.

Wer nun glaubt, ein einmaliges Erlebnis mit der Rückschau beende alles, dem sei gesagt, dass es durchaus möglich ist, dass auf mehreren Ebenen eurer Vergangenheit aufgeräumt werden muss. Stellt euch eine Zwiebel vor, die im Kern zu faulen beginnt und sich bis in die oberste Schicht hinaufgearbeitet hat. Schneidet man den Kern weg, so kann der Rest, je nachdem wie stark er in Mitleidenschaft gezogen ist, noch verzehrt oder entsorgt werden. Vielleicht versteht ihr anhand dieses Beispiels meine Ausführungen ein wenig besser.

Viele Menschen können kaum verstehen, warum sie so viele Schwierigkeiten in ihrem jetzigen Leben zu meistern haben. Und alle auf einmal, wie es manchmal scheint. Durch das, was in den letzten Jahren in Bewegung gebracht wurde und wofür ihr euch noch einmal inkarniert habt, nämlich einen paradiesischen Zustand auf der Erde zu ermöglichen oder, anders gesagt, dort endlich den Frieden zu etablieren, wolltet ihr alle euch und andere behindernden Glaubenssätze und Verhaltensweisen ins Bewusstsein aufnehmen, um sie dann bewusst zu verändern. Das ist ein gigantisches Vorhaben, doch ihr wolltet genau das alles auf einmal abwickeln!

Trotzdem habt ihr sicher schon erkannt, dass dieses Vorhaben auf der Erde eher dem menschlichen Willen zuzuordnen ist, und man könnte fast glauben, dass auch in den höheren Ebenen, wo ihr ja diesen Entschluss gefasst habt, der menschliche Wille den göttlichen verdrängt hat.

Doch das scheint nur so. Denn auf diesen Ebenen beschließt ihr gemeinsam, was ausprobiert werden soll. Und manchmal bedeutet das, dass ihr auch das *mit dem Kopf durch die Wand gehen* erfahren wollt und gemeinsam mit dem göttlichen Willen geplant habt, um zu erkennen, dass dies zu vielen Blessuren am Kopf führt. Und wieder ist die Lösung das bewusste Vereinen der beiden Willensstrukturen.

Durch das rückwärtige Halschakra empfangt ihr das, was der göttliche Wille durch dieses ausdrücken will, und ist das Halschakra rein und sendet auch die reine blaue Farbe aus, so drückt sich der göttliche Wille wirklich aus.

Da wir gerade von der Farbe des Halschakras sprechen, möchte ich erwähnen, dass alle rückwärtigen Chakren einen gräulichen, verschwommenen Farbton aussenden, solange in ihnen noch Klärung ansteht. Dann wird irgendwann die klare Farbe des gegenüberliegenden Chakras angenommen, wenn, wie gesagt, alles bereinigt ist.

Der göttliche Wille wird immer nur Freundlichkeit und liebevolle Worte ausdrücken. In diesem gesunden Stadium zeigt sich, dass sich sein Wunsch, sich mit der göttlichen Mutter zu vereinen – im menschlichen Körper –, erfüllt hat. Und das Verschmelzen der beiden Gottheiten hat die wirkliche Harmonie des physischen Körpers zur Folge.

Tiefe Liebe und Frieden komme über euch, geliebte göttliche Geschwister!

Nun kommen wir zum letzten Chakra des Willenszentrums. Schaut ihr jetzt noch einmal die Abbildung an, so erkennt ihr, dass dieses Chakra sowohl zum Willenszentrum wie auch zum mentalen Zentrum gehört.

Die vordere Verbindung ist das Dritte Auge.

Und schaut ihr jetzt noch einmal auf die Abbildung des Kopfes, die den Verlauf der Lichtbahn im Kopf anzeigt, so zeigt sich, dass sich das Chakra unmittelbar an der Lichtaufnahmestelle befindet.

Dieses Chakra lässt göttlichen und menschlichen Willen in der Weise zusammenarbeiten, dass sich der Mensch überhaupt bewusst werden kann. Denn die Gehirnzellen sind auf die Aufnahme beider Willensstrukturen angewiesen, wenn die göttliche Bewusstheit erwirkt werden will.

Eine Disharmonie an dieser Stelle wird euch der physische Körper durch einen steifen Nacken zeigen. Die Nackenwirbel können gekrümmt sein oder einfach nur unbeugsam erscheinen.

Angst sitzt euch im Nacken. Und Angst, wie ihr ja nun schon oft genug gehört habt, verdrängt den göttlichen Willen und lässt spirituelle Bewusstheit nur bedingt wachsen.

Die Menschen, die sich „verbohrt" an ihren Ansichten festhalten, werden sich mit der körperlichen Situation konfrontiert sehen. An dieser Stelle kann auch die Migräne beginnen, die sich von dort ausgehend gern in den Schläfenbereich ausdehnt. Doch auch der Magen wird dabei in Mitleidenschaft gezogen. Und wie ich schon sagte, bedeutet Migräne, dass das Sexualchakra eurer Aufmerksamkeit bedarf.

Wie könnt ihr das Verhalten des Verdrängens des göttlichen Willens umwandeln?

Indem ihr euch das Gesagte bewusst macht und in euren steifen, oft verbohrten Gedankenmustern eine Öffnung bewirkt. Durch diese kann dann Licht eingeatmet und eine weichere Haltung bewirkt werden. Eine Entspannung, könnte man auch sagen. Doch sie wird sich sofort wieder verkrampfen, wenn ihr weiterhin glaubt, dass nur eure Sichtweise Gültigkeit hat – egal, ob sie aus euren Erfahrungen heraus immer wieder in der gleichen Weise beantwortet wurde oder ob ihr sie einfach nur angenommen habt, weil andere es so sehen.

Ein Umdenken ist immer notwendig, wenn ihr in diesem Bereich schmerzfrei sein wollt.

Im Übrigen bekommen viele Frauen ihre Migräne, wenn sie ihre Periode haben. In alten Zeiten, als die Frauen die göttliche Mutter noch anerkannt haben und ihr sehr bewusst gedient haben, wurde der Zyklus der Frau oft mit heiligen Ritualen begangen. Es war ein Fest der Freude, und diese Frauen kannten weder Migräne noch Verkrampfungen im Unterleib.

Das hat sich in der dunklen Zeit, in der die göttliche Mutter mehr und mehr weichen musste, verändert.

Geht ihr mit der Wesenheit des elften Chakras zur göttlichen Mutter, falls sich diese Art von Beschwerden bei euch zeigen, so kann von hier aus eine Heilung erfolgen. Mögt ihr das mit einer Zeremonie tun, umso besser für euch, liebe Frauen.

Ich denke, ihr habt jetzt erst einmal genug über das elfte Chakra und die rückwärtigen Chakren gelesen – oder haben es manche sogar innerlich gehört?

Doch da wir gerade in diesem Bereich sind, möchte ich euch noch auf etwas aufmerksam machen.

An beiden Seiten der oberen Armkugeln befinden sich Chakren, die sogar von Hellsehern kaum erkannt werden. Diese sind gerade in der heutigen Zeit meist verschlossen. Das zeigt, dass der Mensch sich zurückgezogen hat und tiefen Depressionen nachgibt. Die Schultern, die natürlich auch über Chakren mit Lebensenergie versorgt werden, versinnbildlichen eine partnerschaftliche Verbindung, die auch die geistige Partnerschaft mit Geistwesen meint, doch in erster Linie die zu sich selbst.

Wer Verspannungen in den Schultern hat, der versperrt diesem Bereich die Liebe und das Licht. Meist arbeitet er unwillig, was bedeutet, dass er seinen eigenen Willen dazu missbraucht, die ungeliebte Aufgabe, die auch die Verbindung mit anderen sein kann, zu erledigen. Auch dabei fehlen, wie ihr euch sicher denken könnt, das Vertrauen und ebenso die Kraft, das loszulassen, was ihn belastet. Das bedeutet weniger, die Arbeit zu verweigern, als dass er sich bewusst machen sollte, diese selbstverantwortlich angenommen zu haben. Welche Umstände ihn auch immer zu dieser Aufgabe gebracht haben, er hat sie sich selbst ausgesucht. Was er sich damit zeigen wollte, kann er sich ebenfalls wieder bewusst machen. Und eines sollet ihr euch auch immer sagen, nämlich dass der göttliche Aspekt die Aufgaben immer so verteilt, wie der Mensch sie bewältigen kann. Wobei ihr euch selbst ebenfalls bei der Aufgabenverteilung als Verteiler und Annehmenden sehen solltet.

Geöffnete Chakren an den Armkugeln bewirken eine dauerhafte Entspannung im Schulterbereich, die der reinen Lebensfreude ermöglicht, den ganzen Körper zu aktivieren. Doch da sie ja erst durch die Verkrampfungen im Schulterbereich geschlossen worden sind, scheint die Reihenfolge der Heilung ein wenig verschoben zu sein. Ihr könnt auch zuerst die Verspannungen im Schulterbereich lösen, doch dass dann auch gleichzeitig die in den Armkugeln beseitigt sind, ist ein Trugschluss. Noch einmal, die Armkugelchakren sind die, welche in unmittelbarer Verbindung zum Solarplexus stehen, der die Lebensfreude verwaltet. Und so tun es die beiden Chakren an den Arm-kugeln auch. Daher ist es ratsam, dort mit der Heilung zu beginnen, denn sie wird sich bis in den ganzen Körper ausdehnen. Wer an dieser Stelle verschlossen ist, wird im-mer wieder mit Depressionen zu kämpfen haben, denn die Last auf den Schultern wird immer so stark sein, dass Verspannung an dieser Stelle eintritt. Die Partnerschaft, in welcher Richtung auch immer, wird abgelehnt, das ist die Ursache für die Verspannungen in diesem Bereich, die euch das Empfangen der Lebensfreude, wenn überhaupt, nur kurzfristig ermöglicht.

Ich möchte allerdings noch eine kleine Warnung ausspre-chen, denn jetzt habe ich euch einiges erzählt, was ihr erst einmal verdauen solltet. Doch manch einer von euch wird durch die vielen Hinweise, wie ich gerade sehe, mit seinem Forschungsdrang konfrontiert. Bevor ihr jedoch als aufge-klärte Forscher diesbezüglich andere Menschen und auch die Welt der Natur und der Tiere erforscht, ist es notwen-dig, dass ihr erst einmal versteht, wie der Mensch, begin-nend aus den göttlichen Ebenen heraus, aufgebaut ist, und zwar aus seiner und der göttlichen Weisheit heraus.

Davon ausgehend könnt ihr dieses Wissen dann auf al-les andere, was euch umgibt und bedingt auch auf das, was sich in anderen Universen zeigt, anwenden. Seht, lie-be Freunde, auch das ist zum Verständnis dessen, was Channeln bedeutet, wichtig zu wissen. Denn ich sagte ja bereits, dass die Zeit der Zusammenkünfte vieler Wesen-heiten aus vielen Ecken der diversen Universen gekom-men ist. Und da euch diese Wesen ganzheitlich erkennen, so ist es doch durchaus ratsam, euch den gleichen oder zu-mindest einen annähernd gleichen Status zu ermöglichen.

Und da die Chakrenweisheit unbedingt zu diesem Wissen dazugehört, habe ich sie euch nun zum größten

Teil weitergegeben oder, besser gesagt, wieder ins Bewusstsein gerufen.

Das, was ich bis jetzt erzählt habe, erklärt jedoch nur das, was mit der feinstofflichen Anlage *ausgeführt* werden kann und einige Zusammenhänge, die euch ein großes Feld zum Nachdenken überlassen.

Lasst uns zum weiteren Verständnis jetzt zum nächsten Kapitel übergehen, in dem wir ausführlich über das Zusammenwirken der feinstofflichen Körper sprechen und dabei auch das Zellbewusstsein näher beleuchten. In diesem Kapitel wird auch über die folgenden Chakren berichtet.

Ich danke euch für eure Aufmerksamkeit.

Friede sei in euren Herzen. Ich liebe euch.

Vywamus

Das Zusammenwirken
aller feinstofflichen Körper

Liebe Freunde, dieses Kapitel hätte auch *Einssein mit der göttlichen Kraft* heißen können, und die von mir gewählte Überschrift weist ja schon auf die Einheit allen Seins hin.

Was ich euch in den bisherigen Kapiteln mitgeteilt habe, war sozusagen nur die Spitze des Berges namens *Einssein*.

Jetzt schauen wir uns die einzelnen Strukturen dieses Berges an. Sie sind alle miteinander verbunden. Doch das wisst ihr jetzt wahrscheinlich alle wieder. Das Spüren erfolgt bei einigen von euch erst ein wenig später, womit ich auch sage, dass die meisten es bereits jetzt spüren oder zumindest begonnen haben, es zu spüren.

In den vorigen Kapiteln habe ich euch auf das jetzige und die nachfolgenden vorbereitet. Das hat, wie das meist bei meinen Büchern der Fall ist, wieder einmal das Muster *Ungeduld* berührt und an die Oberfläche befördert! Und manch einer hat sich kaum noch auf die vielen Weisheiten des bereits erwähnten feinstofflichen Gefüges konzentrieren können, immer in Erwartung der sogenannten *Aufklärungen*.

Versteht doch bitte endlich, dass euch vieles entgeht, wenn ihr euch ungeduldig immer nur auf das, was ich euch ankündige, konzentriert.

Euch ist sicherlich inzwischen klar, dass ich genau diese Struktur sichtbar machen möchte, aus vielerlei Gründen, doch einer ist ganz sicher der, dass dadurch Auflösung erfolgen kann. Der zweite Grund, euch immer wieder mit diesem Muster zu konfrontieren, ist der, dass ihr durch diese Konfrontation irgendwann erkennt, dass ihr euch durch fehlende Geduld dem Vertrauen in die göttlich wissenden Verbindungen und Taten entzieht.

Und dass ihr mich dabei nur wenig empfangt, liegt auf der Hand.

Doch ich lege den größten Wert darauf, euch das Gefühl der Verbindung zu vermitteln. Trotz meines Wunsches habt ihr wie immer das letzte Wort und könnt natürlich selbst entscheiden, was ihr wollt. Entscheidet ihr euch auch weiterhin für die Ungeduld, macht euch bitte bewusst, dass sie dem Text nur wenig von der ihm gebührenden Achtung entgegenbringt, und wo bitte, kann dadurch Liebe fließen?

Protestieren hilft jetzt auch nur wenig, außer dass ihr Dampf ablasst. Nun, ich höre euch überdeutlich und kann auch sehen, wie ihr euer System in Bewegung haltet, und so empfange ich auch den Dampf.

Noch einmal: Bitte, lest mit Freude und empfangt mit Freude die Geschenke, die ich euch mache.

Sie kommen tief aus meinem Herzen.

Wartet bitte wieder einen kleinen Moment, in dem ihr mich spüren solltet, und dann lasst uns mit dem weiterführenden Unterricht beginnen.

Ein ganzheitliches menschliches Körpersystem besteht aus unendlich vielen Verbindungen. Sie sind wie ein äußerst kompliziertes Strickmuster für ein riesiges Kleidungsstück ausgedacht und schließlich in der Weise manifestiert, dass immer noch die Möglichkeit besteht, das Kleidungsstück zu vergrößern, denn auch die Möglichkeit des Wachsens des Körpers, dem dieses Kleidungsstück gehört, ist in das

Muster eingearbeitet. Äußerst geschickt habt ihr euer Kostüm bearbeitet. Selbst an die meisten Möglichkeiten, die ein Wachstum mit sich bringt, habt ihr gedacht. Versteckte Nähte sind eingestrickt, die jetzt allerdings wieder herausgelassen werden müssen, weil eure Körpersysteme sich bereits sehr weit ausgedehnt haben.

Jede Masche dieses Strickkleidungsstückes können wir einer Körperzelle zuordnen. Euer ganzheitliches Körpersystem ist mit Zellkernen der göttlichen Bewusstheit aufgebaut worden. Ebenso wie ihr ein Haus mit Steinen aufbaut, haben wir ein solches Vorgehen für die Körperlichkeit genutzt. Und könntet ihr die göttlichen Strahlen sehen, so würden sie euch auch in diesen Bewusstseinszellen begegnen. Denn alles ist mit diesen Bausteinen manifestiert worden. So besteht auch die Quelle aus ihnen, und sie gebiert ständig neue Bewusstseinszellen, die sie verteilt. Die Quelle ist ein ewig sprudelnder Quell des Lebens.

Die menschliche Wissenschaft ist inzwischen so weit vorangekommen, dass sie die Körperzellen, die den physischen Körper aufgebaut haben, dem menschlichen Auge sichtbar machen kann. Doch, wie ich schon sagte, gibt es weit mehr Zellen, die nur in der Feinstofflichkeit gesehen werden können.

Ich möchte kurz erklären, wie eine menschliche Zelle – mit feinstofflicher Bedeutung – aufgebaut ist.

Der Zellkern, der das göttliche Bewusstsein ist, hat eine runde Form, die auf die Unendlichkeit hindeutet. Dieser Punkt zeigt sich in einem unbewussten Körper dunkel, der von einer Lichthülle umgeben ist, die in einer sechseckigen Form ausläuft. Die Lichthülle gewährleistet, wenn sie sich dem Licht durch das Erwachen des Menschen öffnet, dass der Zellkern ebenfalls heller wird, bis er nur noch Licht ausstrahlt und damit die Verbindung vollzogen hat.

Eine physische Körperzelle umfasst vier göttliche Kernzellen, die wiederum in einer Art Schutzhülle liegen, deren Form wieder rund ist und an die Unendlichkeit erinnert. Die Schutzhülle mündet in die Blutbahn und die von ihr berührten Organe und Knochen. Blut ist der lebenspendende Saft in eurem Körper, der alles durchdringt, außer den Knochen. In ihnen lebt das Knochenmark, das jedoch kaum noch zu sehen ist, je kleiner der Knochen ist. Die Zellen des Knochenmarks sind ebenso aufgebaut, wie die des Blutes, jedoch ohne seinen „Farbstoff". Da jedoch alles in ständiger Bewegung ist, so kann es durchaus einmal so scheinen, als ob die kreisrunde Form die eines Ovals annimmt.

Die Zellen in den feinstofflichen Körpern sind ebenso aufgebaut. Doch sie sind ebenso wie die feinstofflichen Körper nur mit hellsichtigen Fähigkeiten wahrzunehmen. Und auch diese können nur bis zu einer bestimmten, dem Menschen noch zugänglichen Ebene gesehen werden.

Im Zuge des Vergessens haben sich die meisten Menschen natürlich auch von diesen Körpern getrennt. Sie selbst haben sie ihren Blicken entzogen, denn sie wollten sich für eine lange Zeit nur mit dem Physischen befassen, was die meisten Menschen ja auch getan haben und viele heute noch tun.

Die Menschen, die euch auch auf die feinstoffliche, und damit auf eine andere Welt als die des Irdischen, aufmerksam machen wollten, wurden immer wieder geboren, um diese Aufgabe zu erfüllen. Sie haben die höchsten Ämter der irdischen Welt bekleidet und die damit verbundenen Aufgaben ausgeführt, und sie haben die niedrigsten Rollen in der Menschheitsgeschichte gespielt. Auch in alle, die dazwischenliegen, haben sie ihre Nasen gesteckt, was bedeutet, dass sie auch diese Rollen spielen mussten, um zu verstehen, was sie alles zur Erfahrung dessen, was sie selbst entwickelt hatten, bewirkt haben. Ihr selbst habt diese Elitetruppe ausgewählt, und die Wesen, die auserwählt worden sind, waren einverstanden.

Und bei allen Rollen haben sie die Erinnerung daran, dass eine große Macht über sie wacht, wachgehalten, und die meisten von ihnen haben mit anderen Menschen darüber geredet und dadurch in diesen eine Art von Erinnerung wachgerufen oder sie in dem Gefühl, dieser großen Macht vertrauen zu können, bestärkt.

Was auch sie allerdings für den Erfahrungsweg verbergen mussten, war das Wissen darum, dass sie selbst gestalterisch an ihm mitgewirkt hatten. Sie haben für die lange Zeit ihrer vielen verschiedenen Leben einfach die Verantwortung in die höchsten Hände gelegt, nämlich in die göttlichen, in dem unerschütterlichen Vertrauen, dass schon alles seinen rechten Gang geht. Und wurde ihnen der Weg dann doch einmal zu schwer, haben auch sie nach göttlicher Hilfe gerufen und sie auch bekommen.

Immer wieder haben Wissenschaftler Religionslehren nach dem Ursprung des Lebens erforscht und versucht, dem Phänomen Gott auf die Spur zu kommen. Dass das, wenn überhaupt, nur über den Weg des Glaubens geschehen kann, wurde bis heute als „falsche Vorstellung" abgelehnt. Glaube ist weder eine wissenschaftlich zu beweisende Struktur, noch scheint sie als Wahrheit anzuerkennen zu sein. Und hier wird der Glaube zu einem „Nichtglauben", der ja ebenfalls ein Glaube ist.

Was der Mensch glaubt, das wird für ihn auch irgendwann Realität, wenn er unerschütterlich an seinem Glauben festhält.

Was sich jedoch bei diesen Forschungen ergeben hat, war, dass dadurch dass unter den Forschern auch Priester waren, die ihre hellsichtige Kraft eingesetzt haben, dabei ein Teil der Feinstofflichkeit erkannt wurde. Und das sind die Chakren, deren Anwendungsmöglichkeiten sie ebenfalls entdeckten. Das ist ja immerhin auch schon etwas, denn diese versorgen die ganzheitlichen Körper ja fortwährend mit der göttlichen Kraft, die ich Lebensenergie nennen möchte.

Später wurden dann auch die sieben feinstofflichen Körper, die sich in einer mehr oder weniger ovalen Form um den physischen Körper legen, wahrgenommen, und ihre Bedeutung wurde von der geistigen Welt in der Weise beschrieben, wie ich sie hier zusammenfassend wiedergebe:

Die erste, dem physischen Körper am nächsten liegende Schicht ist die des ätherischen Körpers, die mit dem Basischakra verbunden ist und dieses aus der Energiefülle der göttlichen Kraft um euch herum nährt. Er wird als Lichtkörper wahrgenommen. Und mit diesem beginnt das Sehen der Aura.

Die zweite Schicht beherbergt den Emotionalkörper, der mit dem Sakralchakra verbunden ist und ihn nährt.

Die dritte Schicht ist der Mentalkörper, der mit dem Solarplexus verbunden ist und ihn nährt.

Das sind die drei feinstofflichen Körper, die sich in der irdischen Ebene befinden, jedoch bei sich selbst und bei anderen nur für Hellsichtige zu sehen sind. Die weniger hellsichtigen Menschen können jedoch oft bei anderen Menschen in sie hineinfühlen, was ihnen dann manchmal ein Kribbeln am Körper beschert, was eine Ahnung von Nähe zu einem anderen Wesen aufzeigt.

Nun kommen wir in den Bereich des spirituellen Körpers, der mit der astralen Ebene beginnt.

In einigen Büchern wird die vierte Auraschicht als die letzte, die spirituelle Schicht beschrieben. Das war für eine länger zurückliegende Zeit richtig, denn auch das feinstoffliche Sehen ist mit der Zeit erweitert worden und so haben hellsichtige Menschen die Unterteilungen der spirituellen Schicht erkennen können, die ich jetzt hier auch erwähne.

Die spirituelle Schicht unterteilt sich in vier Schichten: Wir können die Schichten auch als Ebenen bezeichnen, was vielleicht besser verdeutlicht, dass es sich um lebendige Hüllen handelt, die euren physischen Körper umgeben und ihm zum Leben verhelfen. Lebendig deshalb, weil in ihnen die Weisheit ebenso enthalten ist wie in jeder Zelle eures Gesamtkörpers. Wie könnte es auch anders sein, ist doch auch jeder feinstoffliche Körper mit den Bausteinen des göttlichen Zellbewusstseins aufgebaut worden.

Die vier weiteren, von einigen Menschen erkannten Ebenen sind also folgende:

1. Die astrale Ebene, die mit dem Herzen verbunden ist.
2. Die Ebene, die in den mentalen Bereich des Geistes hineinführt und mit dem Halschakra verbunden ist.
3. Die Ebene, die mit dem Dritten Auge verbunden ist.
4. Die Ebene, die mit dem Kronenchakra verbunden ist.

Jede Ebene der sieben erwähnten ist wie ein Fächer in viele weitere Ebenen unterteilt, die sich ebenso wie die Chakren nach hinten und aufwärts bewegen, und die weiteren Ebenen sind ebenfalls in der gleichen Weise unterteilt. Die Unterteilung wiederholt sich immer wieder bis in die Unendlichkeit hinein. Die Ebenen nach den sieben erwähnten werden sich euch jedoch erst nach und nach öffnen, denn dazu müsst ihr tiefer in die Feinstofflichkeit eintauchen, was bedeutet, ihr müsst eure Hellsichtigkeit verfeinern.

Da sich alle Ebenen auch durchdringen, also grenzenlos fließen, berühren sie zwangsläufig auch die Ebenen, die von einem anderen Körper ausgehen. So findet eine stetige Beziehung zwischen allem, was ist, statt.

Die Körper werden durch die Chakren miteinander verbunden. Da beide, Körper und Chakren, ineinanderfließende feinstoffliche Einrichtungen sind, kann kaum erkannt werden, wie die Versorgung mit Energie vor sich geht, denn erschwerend kommt hinzu, dass auch sie fließend ist.

Nun, es sind die Chakren, die die feinstofflichen Körper ernähren. Die feinstofflichen Körper wiederum geben die Nahrung an jede Zelle ihres eigenen Systems weiter. Das bedeutet, dass bei gering geöffneten Chakren auch die feinstofflichen Körper nur geringe Ausdehnung erfahren können, und je weiter die Chakren geöffnet sind, die Körper sich ebenso ausdehnen.

Obwohl in diesen wundervollen Körpern alles bewusst ist, so haben wir in Anlehnung an den Bauplan des physischen Körpers als Vorbereitung für diesen bereits auch die feinstofflichen Systeme in der Weise erschaffen, dass sie Nahrung zu sich nehmen müssen. Die Nahrung, über die ich hier spreche, ist immer die lebensspendende universelle göttliche Energie. Jeder Engel und jeder Meister sowie jedes andere Lebewesen ist auf diese Nahrungsaufnahme angewiesen. Sie ist die lebenspendende göttliche Kraft, die Leben erst ermöglicht. Was jedes der Lebewesen, ob geistig oder physisch, mit dieser Kraft bewirken kann, obliegt den Vorstellungen des Lebewesens.

Jede Zelle nimmt diese Kraft auf, damit sie lebensfähig bleibt, sich weiterentwickeln und euch alle Wünsche erfüllen kann.

Eine Zelle reagiert auf jeden Gedanken und auf jedes gesprochene Wort, auf die Reaktionen anderer Menschen, auf die der Tiere, Pflanzen und die der Erde. Ja, auch sie haben Gedanken, die jedoch anders strukturiert sind als die menschlichen.

Die Zellstrukturen der verschiedenen Lebewesen sind identisch. Doch die Wahrnehmung ist sehr unterschiedlich. Obwohl sich die Wahrnehmungsstrukturen unterscheiden, sind sie sich doch ähnlich, und sie verstehen sich alle untereinander.

Auf dieselbe Weise, wie das bei euch erfolgt, ist es auch mit den Gedankenzellstrukturen der vielen Wesen aus den geistigen Welten, denen wir auch die Lebensbereiche anderer Planeten und Sternformationen im Kosmos zuordnen.

Erschreckt es euch, dass ihr euch alle so ähnlich seid, trotz der unendlich vielen unterschiedlichen Körperformen?

Wir sind bei der Erschaffung davon ausgegangen, dass irgendwann ein ganzheitliches Verstehen erfolgen müsste, um sich wieder EINS fühlen zu können. Und somit haben wir das, was ähnlich sein konnte, ohne die Individualität des einzelnen Wesens zu beschränken, und von dem wir erhofften, dass es uns alle wieder zusammenführen würde, nach sich ähnelnden Wahrnehmungsstrukturen und gleichen Zellstrukturmustern aufgebaut. Unser Grundgedanke dabei war, dass Verwandte stets verbunden bleiben und sich immer wieder finden, sollten sie sich für eine Zeit aus den Augen verlieren. Also haben wir einen magnetischen Empfänger und Sender in die feinstofflichen Zellen eingebaut.

Das ist einfach gewesen, denn Magnetismus ist in unseren Welten ein sogenanntes Verbindungsglied, das jedoch auch, wie ihr sicher wisst, abstoßen kann. Er dient der Zellteilung und dem Zusammenwachsen der Zellen, wie es zum Beispiel beim Entstehen eines neuen Wesens vor einer Geburt erfolgen muss.

Wir haben zu Anfang dieses Buches miteinander getanzt. Wir haben dabei unsere Körpersysteme eng miteinander verbunden, um gemeinsam fühlen zu können. Doch das ist nur ganz wenigen von euch bewusst geworden.

Ich erinnere daran, weil ich es jedem bewusst machen will.

Die Chakren gehören in den feinstofflichen Körperbereich, denn auch sie sind feinstofflich.

Das bedeutet, dass sie schneller schwingen, als es euer physischer Körper tut.

Ich wies bereits darauf hin, dass sich eure Körper der niedrigen Schwingung anpassen mussten. Sowohl die Erde als auch alles, was auf ihr existiert, musste in derselben Weise manifestiert werden, indem die Schwingungen immer mehr verlangsamt wurden.

Aus der Feinstofflichkeit heraus wird manifestiert.

Jeder physische Körper braucht eine Verbindung zu seiner Herkunftsebene. Diese sucht er oft in seinen Träumen, doch auf jeden Fall im Schlaf auf. Hier tankt er immer wieder auf, selbst wenn er sich dessen kaum bewusst ist.

In einem Körper sind Milliarden von kleinen Zellen vorhanden, die ihre Aufgaben ausgesprochen lebendig ausführen. Sie sind diejenigen, die euch das Leben, so wie ihr es lebt, ermöglichen.

Ich sprach zuvor von den drei Gesetzen, die für euren körperlichen Aufbau befolgt werden mussten. Jedes dieser drei Gesetze wurde durch weitere drei Gesetze erweitert. Wir könnten sie jetzt „Untergesetze" nennen.

Diesen wurden wiederum jeweils drei Gesetze zugeordnet, die euch das Leben in einem Körper auf der Erde ermöglichen. Und die Zahl der Gesetze ergibt zusammen die Zahl Neun. Die Neun bedeutet, dass etwas vollendet wurde. Ihr befolgt also durch jede Körperzelle neun Gesetze. Und alle diese Gesetze müssen eine Verbindung haben, die euch zusammenhält. Diese Verbindung ist der feinstoffliche Kanal an eurer Wirbelsäule, der einen weiteren Kanal zu jeder Zelle gebildet hat, im physischen wie auch im feinstofflichen Körper. Um Verwirrung zu vermeiden, bleiben wir nur bei den sieben Auraschichten, beziehungsweise den euch jetzt bekannten sieben Ebenen der feinstofflichen Körper mit dem, was zu ihnen gehört. Und der physische Körper, der euch ja im Moment noch vorwiegend interessiert, gehört als erstes dazu, obwohl er das letzte Glied in der Kette ist.

Eure Wirbelsäule ist das Gerüst eures physischen Körpers, und so macht es doch Sinn, dass die feinstoffliche Wirbelsäule, die mit dem Kanal identisch ist, eure feinstofflichen Körper zusammenhält. Und doch sind diese so beweglich, dass ein Zusammenhalt kaum sichtbar werden kann.

Ihr möchtet jetzt sicher die Gesetze kennenlernen, die ihr ständig befolgt? Es sind die Zellgesetze eures Bewusstseins, das wieder in drei Unterteilungen eingestuft wurde. Das Unterbewusstsein, das erweiterte Bewusstsein und das Tagesbewusstsein, welches dafür da ist, alle Eindrücke zu speichern und zu sortieren. Wie bei einer Postversendung arbeitet euer Tagesbewusstsein in der Weise, die Erfahrungen dorthin zu befördern, wo sie eingelagert werden, bis sie gebraucht werden.

Der Speicher des Tagesbewusstseins muss immer wieder geleert werden, denn er hat nur ein begrenztes Volumen, das zwar auch erweiterungsfähig ist, doch trotzdem begrenzt bleibt. Dafür sind die beiden anderen Bewusstseinsanlagen ohne Begrenzung.

Das Unterbewusstsein hat in sich alle Erfahrungen, die ihr je gemacht habt, gespeichert, und es wird auch die nachfolgenden Erfahrungen, die euch betreffen, speichern. Das erweiterte Bewusstsein tut das ebenfalls, doch es speichert auch die Erfahrungen von anderen Lebewesen, die ihr als getrennt von euch wahrnehmt.

Man könnte nun sagen, dass jeder Mensch seine eigene Akasha-Chronik in sich angelegt hat, und so ist es auch, liebe Freunde.

Alle Erinnerungen sind euch zugänglich – alle!

Und doch habt ihr einen Schalter in euer Gesamtbewusstseinsfeld eingebaut, der im täglichen Leben eine Sperre darstellt, die nur den Weg zum Tagesbewusstsein offenlässt und den zu den anderen beiden versperrt – was für eine lange Zeit so eingerichtet war, jedenfalls bei den meisten Menschen. Mit wachsender Bewusstheit öffnet ihr selbst euch den Weg zu den anderen beiden Einrichtungen, die dann in jedem Moment ihre Erfahrungen zu eurer Verfügung stellen, wenn ihr euren Fokus auf sie richtet.

Anhand der folgenden Beispiele könnt ihr das vielleicht besser nachvollziehen:

Ihr fahrt in einem Zug und schaut aus dem Fenster. Die Landschaft scheint an euch vorbeizufliegen. Doch im Bruchteil einer Sekunde hat sich etwas in eurem Sichtfeld bemerkbar gemacht, das euch bewusst bleibt. Was auch immer das ist, es wird euch eine Zeitlang bewusst bleiben. Und je wichtiger es euch ist, umso länger wird es euch bewusst bleiben.

Oder ihr seht euch gegenüber einen Menschen stehen, der euch bekannt vorkommt. Doch in eurem jetzigen

Leben ist euch dieser Mensch vollkommen fremd. Immerhin hat er den Weg in euer Bewusstsein gefunden. Mit wachsender Bewusstheit könnt ihr in Sekundenschnelle die Verbindung aus anderen Leben oder Ebenen erkennen und wisst wieder, woher ihr diesen Menschen kennt.

Auf ähnliche Weise trefft ihr auch auf eine große Liebe, auf Seelengeschwister und auf die Menschen, die euch in eurer Vergangenheit scheinbar übel mitgespielt haben.

Ihr fühlt Letzteres als Antipathie diesen Menschen gegenüber oder als eine unbestimmte Gefahr, die von ihnen auszugehen scheint, solange ihr noch unbewusst seid. Im erweiterten Bewusstseinszustand fühlt ihr dann das – erweitert –, was ihr zu den einstigen Erfahrungen beigetragen habt.

Der Weg des Erwachens löst das Muster des *Erfahrungspotenzials verstecken müssen* aus anderen Leben oder auch aus dem momentanen, weil die Erfahrung zu heftig und schmerzlich war, solange die Hintergründe noch unerklärlich schienen, auf.

Doch nun kommen wir zu den Gesetzestexten.

Für die Wiedergabe des angekündigten umfassenden Gesetzestextes für die irdische Ebene gehe ich jetzt einmal chronologisch vor. Ja, das kann ich auch, ohne mich in großen Abschweifungen zu ergehen, deren tiefwirkende Bedeutung euch wahrscheinlich auch erst zu einem späteren Zeitpunkt bewusst wird.

Da ich das jetzt jedoch erwähnt habe, wird dafür zumindest schon einmal ein Hebel in eurem Bewusstsein angehoben, der die Türe zum Begreifen öffnet. Und ihr braucht nur noch mit dem Wunsch, die tiefere Bedeutung meiner Abschweifungen erkennen zu wollen, durch diese Türe zu gehen und einen kurzen Weg bis zur Erkenntnis zurückzulegen. Dazu stellt euch das vor, und mit dieser Vorstellung setzt ihr euch dann auch tatsächlich in Bewegung. So funktioniert im Übrigen auch Heilung.

Und hier sind die Gesetze.
Zur Erinnerung noch einmal die bereits erwähnten Gesetze:

1. Ein Körper musste erschaffen werden, der sich so flexibel bewegen ließ, dass er für alle Situationen auf der Erde eingesetzt werden konnte.
2. Das göttliche Bewusstsein musste so versteckt werden, dass es für den Menschen nur in kleinen Dosen durch Erfahrungen geweckt wurde und die alles möglich machenden göttlichen Fähigkeiten trotzdem auch weiterhin für eine lange Zeit unerkannt bleiben konnten.
3. Die Zeitzyklen der verschiedenen Erfahrungswege mussten eingehalten und in den Körpern gespeichert, jedoch in vollkommener Unbewusstheit zur Wirkung gebracht werden.

Die drei Untergesetze des ersten Hauptgesetzes wurden wie folgt gestaltet:

1. Jeder Körper musste für sich allein verantwortlich sein können.
2. Eine Verständigungsmöglichkeit innerhalb des einzelnen Körpers musste erschaffen werden.
3. Eine weitere Möglichkeit musste erschaffen werden, die eine körperliche Verbindung mit einem anderen Körper ermöglichte, um weitere Körper entstehen lassen zu können.

Und die drei Untergesetze dieser Gesetze lauteten:

1. Der Körper musste Energie aus der Quelle aufnehmen können.
2. Der Körper musste diese Energie für sich selbst nutzbringend anwenden können.
3. Ein System musste entwickelt werden, das den Energiefluss und die Verbindung zu allem, was ist, gewährleistete.

Die ersten drei Untergesetze des zweiten Hauptgesetzes lauteten:

1. Das Bewusstsein musste in jeden Bereich des Körpers reichen und in Verbindung stehen können.
2. Es mussten Hauptzentralen des Bewusstseins erschaffen werden, die das Hauptgesetz umsetzen konnten.
3. Die Bewusstheit jedes Lebewesens musste unterschiedlich sein und stetig wachsen können.

Die Untergesetze dieser drei Gesetze lauteten:

1. Das göttliche Bewusstsein musste im irdischen Körper in einen weiblichen und einen männlichen Aspekt getrennt werden, die immer wieder nach Vereinigung strebten.
2. Der weibliche Aspekt des Göttlichen sollte den empfangenden Wesensteil repräsentieren und der männliche den, der Handlungen in Bewegung setzen konnte.
3. Der Wille dieser beiden Aspekte sollte dem Wesen zu seinen Erfahrungen verhelfen.

Und nun kommen wir zum dritten Hauptgesetz, beziehungsweise zu seinen drei Untergesetzen:

1. Die Illusion *Zeit* musste in alle irdischen Körper, einschließlich den des Planeten, einprogrammiert werden.
2. Die Vergänglichkeit der Körper musste ebenfalls als Illusion in ihnen eingespeichert werden.
3. Die Körper mussten nach Beendigung des einzelnen Lebens in ihre Bestandteile aufgelöst und der allgemeinen Nutzung zur Verfügung gestellt werden.

Und nun sehen wir uns die drei Untergesetze der vorangegangenen an:

1. Im Stadium des vorangeschrittenen Erwachens sollte sich die Auflösung des verbrauchten Körpers zurückbilden und in Verjüngung umwandeln.
2. Für alle Abweichungen von den Gesetzen musste ein Potenzial erschaffen werden, das einen Weg zur Rückkehr ermöglichte.
3. Hüterwesen mussten innerhalb des physischen Körpers eine Wegkorrektur bewirken können und eingreifen dürfen.

Nachdem die Gesetze verabschiedet worden waren, konnte die Gestaltung der Körper erfolgen. Diese Gestaltung und alles Manifestieren aus unseren Reihen ist eine geistige Arbeit. Mit der Kraft unserer Gedanken wurden die Körper gestaltet. Und ebenso arbeitet ein jeder Mensch – und das in tiefer Unbewusstheit.

Beobachtet ihr euch jetzt einmal etwas bewusster, bemerkt ihr vielleicht zum Beispiel, wie sehr ihr euren Fokus auf eine schmerzende Stelle eures Körpers richtet und euch immer wieder sagt: Oh, das tut weh! Oder: Oh, das tut ja immer noch weh. Ihr könnt euch sogar in diesen Schmerz hineinsteigern und ihn dadurch „haltbar" machen und oftmals immer heftiger werden lassen.

Das geschieht durch die Kraft eurer Gedanken.

Ihr seid meist davon überzeugt gewesen, dass der Schmerz vor euren Gedanken da war. Ich erwähnte schon zuvor einmal, dass dies ein Trugschluss ist. Doch im Laufe der vielen Leben auf der Erde seid ihr in einen Gedankenrhythmus verfallen, der euch die zeitliche Verschiebung einer Erfahrung vorgaukelt, weil ihr die Zusammenhänge vor der Erkenntnis noch besser verbergen wolltet.

Das ist sicherlich eine gute Wahl, um Krankheiten und Schmerzen noch stärker empfinden zu können und euch ihnen gegenüber ohnmächtig zu fühlen. Doch außer auf Krankheiten könnt ihr die zeitliche Erfahrungsverschiebung vor allem im zwischenmenschlichen Miteinander anwenden, die euch dann wirkliche Probleme bereiten können, eben weil sie dann für euch unsichtbar geworden sind.

Um das Muster des Gedankenrhythmus besser zu verstehen, erkläre ich es jetzt.

Ihr habt zu Anfang eurer Existenz noch in vielen Fällen mental miteinander verkehrt. Tiere und Pflanzen tun es auch heute noch in sehr vielen Fällen. Doch diese Gabe musstet ihr ja aufgrund dessen, was ihr auf der Erde erreichen wolltet, vernachlässigen. Und dabei hat euch der physische Schlaf geholfen.

Lasst mich bitte erklären, was das nun wieder bedeutet. Während ihr euren Körper zum Auftanken und Regenerieren in einigermaßen regelmäßigen Abständen in

Ruhe- beziehungsweise Schlafphasen bringt, zieht ihr eure Energie des Bewusstseins aus dem Körper. Ihr tut das selbst. Dabei lenkt ihr diese Energie in Bereiche eures verdrängten Erfahrungsschatzes, um ihn noch einmal zu erleben oder auch als unbeteiligter Zuschauer anzusehen.

Ihr wandert dabei durch die höheren Chakren hinaus in den feinstofflichen Bereich eures Traumkörpers, der direkt am Emotionskörper, einer weiteren Fächerebene, anschließt und sich im Traum so verdichtet, dass ihr in ihm Erfahrungen aufarbeiten könnt, die euch dann in der Physis die Erkenntnis der wahren Zusammenhänge der verdrängten Situationen leicht macht. Das bedeutet, dass ihr in der Traumebene einen direkten Kontakt zu euren feinstofflichen Körpern habt. Und gehen die Träume in eine andere Zeit zurück oder führen euch zu anderen Planeten oder anderen Ebenen, die ihr als außerhalb eures feinstofflichen Systems empfindet, so steigt ihr noch höher durch eure feinstofflichen Körper hinaus, um euch dort zu überprüfen.

Die Kontakte, die ihr in eurem Traumkörper herstellt, sind in den unteren feinstofflichen Ebenen allesamt mit euch selbst, die ihr euch jedoch in den Rollen zeigt, die ihr bei anderen seht. Das heißt, wie ihr so schön und passend sagt, einen Spiegel zur Erkenntnis zu nutzen. Außerdem könnt ihr hier Kontakte zu euren inneren Wesenheiten erleben, die euch wichtige Botschaften überbringen.

Und da wir von Schmerzen sprachen, so könnt ihr in diesen Ebenen auch auf einen inneren Heiler treffen. Seid ihr sehr „wach" in diesen Träumen, könnt ihr die Erlebnisse sogar selbst lenken und dadurch zu Ergebnissen kommen, die euch in eurem Alltagsleben eine große Hilfe sein könnten, wären sie euch nach dem Aufwachen auch noch bewusst.

Doch ihr musstet es euch ja auch hier so schwermachen, dass ihr oft zum Verdrängungsmechanismus greift, sobald die Bewusstseinsenergie wieder in euren Körper eintritt und euch auf den Tag vorbereitet.

So gibt es viele Menschen, die behaupten, sie hätten noch nie geträumt oder nur sehr selten. Nun, das ist wieder ein Trugschluss, liebe Freunde. Denn in jeder Nacht oder bei jedem Schlaf, mag er auch noch so tief sein, träumt ihr.

Der Traum ist ein ausgesprochen wichtiges Element für eure Existenz und die Lebenspläne, die durch ihn wieder korrigiert werden können. Und das heißt, sie müssen auch dann korrigiert werden, wenn ihr mit einigen Menschen oder Situationen in Unfrieden seid. Vielleicht erinnert ihr euch, dass manche Träume immer wiederzukehren scheinen. Das tun sie, und zwar so lange, bis ihr erkennt, was sie bedeuten, und auf der irdischen Ebene eine Bereinigung der Situation vornehmen könnt, die ihr jedoch meist auf der Traumebene gestaltet.

Die Traumvorrichtung ermöglicht euch, in eurem feinstofflichen System umherzureisen und euch, wenn ihr das so wollt, mit all denen zu verbinden, die zu eurer großen geistigen Familie gehören.

Ausgangspunkt für diese Reisen ist das Kronenchakra. Durch die höherliegenden Chakren reist ihr dann zu den feinstofflichen Körpern, die ihr besuchen wollt. Manchmal leitet euch auch eure Seele dorthin, die sich immer, wenn ihr euer Bewusstsein auf Reisen schickt, mit euch verbindet, zumindest aber über euch wacht.

Erwacht ihr und glaubt, wieder einmal „Blödsinn" geträumt zu haben, so lasst euch sagen, dass ihr auch diesen „Blödsinn" wie jeden Traum, dessen Sinn sich euch zu verbergen scheint, wie ein Puzzle zusammenfügen solltet, um ein ganzheitliches Bild zu erlangen.

In diesem Traumkörper wird gesprochen – glaubt ihr. Doch es sind lediglich Gedanken, die ihr dort „hört". Und da Gedanken von allen Wesenheiten empfangen werden, so sprechen die Wesen, denen ihr im Traum begegnet, auch alle Sprachen, denn die Gedanken werden in der Sprache von euch empfangen, die euch bekannt ist. Und Taten oder Ereignisse, die euch skurril erscheinen, sollten euch im Traum „wacher", das heißt, bewusster machen.

Wer sehr lange unbewusst gelebt hat, wird sich erst zum Ende der unbewussten Lebenszyklen auf den Weg machen, wieder ganz bewusst zu werden, und dann kann er in seinen Träumen bewusst und eigenverantwortlich handeln. In den Zeiten zuvor sind die Handlungen in den Träumen kaum als eigenverantwortlich zu erkennen, denn die Bewusstheit fehlt.

Als die Zeit der mentalen Kommunikation zu Ende ging, habt ihr euch mit Lauten, aus denen später die Sprachen entstanden sind, verständigt. Alles diente dazu, euch eure Erlebnisse undurchsichtig erfahren zu lassen, bis zu dem Punkt, wo ihr die Illusion eures Daseins mit allem Drum und Dran anerkannt habt. Auch diese Anerkennung erfolgte natürlich wieder zuerst im Feinstofflichen.

Die Sprache hat ein Übriges dazugetan, euch immer tiefer in die Isolation und das Vergessen um eure ganzheitliche Seele zu bringen. Und so manifestiert ihr die bereits erfahrenen Situationen nach wie vor auch mit der Sprache und mit euren Gedanken, die ihr glaubt, vor anderen verbergen zu können.

Ich kann euch zum besseren Verständnis wieder nur einige Beispiele anführen, doch sie sollten euch in der Weise weiterhelfen, dass ihr die Verbindung zum Geschehen in allen Situationen eures täglichen Lebens erkennen könnt. Bedenkt bitte dabei wieder, dass ihr auch das nur Schritt für Schritt könnt.

Über die Sprache spreche ich im Kapitel über die Verjüngung und führe dann auch die Beispiele an.

Lasst uns nun zum nächsten Kapitel übergehen.

Unsere Verbindung ist schon sehr intensiv, spürt ihr das? Danke dafür, liebe Freunde.

Meditation

Liebe Freunde, um tiefer in das vorangegangene Kapitel einzutauchen, möchte ich wieder eine Meditation mit euch machen. Denn die Theorie ist durch die Praxis einfach besser zu verstehen. Und in diesem Fall ist die Meditation die Praxis, die danach bewusster in die irdische Praxis des täglichen Lebens umgesetzt werden darf!

Ich lehne mich an die Meditation, in der wir die Chakren besucht haben, an, und übernehme sie so, dass wir wieder die Chakren aufsuchen, doch von ihnen ausgehend dann in den dazugehörenden feinstofflichen Körper reisen.

Es ist natürlich wichtig, sich dazu die Reihenfolge der Chakren und der Körper noch einmal ins Gedächtnis zu rufen und dann mit mir die Reise zu beginnen, die ihr jedoch auch ohne mich machen könnt.

Bis ins Kronenchakra hinauf und den ihm zugeordneten feinstofflichen Körper geht diese Reise, dann dürft ihr sie vorerst einmal beenden.

Um den Zugang zu den Körpern zu erlangen, bittet wieder die Hüterwesenheit des entsprechenden Chakras, die Türe oder das Tor zum feinstofflichen Körper zu öffnen. Wer andere Öffnungen sieht, sollte sie als Übergang nutzen, trotzdem ist die Verbindung mit der Hüterwesenheit des Chakras zu begrüßen, denn oft ist sie auch die des feinstofflichen Körpers.

Lasst uns nun beginnen.

Atmet bitte in das Basischakra und seht dabei, wie es sich in allen Regenbogenfarben nach außen hin immer weiter ausdehnt. Seht die Zellen, die zu ihm gehören, als winzige Lichtpunkte in diesem Chakra tanzen. Vielleicht nehmt ihr noch anderes wahr, vertraut euren eigenen Sicht- und Empfindungswahrnehmungen.

Atmet immer wieder ein und aus und bittet die Hüterin oder den Hüter dieses Chakras, sich euch zu erkennen zu geben und mit euch die Reise in den Ätherkörper anzutreten. Ihr dürft natürlich auch noch ein Gespräch mit der Hüterwesenheit führen und euch vielleicht sogar freundschaftlich miteinander unterhalten – ganz wie es euch intuitiv einfällt. Seid ihr selbst – ohne Angst vor dem Hüterwesen.

Während ihr mit ihm sprecht, stehe ich an eurer Seite und halte die Energie des Weges zur Erleuchtung des Körpers, der sich euch als dienende Einrichtung zeigen wird und euch seine Aufgaben bekanntgibt.

Nehmt euch Zeit und habt Geduld, das kann ich nur immer wieder betonen.

Habt ihr erfahren, was es zu sagen gab, und die Wesenheit des Körpers verabschiedet sich von euch, so tut es ebenso und geht vom Ätherkörper aus durch ein Tor ins Sakralchakra, das euch von der Wesenheit dieses Körpers gezeigt und geöffnet wird.

Im Sakralchakra wiederholt euer Vorgehen wie beim Basischakra und geht bei jedem weiteren Chakra ebenso vor.

Jedes Chakra und jeden feinstofflichen Körper könnt ihr auf diese Weise leicht erreichen. Und fühlt ihr euch unsicher, so wisst, dass ich zu eurer vollen Verfügung an eurer Seite stehe und euch bei Bedarf führe.

Die Wesenheit des Kronenchakras sollte euch in den zuletzt aufzusuchenden Körper führen. Ich halte es für angebracht, nach diesem Besuch erst einmal zu stoppen und die Erlebnisse noch einmal zu reflektieren.

Dazu bleibe ich an eurer Seite, doch ziehe ich mich auch zurück, wenn ihr das wünscht.

Da für die Begegnungen viel Zeit aufgebracht werden sollte, nehmt euch an einem Tag vielleicht nur einen Besuch vor, bei dem ihr dann sowohl die Wesenheiten als auch die Körper intensiver erfahren könnt.

Sinn der Meditationen ist, dass ihr euch auch in eurem feinstofflichen System zu Hause fühlen solltet. Denn dieses Gefühl, sich selbst in all seinen Anlagen und Bedeutungen wiederzuerkennen und sich in ihnen auszukennen, hebt euch in höhere, selbstbewusste Ebenen, die euch im irdischen Bereich die Sicherheit geben, dass ihr dort „richtig" seid und dass auch die Erlebnisse des täglichen Lebens zur Erkenntnis beitragen.

Das alles theoretisch zu wissen, ist eines, doch es auch wieder im Gefühl bewusst zu haben, rundet die Erfahrung erst ab.

Ich möchte euch bitten, diese Meditationen für euch allein auszuführen, und die Lehrer unter euch bitte ich, erst einmal Abstand davon zu nehmen, sie mit euren Schülern zu machen, denn ein intensives Vorbereiten der Schüler ist schon erforderlich, damit sie sich auch wirklich angstfrei auf die Besuche einlassen können.

Ich danke euch für die gemeinsame Reise und noch mehr dafür, dass ihr alles so liebevoll ausführt und meinen Rat fast immer annehmt.

Eine herzliche Umarmung für jeden von euch, und Segen sei euren Taten gespendet.

Ich danke euch und freue mich auf morgen, wenn wir weiterreisen.

Vywamus

Die DNS-Stränge

Vor einigen Jahren wurde euch die Botschaft durchgegeben, dass eure DNS ursprünglich aus zwölf Strängen bestand. Sie wurden bis auf zwei von euch abgetrennt, und manch ein Mensch, der hellsichtige Fähigkeiten und sich prophetische Aufgaben ausgesucht hatte, verfügte auch nur über drei oder sogar vier DNS-Stränge, obwohl man bei solchen Menschen doch davon ausgehen können sollte, dass sie vollkommen mit dem Licht verbunden sind.

Drei oder vier Stränge sind zwar mehr als zwei, jedoch auch nur ein kleiner Teil der euch einst zugehörigen 12 DNS-Stränge. Dazu solltet ihr wissen, dass jeder Strang über mehr Wissen verfügt, als der unter ihm liegende, wenn ich das wieder einmal bildlich ausdrücken darf. Die Stränge sind übereinander gelegt und nur durch einen feinen, farbigen Strahl, der auf das Wissen des jeweils nächsten Strangs hinweist, voneinander getrennt. Die farbigen Strahlen kommen euch sicher wieder bekannt vor, denn sie sind Ableitungen der sieben Strahlen, die eure Erdgeschichte Epoche für Epoche geleitet haben. Und ihr wisst sicher, dass auch diese Strahlen mit ganz bestimmten Aufgaben betraut sind.

Das Abtrennen, oder besser gesagt: Abbinden – erinnert an die Nabelschnur und hat auch eine ähnliche Bedeutung – haben hochentwickelte Wesen vorgenommen, die sich nach getaner Arbeit weit entfernt von euch an unterschiedlichen Orten niedergelassen haben. Ein Teil von ihnen ging auf die Plejaden, ein anderer bildete den Stamm der Sirianer, andere haben sich auf verschiedenen Sternen weiterentwickelt und wiederum andere sind heute an den Grenzen des euch bekannten Sonnensystems zu finden. Sie haben euch jedoch immer seit damals sehr aufmerksam beobachtet. In ihrer Liebe seid ihr wie in einem mütterlichen Schoß eingebettet.

Im ersten Buch, das Petronella von mir empfangen hat, wird von einem wissenschaftlichen Team berichtet, das in der Erdatmosphäre stationiert ist und diese Aufgabe übernommen hat. Das Wesen, welches dies erzählt, nennt sich Gwendolyn, und sie kommt von den Plejaden. Sie zählt zu den Nachkommen derjenigen, die die Entbindung der zehn Stränge von den zwölf vorgenommen haben.

Es handelt sich um das Buch: *Ermutigungen* von mir, erhältlich im ch. falk-verlag, Seeon, ISBN 978-3-89568-172-1. Es könnte euch sehr weiterhelfen, mit Gwendolyn in Kontakt zu treten und euch von ihr dabei helfen zu lassen, die zwölf Stränge wieder miteinander zu verbinden.

Da ihr die Liebe dieser Wesen, die bei euch lange Zeit als die Täter einer bösen Tat galten, nur sehr selten gefühlt habt, haben die Mitteilungen über das Vorgehen des Abbindens die meisten von euch erst einmal wieder in die Opferrolle zurückfallen lassen. Empörung und Verzweiflung kam in vielen von euch auf, als ihr diese Botschaft erhieltet, zumal die Botschaft auch noch suggerierte, dass ihr selbst nur mit „fremder" Hilfe aus der geistigen Lichtwelt geheilt werden könntet. Wieder einmal wurde euer Muster des *Sich klein Fühlens* bestärkt. Und obwohl das so ist, hat es bei euch viel Protest ausgelöst, denn ihr hattet ja eure Beteiligung an allem aus eurem Bewusstsein verdrängt.

Solltet ihr an meinen Aussagen zweifeln, so erforscht sie in eurem eigenen Innern auf der göttlichen Ebene. Beide göttlichen Aspekte werden euch antworten, und spürt ihr dabei Liebe, Weichheit und Geborgenheit, so dürft ihr davon ausgehen, dass die Antwort auch wirklich aus dieser Ebene eures Inneren stammt.

Der Grund dafür, dass das geschehen ist, ja, überhaupt geschehen konnte, hat mit dem, was ich im vorigen Kapitel erklärt habe, zu tun. Es musste geschehen, denn andernfalls hättet ihr die niedrigen Schwingungen nur unzulänglich, wenn überhaupt, erfahren können, und der ganze ausgeklügelte Plan, der alles ins Leben gerufen hat, nämlich so tief wie möglich in die Erfahrungen hineinzugehen, wäre zunichte gewesen.

Unwissen und die Trennung vom Licht – die durch die zwölf DNS-Stränge mit dem Wissen um vieles, was euch das Leben auf der Erde hätte erleichtern können, zu euch hätte fließen können – war erwünscht. Von euch selbst ebenso wie von denen, die in anderen Welten und der hohen Ebene des Lichts zurückblieben. Es war eine Gemeinschaftstat und hat den Weg vorbereitet für das, was sich danach ereignet hat.

Es gibt einige Bücher, in denen Informationen über das Vorgehen nachzulesen sind, doch allesamt lassen euch ebenfalls wieder als hilflose Opfer zurück. Für den Bewusstseinsstand, der erreicht war, als die ersten Bücher mit diesen Mitteilungen zu euch kamen, war das sicher erst einmal von Vorteil. Doch auch die Bücher, die in der neueren Zeit geschrieben worden sind und euch mit weiterentwickelten Erkenntnissen vertraut machen möchten, haben meist den gleichen Status, der euch als Opfer dastehen lässt.

Seht, wäre eure Bewusstheit auch jetzt wirklich noch so eingeschränkt wie bei den ersten und den vielen hinzugekommenen Mitteilungen über dieses Geschehen, so hätte ich mir dieses Buch und die vorangegangenen über *Die Kunst des Channelns* ersparen können.

Damals konntet ihr nur die Opferrolle sehen, denn so habt ihr die meiste Zeit gelebt, selbst wenn ihr Täter wart, die sich dann vormachten, ohne freie Wahl gehandelt zu haben. Mangelnde Bewusstheit ruft immer die Opferrolle im Menschen hervor, denn so kann die Verantwortung für das eigene Tun abgegeben werden.

Nun ist es ja auch so, dass die Eigenbeteiligung einfach unerkannt bleiben musste, bis durch die hohen Schwingungen der Neuen Zeit langsam ein anderes Denken begann, doch auch das wieder mit Hilfe der hochentwickelten Wesen aus den geistigen Lichtwelten.

Eure Bewusstheit ist inzwischen dermaßen erwacht und hat sich erweitert, dass ich es für angebracht halte, euch seit einigen Jahren auf das *Warum* hinzuweisen.

Obwohl ihr auch in einigen anderen meiner durchgegebenen Bücher von anderen Kanälen lesen könnt, dass ihr trotz allem immer nur Opfer seid, muss ich dazu einmal bemerken, dass dies das Verständnis des Kanals wiedergibt, der sich noch zu wenig bereitfand, mich zu diesem Thema ganz durchzulassen. Nun, ich sehe, dass auch diese Bücher zum richtigen Zeitpunkt in den Händen der Leser und Leserinnen eine Bewusstseinserweiterung bewirkt, die zu diesem Zeitpunkt noch in der alten Vorstellung lebten.

Wir haben in der Meditation im vorigen Kapitel eine Reise in die sieben Chakren und die dazugehörenden feinstofflichen Körper gemacht. Im Körper des Kronenchakras befindet sich die Verbindungsstelle der DNS, die jedoch durch einen goldenen Hebel versperrt ist.

Erwacht der Mensch und trägt den sehnsüchtigen Wunsch in sich, die Verbindung wiederherstellen zu wollen, so kann er mit Hilfe der Seele, die im Chakra darüber wohnt, diesen Hebel umschalten, und das Licht wird mehr und mehr in ihn einfließen.

Bedenkt bitte, dass ihr euch, wenn ihr beginnt, die fehlenden Stränge bewusst zu erbitten und anzunehmen, erst an die hohe Strahlung dieses Lichts gewöhnen müsst, die bei weitem höher ist, als die, die ihr bisher erfahren habt. Darum weise ich auch jetzt wieder darauf hin, dass auch das nur Schritt für Schritt erfolgen sollte. Von jeder anderslautenden Botschaft rate ich dringend ab.

Denn auch zu schnell zu viel Licht aufzunehmen, kann das physische System enorm schädigen, und das heißt, dass Wahnvorstellungen daraus resultieren können.

Und ich weise wieder einmal darauf hin, dass ich mich mit eurer physischen Grenze, die Lichtaufnahme bisher noch immer nur sehr begrenzt durchlassen kann, befasst habe, sie sogar sehr intensiv studiert habe. Daher weiß ich durchaus, wovon ich spreche. Hinzu kommt, dass ich euer Aurafeld ständig beobachte, um mich sofort zurückziehen zu können, wenn euer Körper mir signalisiert, dass ich zu nahe bin. Das geschieht auf unterschiedliche Weise, einmal begegnet mir reine Abwehr, ein anderes Mal eine leise Bitte aus eurem Solarplexus darum, dass ich mich zurückhalten soll, weil eine Blockade zu schnell hervorbrechen würde, angeregt durch meine hohe Energie, die euch weitere Ängste bescheren würde, oder ein anderes Mal mit einem „Krankheitssymptom", das sich sofort wieder auflöst, wenn ich mich daraufhin zurückziehe. Und einige Zeichen mehr kann mir euer Körper mitteilen, die mich dann dahin bringen, abzuwarten oder nach anderen Begegnungswegen zu suchen. Auch dieses Vorgehen hängt von euren ausgesandten Signalen ab.

Alles in allem, weiß ich also durchaus, wovon ich spreche.

Der Wunsch allein, sich wieder mit dem Licht vereinigen zu wollen, also zunächst einmal die zwölf Stränge annehmen zu wollen, muss durch eine Vorbereitungszeit unterstützt werden, während der ihr immer wieder zurückweichen könnt, sollte es euch zuviel werden. Und in diesem Fall sage ich, ob das nun eine Illusion ist, ist bedeutungslos, denn ihr fühlt so, und das ist die Ebene, die ich zu beachten habe. Denn das ist meine Vorstellung davon, was ein freier Wille bedeutet, dem ich Achtung und Liebe zur Unterstützung zufließen lasse. Ihr wisst ja, wir sind alle verbunden, darum unterstützt auch jeder jeden, in die eine oder in die andere Richtung. Ich wähle die Freiheit, die ihr selbst auch gewählt habt, als ihr zur Erde gingt, und die ihr dort auch gelebt, nur anders erfahren und verstanden habt. Ihr hattet immer die Wahl und habt in jedem Moment entschieden, wofür ihr euch entscheidet.

Doch bei aller Vorsicht sollte euch trotzdem wieder bewusst werden, dass die Neue Zeit dazu da ist, dass ihr euch wieder mit den Strängen verbindet, jedoch, wie gesagt, Schritt für Schritt.

Ich empfehle euch, für die Verbindung in den höchsten göttlichen Ebenen um Hilfe zu bitten und ruhig auch die Wesen dazuzubitten, die euch einst geholfen haben, euch von den Strängen zu lösen, die im Übrigen eure Körper in der niedrigen Schwingung unmöglich hätten ertragen können.

Viele Wesen von anderen Planeten oder Bewusstseinsebenen stehen bereit, die selbst die Verbindungserfahrung gemacht haben, doch es ist trotzdem ratsam, euch zusätzlich mit der Erzengel- oder der Meisterebene nahe dem Göttlichen zu verbinden, denn dort wird genau gesehen, wie weit ihr euch dem Licht öffnen könnt, was andernorts und von anderen Wesen öfter übersehen wird.

Beim Vorgehen der Abbindung sind euch Implantate in euer Bewusstsein eingesetzt worden, die wie Hebel oder Schalter benutzt werden können, durch die überhaupt erst einmal die Unbewusstheit ermöglicht wurde und die jetzt zuerst deaktiviert, das heißt, umgelegt und manchmal sogar ganz entfernt werden müssen, bevor die DNS-Stränge wieder aktiviert werden können. Dazu sind dann auch neue Programmierungen erforderlich.

Bei jedem Menschen sind verschiedene Implantate eingesetzt worden, und die Zahl der Implantate ist bei jedem Menschen ebenfalls unterschiedlich.

Ich sagte gerade, dass ihr sehr genau beobachtet werdet, doch dies erfolgt ausschließlich aus dem Grund, den Zeitpunkt zu erkennen, der durch die Stufe eures Erwachens bestimmt wird, zu dem ihr wieder mit der Lichtkraft vereint werden könnt. Und trotzdem ist diese Kraft nur ein Teil der vorhandenen, die immer mehr an Kraft zunimmt. Und vielleicht ist euch mittlerweile klar, dass es weit mehr Lichtstränge gibt als die zwölf. Je höher man in die Bewusstheit hineinwächst, umso mehr Licht begegnet einem. Ich weiß, dass sich diese Vorstellung eurer momentanen Vorstellungskraft noch entzieht, doch bis ihr zum Höchsten aufgestiegen seid, liegt noch vieles auf eurem Weg, das ebenfalls Bewusstseinserweiterung bewirkt.

Vielleicht ist euch ja das Buch bekannt: *Die Erde ist in meiner Obhut,* welches ich Janet McClure durchgegeben habe und das im ch. falk-verlag in Seeon unter der ISBN 978-3-924161-50-7 erschienen und noch erhältlich ist. Es handelt von Sanat Kumara, und in ihm wird sehr schön beschrieben, wie er von Ebene zu Ebene wanderte und sich sein Bewusstsein dabei langsam immer mehr öffnete. Und so geht es für ihn und auch für jeden Meister weiter und für die geliebten Engel ebenso. Bewusstsein ist grenzenlos und daher immer erweiterungsfähig.

Noch einmal möchte ich erwähnen, dass die am höchsten entwickelten Wissenschaftler für die Aufgabe zuständig waren, die Stränge von den Menschen abzubinden. Sie selbst haben sich später dann in unterschiedliche Bewusstseinsebenen und in verschiedene Systeme, an denen wir bei der Entwicklung auch gemeinsam gearbeitet hatten, hineingebären lassen.

Ihr selbst habt sie, bevor ihr zur Erde gingt, aus den hohen Ebenen heraus, aus denen ihr kommt, darum gebeten, die Stränge abzubinden, doch dies auch wieder rückgängig zu machen, wenn ihr selbst so weit erwacht sein würdet, um diese Verbindung wieder annehmen zu können. Denn ihr wusstet sehr wohl, dass diese Zeit kommen würde und das Projekt der Erderfahrungen immer wieder der für euch erträglichen Kraft des Lichts angepasst werden musste, was schon bedeutete, dass ihr die zwölf Stränge nach und nach wieder annehmen wolltet. Doch da ihr zunächst für eine lange Zeit unbewusst sein wolltet, so habt ihr euch dafür entschieden und für alle erdenklichen Fälle, die eintreten könnten und die von euren Plänen abwichen, auch der Hilfe aus unseren Reihen vergewissert.

Die Verbindung mit den zehn noch fehlenden DNS-Strängen erfolgt zwangsläufig, denn die Trennung vom Licht war nur für eine bestimmte Zeitspanne gewollt. Und mit Ende der Dunklen Zeit und dem Beginn der Neuen Zeit ist der Zeitpunkt des Beginns der Verbindung gekommen.

Manche Menschen waren auch hier wieder Pioniere und sind bereits wieder mit den zwölf Strängen verbunden. Sie können euch erzählen, wie sich das anfühlt und was sie dadurch erlebt haben, doch jeder Mensch ist anders und wird diese Verbindung, die einer Vereinigung mit dem Licht gleichkommt, anders empfinden.

So lasst euch auch dabei Zeit und genießt, was euch geschieht.

Doch warum muss das alles überhaupt sein?

Ganz abgesehen davon, dass ihr ohnehin wieder in die Lichtwelt hineinwachsen wolltet, was ja unser aller „Sicherheitsversprechen" war, werdet ihr mit immer mehr Aspekten eurer Lichtwesenheit verbunden, die dann durch euch wirkt und dabei die erschwerenden, irdischen Hindernisse beseitigt haben möchte.

Euer Leben wird also leichter durch die Verbindung. Alle belastenden Situationen könnt ihr ursächlich erkennen und sie auflösen. Ihr werdet besser manifestieren können und wirklich das Leben leben können, das ihr gerne leben möchtet. Ihr werdet euch wieder frei fühlen und glücklich sein. Doch das Wichtigste dabei ist, dass ihr euch selbst wieder als das fühlen könnt, was ihr seid. Die göttlichen Erben des Lichts, die Erben eurer göttlichen Eltern.

Ich hatte euch schon gesagt, dass eure Chakren zur Aufnahme des Lichts gereinigt werden müssen. Und ebenso habe ich euch die Zeichnung des Kopfquerschnittes gezeigt, die den Lichtkanal sehr deutlich zeigt.

Dieses Lichtband ist ebenfalls in allen feinstofflichen Körpern ab dem astralen Körper aufwärts vorhanden. Je höher ihr kommt, umso größer wird dieses Lichtband, was bedeutet, dass es über immer mehr Volumen verfügt.

Im Falle der Verbindung mit den zehn fehlenden DNS-Strängen wird von oben, also dem höchsten eurer feinstofflichen Körper, nach unten gearbeitet. Der Transfer des

Lichts wurde ebenso in eure Zellen einprogrammiert wie alle anderen Informationen auch. Und jede Zelle wird sich schließlich auch wieder mit dem Licht verbinden und mit ihm verschmelzen.

Doch bei aller Lichtaufnahme sollte euch bewusst bleiben, dass ihr eure irdischen Aufgaben trotzdem zu erfüllen habt. Ein großer Teil des Wissens des Lichts wird mit eurem verbunden und erleichtert auch dadurch euer Leben. Der tägliche Umgang mit der dunklen Kraft wird dadurch die kämpferische Note verlieren. Und damit erfüllen wir ein Versprechen, welches wir zu der Zeit abgaben, als die Lichtwesen in die Dunkelheit gingen, um alle Erfahrungen zu ermöglichen, die manchmal kaum noch zu ertragen waren, das weiß ich sehr wohl. Hört der Kampf auf, so ermöglichen wir den dunklen Kräften, auch ihren Weg zurück ins Licht zu finden und ihn auch zu gehen.

DNS ist übrigens die Codierung für *Lichtverbindung* und stammt aus dem Griechischen.

Und da gibt es noch die Codierung DNA, die im Grunde mit der DNS identisch ist, doch ein kleiner Unterschied besteht dennoch. Während das Licht, also die DNS, alle Informationen trägt, trägt die DNA hauptsächlich die genetischen Informationen, die euch auf der Erde betreffen. Doch da ja alles miteinander verbunden ist und sich nur zeitweilig voneinander gelöst hat, können wir absehen, wann die beiden Informationsfelder zusammenkommen. Sie werden miteinander verschmelzen, während sie sich bisher noch überlappen. Das geschieht wieder bei dem einen schneller als bei dem anderen.

Menschliche Wissenschaftler werden die Zusammenhänge erkennen, wenn sie das Licht als das anerkennen, was es ist.

Ich habe schon so vieles über die Chakren gesagt, dass ihr euch vielleicht gewundert habt, in diesem Kapitel ohne Chakrenweisheiten auskommen zu sollen. Nun, die DNS-Stränge sind natürlich mit den Chakren verbunden. Sie liegen an den Seitenwänden der spiralförmigen Öffnung und bewegen sich mit diesen sich immer weiter nach oben öffnenden Energiewirbeln.

So findet ihr die beiden euch zur Verfügung stehenden Lichtstränge im zehnten und elften Chakra. Ab dem zwölften ist in jedem weiteren ein DNS-Strang, der, sobald das Chakra genutzt wird, auch seine Fähigkeit mit einbringt. Chakra zwölf bis einundzwanzig ist jeweils mit einem DNS-Strang verbunden. Und so habt ihr schließlich alle zwölf in eurem feinstofflichen Körpersystem untergebracht.

Bei allem zuvor Gesagten dürfte euch jetzt die Reinigungsnotwendigkeit noch deutlicher werden.

Sich mit den zwölf Strängen der DNS verbunden zu haben, bedeutet auch, dass man mit einem großen Teil des Wissens der Lichtwelt konfrontiert wird, es jedoch zum Wohle aller einsetzen muss, was natürlich einen gewissen Reifeprozess im Denken erforderlich macht.

Mit dieser Verbindung geht auch eine Neucodierung einher, die auf jeden Menschen seinem Lebensplan und seinen Aufgaben entsprechend individuell ausgerichtet sein und doch auch mit der anderer Menschen und schließlich mit allem, was ist, zusammenwachsen können muss.

Unzählige Weise aus den hohen Ebenen des Lichts beteiligen sich an dieser Neucodierung.

Durch meine Vorbereitung werdet ihr in diese Kontakte ebenso hineinwachsen wie in alles andere, liebe Freunde.

Vertraut bitte!

Wenn ihr mögt, könnt ihr jetzt in eine Meditation gehen, in der ich wieder an eurer Seite weile und euch führe, wenn ihr das so möchtet.

Ihr könnt die Meditation ebenso ausführen wie die beiden letzten Meditationen, doch beginnt dazu bitte beim Seelenchakra und bittet eure Seele, euch so weit hinaufzuführen, wie ihr auf Grund eurer Bewusstheit gehen dürft.

Fühlt von Chakra zu Chakra die stärker werdende Kraft des Lichts und lasst euch auf sie ein, lasst euch kurzzeitig mit dem Lichtstrang verbinden und langsam in das lange vermisste Gefühl der Freiheit hineintragen, die ihr auch irgendwann wieder als grenzenlos empfindet. Ihr werdet natürlich auch dieses Gefühl wieder nur so empfinden, wie ihr es schon ertragen könnt. Denn ihr wisst ja, eure physischen Körper müssen unter allen Umständen gesund erhalten bleiben, und so erstrebenswert das Licht auch ist, so bedenkt immer, dass die physischen Gegebenheiten mit einbezogen werden, gerade wenn ihr euch wieder mit dem Licht verbinden möchtet.

Wissen um die Verjüngungsweisheiten

Jetzt sind wir endlich bei dem Kapitel, auf das fast alle von euch schon so lange gewartet haben. Warten wird ja manchmal belohnt, und ich möchte euch mit dem Text in diesem Kapitel belohnen.

Mir macht es besondere Freude, über dieses Thema mit euch zu sprechen, zumal die meisten Weisheiten dazu, die ich zum Teil in euch hervorhole, denn sie sind ebenfalls in euch gespeichert, auf viele Situationen in eurem täglichen Leben angewendet werden können. Und hinzukommt, dass ich in den letzten Jahren sehen durfte, wie sehr euch dieses Thema am Herzen liegt. Und was euch in dieser Weise am Herzen liegt, das möchte ich doch beachten und die belastende Ungewissheit in leichte Gewissheit umwandeln.

Würde ich eine Statistik über eure bevorzugten Themen anfertigen, so würde Schönheit und Jugendlichkeit inzwischen den ersten Platz belegen, noch vor der Gesundheit und dem Geld.

Ihr habt Fragen über Fragen zu diesem Thema. Dass ich es bin, der die Antworten geben darf und euch dadurch wieder ein Stück Freiheit zurückgeben kann, erfreut mich schon sehr. Es zeigt doch auch mir einmal wieder, wie sehr euer Vertrauen in mich gewachsen ist. Ich erwähne das so gerne, weil ich euch mit meiner Freude anstecken möchte. Und Freude im Leben zu empfinden, ist das größte Geschenk, denn dadurch fließt alles Göttliche zu euch, was reine Liebe ist.

Es fühlt sich wirklich schön und erhebend für mich an, solch interessierte Schüler zu haben. Doch ich sehe auch einige, die, gerade auf dieses Thema bezogen, äußerst skeptisch eingestellt sind, denn sie haben schon sehr viele Anregungen und Erfolgsberichte von anderen ausprobiert, die sie selbst kaum weitergebracht haben, und wenn, dann nur kurzfristig. Von daher ist die Vorsicht sehr gut zu verstehen, die ja hinter der Skepsis steckt. Doch die Skepsis geben wir jetzt einmal an euer Ego zurück, denn dieses hat sie in euch geweckt, um euch weitere Enttäuschungen zu ersparen. Und dadurch machen wir euch auch frei für das, was jetzt kommt. Doch bei allem, was ich euch zu diesem Thema sage, liegt es an euch, ob ihr den Erfolg erreicht, den ihr euch vorstellt. Und dieser ist, wie das meiste auf der Erde, mit Arbeit verbunden. Doch sie kann sehr beglückend sein, zumal, wenn ihr den Erfolg zu sehen bekommt.

Wie alles in eurem ganzheitlichen Körpersystem, sind auch die Verjüngungsweisheiten als Programme in euch angelegt, müssen jedoch durch genaue Programmierungen, das heißt, Formulierungen, aktiviert werden.

Von euren Gedanken, eurer Sprache und sogar den Eindrücken, die ihr von anderen Menschen habt, „nähren" sich eure Zellen. So sollte sehr sorgfältig darauf geachtet werden, wie diese drei Punkte gehandhabt werden.

Ihr habt euch daran gewöhnt, Programmierungen ständig zu wiederholen. Ich verweise zu einem besseren Verständnis auf das Sätzchen: Ich verstehe das nicht! Wie oft sagt ihr das? Doch im Grunde programmiert ihr dadurch: Ich verstehe das. Da eure Zellen Zugriff auf euer gespeichertes Wissen haben und wissen, dass ihr wisst, reagieren sie auch dementsprechend und wollen euch verstehen lassen.

Doch durch diese Aussage mit der Verneinung schränkt ihr eure Intelligenz ein und hindert euer Bewusstsein erst einmal daran zu verstehen, indem ihr eine Blockade setzt, die euch dann in den Zustand des Unverständnisses bringt. Dieser bewirkt meist, dass das Unverstandene ins Unterbewusstsein verdrängt wird.

Das ist nur ein kleines Beispiel dafür, wie sehr ihr euch oft einschränkt. Hättet ihr auf die Blockade verzichtet, so hätten eure Zellen eifrig daran gearbeitet, das Verständnis aus euch hervorzuholen und euch dann auch wirklich verstehen zu lassen.

Ein wirkliches Unverständnis liegt nur selten vor, das hat dann mit einem Thema zu tun, über das euch noch Informationen fehlen. In diesem Fall könntet ihr sagen: Ich verstehe zu wenig von diesem Thema und möchte mehr Informationen dazu. Dann handeln eure Zellen in der Weise, dass sie Situationen anziehen, in denen ihr mehr Informationen erhaltet.

Hinzu kommt noch, dass ihr euch durch eine solche Aussage auch in eurer Wahrnehmung kleiner macht, als ihr seid, was zwar zu der niedrigen Schwingung um euch herum passt, aus der ihr jedoch aussteigen möchtet.

Eure Körperzellen wissen um eure Größe und handeln dementsprechend. Kurzum, sie weigern sich, zu glauben, dass ihr wirklich „nicht" versteht. Im Laufe unseres Gespräches gebe ich dazu noch weitere Erklärungen, die euch hoffentlich einleuchten und zu einem anderen Gedankengut verhelfen, nämlich dem, eure Größe zu leben und dies auch durch eure Sprache auszudrücken.

Wieder einmal sind es drei Punkte – ihr erinnert euch an die Gesetzgebung –, die beachtet werden sollten: Sprache, Gedanken und Wahrnehmung eurer Außenwelt, beziehungsweise der von anderen Menschen. Bisher habt ihr diese drei Punkte meist in abwertender Weise bedacht. Auch das ist etwas, das euch einschränkt. Ihr erinnert euch, wie oft Meister und Engel euch gebeten haben, von Verurteilungen Abstand zu nehmen? Auch aus dem Grund, dass ihr euch damit einschränkt und eure ganzheitliche Intelligenz ebenso.

Ihr habt es selbst in der Hand, euch zu begrenzen, euch zusammenzuziehen oder euch auszudehnen. Wir aus der geistigen Lichtwelt geben euch dazu lediglich Informationen oder lassen euch einen Weg erkennen, der eine Veränderung eurer Situation, die immer einer Gedankenkorrektur bedarf, ermöglicht. Das tun wir, wenn wir erkennen, dass ihr euch zu sehr verfangen habt, und auch wenn ihr uns um Hilfe bittet.

Jede Verurteilung anderer weist darauf hin, was ihr bei und in euch selbst seht. Ihr nutzt hier einen Spiegel, den euch andere durch ihr Verhalten vorhalten, weil ihr das, was eurer Meinung nach verurteilt werden muss, bei euch selbst verdrängt habt. Eine Verurteilung eures eigenen Körpers oder dem, was euch an euch stört, lässt ihn wirklich „alt aussehen" und sterben, und das betrifft auch die Spiegelsituation, denn wie gesagt, die Verurteilung gilt euch selbst. Und mit „alt aussehen" und sterben meine ich, dass durch Verurteilungen die Lebensfreude unterbunden wird und euch mit der Zeit nur noch Trauer aus dem, in diesem Fall, manifestierten Spiegel entgegenschaut. Und ein Körper ohne Lebensfreude ist auf Zerstörung programmiert. Die Menschen werden krank oder suchen sich andere Wege, um das loszuwerden, was sie ablehnen. Kommt euch das bekannt vor?

Um ein Verjüngungsprogramm erfolgsorientiert anwenden zu können, sind Formulierungen zu bilden, die sehr bewusst eingesetzt werden sollten, damit eure Zellen in entsprechender Weise handeln können. Und diese Formulierungen müssen über eine längere Zeit – ähnlich wie dies bei Affirmationen ist – wiederholt werden. Euer Handeln betrifft also jetzt zunächst einmal die Sprache und die Gedanken. Mit den Wahrnehmungen verhält es sich ein wenig anders, obwohl sie beim Programmieren gleichberechtigt mitwirken.

Zuerst einmal jedoch bestimmen Sprache und Gedanken, in welche Richtung die Aktivierung gehen soll, in den Verjüngungsprozess oder in den Verfallsprozess. Beide Seiten liegen so nahe beieinander wie zwei Seiten einer Münze, und ebenso leicht sind sie von einer Seite zur anderen zu bewegen.

Eure Gedanken, eure Sprache und eure Eindrücke nehmen Programmierungen vor, die euch meist vollkommen unbewusst sind und trotzdem eine Wirkung freisetzen, die auf euren Körper meist zerstörend wirkt. Und da ihr so lange dem Zerstörungsmuster gedient habt, könnte man doch daraus schließen, dass ihr durchaus wisst, wie eine Seite der Münze über eine lange Zeit gehalten werden kann. Dass diese Seite bisher meist die des Verfallsprozesses betraf, hängt noch mit den alten Gewaltmustern zusammen, die in vielen Situationen Gewalt hervorriefen und so auch bezüglich eures Körpers.

Auch ein Alterungs- oder Verfallsprozess ist ein Prozess, der nun einmal zerstörend wirkt. Doch wie kann man ihm entkommen?

Von altersher haben meist die Frauen versucht, diesen Prozess zu stoppen. Einer der Gründe war der, dass sie glaubten, ab einem bestimmten Alter für die Männer zu wenig attraktiv zu sein – mit verwelkender Haut und den anderen Nebenwirkungen des Alterungsprozesses. Sie haben Angst vor diesem Prozess entwickelt. Und sie haben mit dieser und den entsprechenden Gedanken ihrem

Körper Gewalt angetan. Der Körper hat sich abgewiesen gefühlt. Und da ja alle Reaktionen weitere nach sich ziehen, haben einige der jüngeren Frauen dieses Denken unterstützt, indem sie die Rolle der Konkurrentin gespielt haben.

Was habt ihr bisher mit dem Gedanken an Altern verbunden? Welche Gedanken dazu haben in euch vorgeherrscht und euch zu ihrem Ausleben gebracht oder andere dazu gebracht, euch auf eure Gedanken zu antworten, indem sie drastische Maßnahmen ergriffen haben, um euch aufmerksam zu machen?

Nun ist die Erfahrung einer Abweisung immer sehr schmerzlich, für alle Beteiligten. Darum habt ihr euch auch oft äußerst verletzt gefühlt, wenn diese Abweisung zu euch zurückkam. Und auf den Körper bezogen, kann es durchaus geschehen, dass sich der Körper daraufhin noch schneller zusammenzieht, als ihr es bei euch vorher schon beobachtet hattet. Und dieses Zusammenziehen zeigt euch zuerst die Haut. Sie beginnt zu „schrumpeln", doch auch die Augen verlieren ihren lebensbejahenden Ausdruck, das heißt, das freudige Strahlen.

Solange man noch jung an Jahren ist, mag man kaum glauben, dass es einem selbst mal so ergehen wird, wie es der älteren Generation bisher meist erging. Das, was der Jugend so selbstverständlich scheint, bringt viele dazu, sich der älteren Generation gegenüber respektlos und wenig liebevoll zu verhalten. Doch diese ruft eine solche Reaktion hervor, denn sie denkt in der entsprechenden Weise.

Viele Menschen leben einige Jahre mit ihren Eltern zusammen und vielleicht auch mit ihren Großeltern. Wie gehen sie mit ihnen um? Was haben die Menschen über sie gedacht? Wie haben sie deren Altern empfunden? Und wie habt ihr selbst es empfunden?

Das alles kann euch selbst ereilen, wenn ihr reifer werdet.

Doch es ist möglich, aus dieser festgefahrenen Situation auszusteigen!

Stellt euch die Menschen zuerst einmal in eurer Familie und später dann auch die in eurer Umgebung als zwar reife, doch junggebliebene Menschen vor, egal, wie sie sich euch zeigen – und denkt in dieser Weise. Sucht in ihnen den junggebliebenen Punkt, der immer vorhanden ist, ebenso wie das Licht in jedem Körper. So könnte eure neue Affirmation heißen: Meine Eltern sind jung geblieben, obwohl sie dabei weise geworden sind.

Spiegeln Krankheiten ein anderes Bild, so sollte die Vorstellung in der gleichen Weise gebildet und die Krankheit ausgeklammert werden. Versucht es selbst bei Menschen, die kurz vor dem Übergang in die andere Welt stehen. Bei euch wird dadurch das Jungerhaltungsgen aktiviert.

Bei Kranken dürft ihr allerdings zusätzlich Mitgefühl aufbringen – jedoch ausschließlich dessentwegen, was sich der Mensch aufgeladen hat. Wir sprechen nachher noch im Kapitel *Krankheiten* darüber.

Gehen wir nun noch einmal zu den Konkurrentinnen zurück. Ganz davon abgesehen, wie viel Leid durch ihr Verhalten verbreitet wurde und wird, das war ja auch wieder ein Erfahrungswunsch, ist mit einem solchen Verhalten der jüngeren Frauen eine Antwort auf die Gedanken der älteren gegeben worden. Denn das, was diese über sich selbst gedacht haben, hat das angezogen, was sie durch ihre eigene Ablehnung angezogen haben.

Bedenkt bitte immer, dass jede Ablehnung eine Abweisung ist, die euch irgendwann ermöglicht, sie selbst zu erfahren – und das werdet ihr zwangsläufig auch. Durch euer eigenes Verhalten der Ablehnung euch selbst gegenüber habt ihr diesen Prozess bei euch selbst in Bewegung gesetzt. Denn Abweisung verletzt immer, auch wenn der Abweisende das im Moment seiner „Tat" kaum bemerkt. Allein schon deshalb müsst ihr es selbst erleben, denn nur dadurch könnt ihr auf lange Sicht Mitgefühl erlangen. Und die Abweisung seiner eigenen Körperweisheit ist sicher eines der gröbsten Vergehen, das ihr ausübt.

Durch eine Abweisung an sich erfolgt schon das Anziehen einer ähnlichen oder gar gleichen Situation. Ihr selbst setzt diesen Vorgang in Bewegung, um das, was ihr ausgesandt habt, selbst erfahren zu können.

Ihr praktiziert das andauernd. Da ihr selbst es nur selten auch bei euch selbst erkennen konntet, habt ihr dazu den sogenannten Spiegeleffekt genutzt. Der Spiegel bietet euch die *Möglichkeit* zu erkennen, was euch jedoch für lange Zeit ebenso verborgen war wie vieles andere auch.

Bei unserem Beispiel spiegelt ein junger Körper für reife Frauen, wie sehr sie selbst bereits verfallen sind. Das heißt, ein Spiegel der geistigen Zusammenhänge spiegelt immer die Gedankenwelt, und somit haben die älteren Frauen die Bestätigung ihrer eigenen Gedanken erfahren. Denn wisst, euer Gesamtkörper strebt immer nach Wahrheit. Und so wird er euch immer helfen, euch eure Gedanken zu Bewusstsein zu bringen, indem er sie in eurer Realität wahr werden lässt.

Seltsamerweise hatten Männer in den meisten Epochen der vergangenen Zeiten kaum Probleme mit dem Verfallsprozess, doch inzwischen leiden auch immer mehr Männer darunter, sich älter und weniger attraktiv zu fühlen, was ihnen durch die Werbung in den Medien im Außen gezeigt wird und in ihrem Inneren auf Resonanz stößt. Auch sie haben ja meist sehr viele Leben als Frauen verbracht und die weiblichen Anlagen sind auch in ihnen vorhanden.

Doch zusätzlich ist das Angebot für Arbeitsstellen meist der jüngeren Generation vorbehalten. Also sehnen sich die Menschen auch aus diesem Grund oft nach einem attraktiven und jugendlichen Aussehen.

Was nun die Werbung zu unserem Thema betrifft: Vielleicht entnehmt ihr dieser Nachricht einmal, wie sehr sie euch etwas vermittelt, was euch einschränkt. Dadurch wird das Massenbewusstsein manipuliert, und zwar in der Weise, dass die Werbung ebenso wie die Konkurrentin auf die Gedanken antwortet, die einst ausgesandt wurden und inzwischen in einem Kreislauf gefangen sind, der eine andauernde Bestätigung verwirklicht.

Was die Frauen zu Beginn dieser Gedankenstruktur stark in Bewegung gesetzt haben, war der Wunsch, dass sie selbst aus unterschiedlichen Gründen so lange wie möglich jung aussehen wollten. Und das wiederum zeigt, dass sie irgendwo in ihrem Inneren zumindest eine Ahnung davon hatten, dass so etwas doch möglich sein müsste.

Da diese Ahnung, trotz aller Versuche, sie umzusetzen, bisher ohne großen sichtbaren Erfolg blieb, kann sich doch schon einmal die Kosmetikindustrie freuen. Sie macht sehr gute Geschäfte und hat den Erfolg in anderer Weise, als sich die Frauen ihn gewünscht hätten.

Dass diese Industrie für eure „Jungerhaltung" Tiere töten musste, um deren Frischzellen für ihre Produkte zu bekommen, war weniger begrüßenswert. Inzwischen haben sich jedoch viele Kosmetikfirmen auf Pflanzenkräfte eingestellt und die Tiere dürfen weiterleben, was ich sehr begrüßenswert finde.

Doch denkt man einmal darüber nach, dass doch auch Tiere dem Verfallsprozess unterworfen sind, müsste es doch jedem einleuchten, dass die aus ihren Zellen gewonnenen Substanzen zur Jungerhaltung nur kurzzeitig wirken konnten. Also hieß es: morgens cremen und abends cremen und vielleicht noch einmal zwischendurch. Bitte, ich freue mich über die Aufmerksamkeit, die ihr damit zumindest schon einmal eurer Haut entgegenbringt, doch all das unterstützt den Alterungsprozess und bewirkt somit das Gegenteil von dem, was ihr erreichen wollt und was euch versprochen wird. Indem ihr zu äußeren Hilfsmitteln greift, übersehr ihr eure eigenen Hilfsmittel, die in euch als Wissen vorhanden sind und nur darauf warten, genutzt zu werden. Trotzdem dürft ihr euch dann zusätzlich cremen, jedoch mit einem anderen Gefühl und Denken. Diese sollten in der Richtung liegen, dass ihr euch bewusst macht, dass ihr euch beim Cremen salbt, eurer strahlenden Schönheit mit einem Ritual dazu verhelft, sie zu erhalten, und dies zu einem „heiligen" Fest werden lasst.

Ein Fest bereitet Freude, sollte es wenigstens, und eure Zellen reagieren manchmal wie kleine Kinder. So werden sie bei einem festlichen Akt noch aktiver und arbeiten in Freude an eurem Verjüngungswunsch. Der Verfallsprozess wird dabei unterbrochen und schließlich als unbrauchbar in Liebe aufgelöst.

Tiere werden ihren Verfallsprozess erst dann stoppen können, wenn ihr als Menschen auch hier wieder die Pioniere spielt. Tiere ahmen euch in eurem Verhalten nach und zeigen euch auf ihre Art, was ihr macht. Das hat weniger mit Intelligenz zu tun als mit ihrem Vertrag, euch zu

Diensten zu sein, auch als Nahrung, solange ein Mensch sich noch mit dieser Nahrung ernähren zu müssen glaubt.

Ich weiß, dass hier Protest erfolgt. Und doch, obwohl die Tiere ihre Zustimmung dazu zurückgenommen haben, helfen sie euch trotzdem noch in dieser Weise, denn im Moment ist der Zeitabschnitt da, in dem sich alles, was dunkel scheint, zusammenballt, damit es Auflösung erfahren kann.

Jetzt gehen wir einmal etwas intensiver auf den Alterungsprozess ein und auf die Gedankenkraft, die diesen überhaupt erst ermöglicht, und damit zäume ich das Pferd von vorne auf, statt, wie ihr meist sagt und vielleicht auch tut, von hinten.

Das bedeutet, dass ich zuerst das bewusst mache und somit für die Zukunft ausschließe, was euch in eurem Verfallsprozess festhält. Und das ist mittlerweile zum Anfang des Geschehens geworden. Der Grund dafür ist, dass ihr in den verflossenen Zeiten gelernt habt, in zusammenziehender Weise zu denken und zu handeln. Ihr neigtet dazu, die meiste Zeit eures Lebens alle Situationen erst einmal in schädlicher und vernichtender Weise zu betrachten, und das prägte dann eure Gedankenwelt.

Wenn ihr jetzt noch einmal darüber nachdenkt, mit wie vielen Cremes ihr dem Alterungsprozess entgegenwirken wollt, so könntet ihr doch im Grunde auch bewusst erkennen, dass ihr wisst, dass eine Verjüngung möglich ist, denn warum versucht ihr es sonst immer wieder? Doch gerade durch die Benutzung dieser angeblich verjüngenden Stoffe sagt ihr euren Zellen, dass sie selbst altern und unfähig sind, eine Verjüngung allein durchzuführen. Das Gleiche sagt ihr aus, wenn ihr zum Beispiel Hautstraffungen vornehmen lasst.

Die Zellen verfahren dann, wie die alte Programmierung es verlangt hat, denn sie sagen sich, dass das, was sie für euch tun könnten, ohnehin von euch abgelehnt würde, weil euch der Glaube an ihre – und das sind doch auch eure eigenen – Möglichkeiten fehlt. Sie verhalten sich dann so, wie es ein Kind tun würde, das sich von den Erwachsenen abgelehnt fühlt, und sie tun dann das Gegenteil von dem, was ihr von ihnen erwartet.

Doch das allein ist natürlich zu einfach. Es liegen schon gewichtigere Gründe vor, warum die Zellen so reagieren, trotzdem hat auch das, was ich gerade sagte, eine große Bedeutung.

Was nun die Pflege eurer Haut betrifft, so sagt man, dass bereits Kleopatra aus Ägypten in Eselsmilch gebadet haben soll, damit ihre Haut jung und frisch erhalten bleibe. Das bedeutet doch, dass auch sie wusste, dass man sein Aussehen verjüngen konnte. Also muss dieses Wissen doch schon seit Jahrtausenden in euch vorhanden sein, wenn man eure diesbezüglichen Handlungen, die ihr zwar nur aus einer Ahnung heraus ausgeführt habt, zugrunde legt. Und das wiederum bedeutet doch, dass ein Verjüngungswissen in euch angelegt sein muss, was euch ständig zur Handlung bewegt. Oder seht ihr das anders?

Natürlich ist dieses Programm in euch angelegt, denn wenn ein Alterungsprozess als Programm da ist, so ist im Umkehrschluss auch sein Gegenteil vorhanden. Auch das wisst ihr inzwischen wieder, denn diese Art Abläufe erlebt ihr im täglichen Leben immer wieder. Ihr seid von starken Magnetfeldern umgeben, die sowohl in euch wie auch in der Außenwelt wirken und die beiden Gegensätze wirken lassen. Eure Ebene existiert in der Dualität. Und diese gibt vor, dass ein positives oder ein negatives Vorgehen möglich ist.

Ich lehne diese beiden Begriffe zwar ab, jedoch sind sie euch verständlich, denn sie werden seit jeher für alle erdenklichen Situationen benutzt und sind wissenschaftlich abgesegnet.

Warum ihr dem Alterungsprozess den Vorrang gebt, wenn ihr euch mit dem Verfall eures Körpers beschäftigt, habe ich schon häufiger erklärt. Ihr wolltet in der Dunklen Zeit schnell wieder aus eurem Körper austreten, ihn der Erde zurückgeben und ihn in ihrem Kreislauf des Sterbens und Wiedergebärens verfallen lassen. Denn ihr wusstet, dass ein Ertragen der niedrigen Schwingungen für euch nur für eine sehr begrenzte Zeit möglich war. Und da ihr aus der Ebene, in der eure Körperlichkeit Ausdehnung erfahren hat, in die gegangen seid, die zunächst einmal ein Zusammenziehen eures Körpers verlangte, kann man eure Reaktion durchaus verstehen.

Die Neue Zeit ist angebrochen und in immer mehr Menschen ist der Wunsch erwacht, diese Neue Zeit auch in ihrem jetzigen Körper genießen zu dürfen, den sie sich dazu allerdings auch jung aussehend und gesund und aktiv wünschen. Vielleicht solltet ihr als ersten Schritt mit dem jungen Aussehen auch verbinden, dass ihr auch jung handelt – zwar mit dem heutigen Wissen, was auch die Auflösung von belastenden Strukturen beinhaltet –, jedoch sorglos und vertrauend – eben wie ein junger Mensch, der größtenteils noch ohne die Verpflichtungen des Alltagslebens seinen Spaß haben kann! Das könnte doch schon einmal ein Ansatz zum Nachdenken und Umdenken sein, oder was meint ihr?

Ihr, die ihr auch in eurer Jugend schon ein sehr beschwerliches Leben zu erfahren hattet und dadurch ohne das Gefühl der Sorglosigkeit und Leichtigkeit der Jugend seid, bitte ich, euch von mir helfen zu lassen, euch in einen ähnlichen Zustand versetzen zu dürfen. Denn auch das ist doch möglich!

Ich weiß, dass ihr von Ängsten geplagt seid. Doch soll ich diese unterstützen oder euch lieber wieder darauf bringen, dass ihr vertrauen dürft!

Im Kapitel über die DNS-Stränge ist noch einmal deutlich geworden, dass ihr alle miteinander verbunden seid, denn Licht gehört zur Einheit allen Seins, und alle DNS-Stränge sind mit allem und jedem verbunden, und somit ist die Verbindung aller Erfahrungen doch zwangsläufig darin beinhaltet.

Auch wenn euch das Wissen, wie man diese Verbindung herstellt, noch fehlt, so können die, die wissen, wie es geht, doch angesprochen werden, um das für euch zu tun.

Um aus dem Verfallsprogramm herauszukommen, gibt es zunächst einmal zwei zu verändernde Gedankenmuster, die aus Glaubensmustern entstanden sind. Die Gedankenmuster wiederum haben ihrerseits sehr viele Fallstricke entwickelt.

Das eine ist das des: *Alles um uns herum verfällt, also müssen auch wir uns der Natur beugen und verfallen.* Erkennt ihr, wie ihr euch dadurch ergebt und unselbstständig verhaltet? Ihr sagt damit, dass ihr außerhalb einer Veränderungsmöglichkeit steht, und übergebt die Verantwortung der Entwicklung, wie ihr sie in den letzten Jahrtausenden erlebt habt. Doch es gab auch Zeiten zuvor, in denen ihr eure Körper jung erhalten habt. Die Erinnerung daran ist in euren Zellen ebenfalls gespeichert.

Das andere Gedankenmuster ist das des: *Verstecken spielen müssen.*

Das letztere ist ein Solidaritätsmuster, das ihr euren Ahnen zuliebe weiterlebt. Sie haben in vielen Leben gelernt, dass es besser ist, mit dem Strom zu schwimmen, wenn man überleben möchte. Doch im Grunde wollten sie nur kurz auf der Erde verweilen, also wozu dann nach Wegen suchen, die ein Überleben sicherten? Denn hätten sie in den Dunklen Zeiten wirklich überleben wollen, so hätten sie doch kaum ein Verfallsprogramm aktiviert, das genau das Gegenteil von Überleben zur Folge hatte. Und so paradox ihr Verhalten scheint, so habt ihr euch diesem Paradoxon ergeben und dieses veraltete Programm übernommen.

Das erstgenannte Muster ist ebenfalls ein Solidaritätsmuster, welches ihr der Erde und ihren Gesetzen gegenüber lebt. Verfall umgibt euch, das ist immerzu zu sehen. Warum also sollte es auch anders möglich sein?

Ihr wollt, dass auf der Erde ein Paradies entsteht. Glaubt ihr, dass in diesem Verfall vorkommt? Ihr möchtet eine Engelsebene auf die Erde bringen, und dort ist Verfall ein Fremdwort. Veränderung auch des Verfallsprogramms ist möglich, ebenso wie auch Computerprogramme immer wieder verändert werden können. Doch diese Veränderungen müssen selbstbestimmt und auch wirklich erwünscht sein.

Nun, als wir geplant und programmiert haben, wussten wir, dass die Zeit käme, in der ihr euch wieder in die einstigen wissenden Wesenheiten verwandeln würdet. Und so haben wir natürlich vorgesorgt. Verjüngungsweisheiten und damit ein Leben in einem verjüngten Körper gibt es tatsächlich.

Ihr habt sogar die Wahl, mit eurem jetzigen Körper in andere Ebenen zu reisen und dort weiterzuleben oder auf der Erde zu bleiben, solange ihr wollt.

Das hört sich fast wie ein Märchen an, hm?

Doch ihr könnt das bereits zum jetzigen Zeitpunkt in Bewegung setzen. Ganz besonders erleichternd finde ich die Aussicht, dass ihr euch jederzeit wieder anders entscheiden könnt.

All das ist bereits in euch angelegt. Ein Wunder? Nun, ihr habt an diesem Wunder mitgewirkt. Erkennt ihr, was für eine Größe ihr haben müsst?

Doch wie könnt ihr nun die Veränderung in Bewegung setzen?

Zuerst einmal nutzt ihr die Sprache dazu!

Die meisten von euch haben schon von Affirmationen gehört. Doch fast alle können aus Erfahrung sagen, dass sie kaum gewirkt haben.

Das hat mit der Wort- beziehungsweise Satzwahl zu tun, die zuerst einmal ohne Verneinung gebildet werden sollte.

Eine Verneinung spricht auf den negativen Pol an, der zuerst einmal von den Körperzellen abgelehnt wird. Sie halten ja immerfort nach dem Licht Ausschau, denn das ist klar, und so sehen sich die Zellen selbst auch als klare Empfänger für eure Weiterentwicklung hin zum Licht, zu dem ihr alle gehört.

Obwohl sie euch jeden Wunsch erfüllen, gleich, in welche Richtung dieser geht, verharren sie bei einer Verneinung erst einmal in Wartestellung.

Ein kleines Kind, welches euch sozusagen aus dem Himmel in die Hände gelegt wird, könnte euch das erklären, denn auch dieses versteht kaum, wenn die Erwachsenen die verneinende Sprache anwenden. Und so scheinen sich viele Kleinkinder, die die menschliche Sprache gerade erst verstehen lernen, euren Anordnungen zu widersetzen – einfach weil sie diese anders interpretieren, nämlich bejahend. Sie klammern das Nein einfach aus und werden dadurch oft als unfolgsam ausgeschimpft, denn sie tun dann ja das Gegenteil von dem, was von ihnen erwartet wird. Doch mit ungefähr drei Jahren nutzen sie die Sprache schon so, wie es ihre Eltern tun und die Menschen in ihrer Umgebung. Sie werden unklar in ihren Äußerungen. Und diesbezüglich möchte euch jetzt ein wenig schmunzeln lassen. Sobald die Kinder verstanden haben, was das Nein bedeutet, kommt einigen in den Sinn, die Sprache zu nutzen, um ihre Eltern und einige der anderen Menschen, mit denen sie zu tun haben, auf die Unsinnigkeit ihrer verneinenden Sprache hinzuweisen und ihrerseits Unsinniges mit ihr anzustellen. Sie beginnen zu lügen. Zuerst ist das ein phantasiegesteuertes Unterfangen, doch es kann sich sehr schnell zu einer Verhaltensstruktur entwickeln. Sie sagen die Wahrheit, doch verschleiern diese mit einem Nein, was dann die Lüge ist. Versteht ihr, was sie tun?

Nun, einige Kinder sind euch haushoch überlegen, wenn man den Bewusstseinsstand zugrunde legt. So klein sie sind, so ausgeklügelt gehen sie manchmal mit euch um. Meist wissen sie auch genau, wen sie vor sich haben. Sie erkennen eure Seelenstruktur und wissen teilweise auch um die Aufgaben, die ihr und auch sie zu erfüllen gedenken. Nur fehlt ihnen im Kleinkindalter die Möglichkeit, euch darüber zu berichten. So versuchen sie euch mit den Möglichkeiten, die ihnen zur Verfügung stehen, zur Wahrheit zu bewegen. Nun ja, ihr wisst, dass sie damit ohne Erfolg geblieben sind.

Euch fällt es sicher schwer, das nachzuvollziehen, zumal in den meisten Sprachen ebenfalls ein Nein existiert. Und außer dem Nein gibt es viele sprachliche Ausdrücke, mit denen ihr eine verschleiernde Funktion ausübt.

Ihr tut im Laufe der Zeit das, was viele Menschen tun, und das muss doch richtig sein, so denken viele. Nun, das hat schon etwas! Doch die Zellen sind anders programmiert worden. Sie bleiben bei der Klarheit!

Der Hintergrund ist der, dass ihr wieder mit der Einheit zusammenwachsen und die einstigen Strukturen des wahren Miteinander-Verkehrens wieder annehmen wolltet. Und in unseren Ebenen mit der mentalen Verständigung wird die klare Sprache ohne Verneinung angewandt. So haben sich eure Zellen an die heimatlichen Gebräuche gehalten und sind ihnen treu geblieben, könnte man daraus ableiten, doch sie hatten auch im Sinn, wenn man das so sagen kann, euch zu helfen, das wieder zu erkennen.

Trotzdem haben sie euren „Befehlen" zu gehorchen, doch davor denen eurer Seele und denen der göttlichen Aspekte in euch, die sich eurem Lebensplan verpflichtet haben.

Ihr seid heute auf der Erde, um euch selbst wiederzuerkennen. Dazu habt ihr alle Anlagen in euch. Doch ihr müsst euch dazu auch selbst bewegen, das heißt, ihr müsst euer Bewusstsein immer wieder mit Situationen konfrontieren, die helfen, dieses zu erweitern.

Ihr verfügt über Schöpferkräfte. Und wer seine zwölf Strang-DNS wieder zur Verfügung hat, der kann auch diese Kräfte zur Weiterentwicklung nutzen, und das heißt wiederum, dass ihr dann bewusst erschaffen könnt, jedoch nur im Einklang mit dem Licht. Denn das habt ihr vertraglich genauso bestimmt.

Von jeher habt ihr erschaffen – eben mit euren Gedanken! Doch in der Dunklen Zeit war dies eine unbewusste Handlung, während sie jetzt immer öfter wieder bewusst erfolgt.

Zur Verjüngung erneuert eure Affirmationen und überprüft die Ergebnisse. Das ist ein Anfang.

Des Weiteren möchte ich euch auf die beiden Wörtchen ICH BIN aufmerksam machen. Sie betreffen eure

Gesamtheit und werden häufig so angewandt, dass ihr eure Gesamtheit verkleinert, das heißt, dass sich euer Energiefeld arg zusammenzieht.

Als einige Beispiele führe ich an: Ich bin müde! Ich bin ärgerlich! Ich bin dumm! Ich bin arm! Ich bin alt!

Das sind Sätze, die euch energetisch zusammenziehen. Anders ist es, wenn ihr sagt: Ich bin reich! Ich bin glücklich! Ich bin verliebt! Ich bin gesund! Ich bin jung! In diesen Fällen wird euer Energiezentrum erweitert, was ihr im Übrigen auch spüren könnt, wenn ihr euch bewusst in das Erspüren hineinwagt, und diese Aussagen werden von euren Zellen sofort als auszuführende „Befehle" angenommen, und sie setzen diese auch sofort um.

An diesen Beispielen könnt ihr erkennen, so ihr das einmal ausprobiert, dass eine positiv ausgerichtete „Ich Bin"-Formulierung hilft, euch auszudehnen, während eine negative Formulierung das Gegenteil bewirkt.

Und so sagt ihr auch: Ich bin doch schon alt! Ich bin doch schon siebenundsiebzig Jahre alt! Ich bin eine alte Seele! Und viele, viele weitere Ich Bins werden in dieser oder ähnlicher Weise von euch als Programmierungscodes verwendet.

Warum habt ihr euch das angewöhnt? Die alten Zeiten und ihre verwirrend vielen Vorgehensweisen, sie zu erhalten, waren der Auslöser. Es ist Zeit, das zu verändern.

Ihr sagt zum Beispiel auch gerne: Was ich habe, das weiß ich, was kommt, weiß ich noch lange nicht! Diese Formulierung soll euch festhalten in dem, was ihr bisher kennengelernt habt. Was sie jedoch tut, ist, euch trotzdem von Situation zu Situation zu tragen, denn Veränderung zu erfahren, gehört zu euren Lebensaufgaben. Doch dieser Satz hat auch eine zusammenziehende, begrenzende Wahrnehmung zur Folge. Also wäre es doch sinnvoll, auch diesen Satz loszulassen.

Um alte Verhaltensweisen, die euch begrenzen, zu verändern, könnt ihr sie schon einmal von euch abtrennen, vielleicht mit einem imaginären goldenen Werkzeug von eurem Körper abschneiden und in die goldenen Hände des goldenen Friedensengels legen und ihn bitten, sie umzuwandeln in Frieden und Liebe und euch dadurch in einen Zustand der energetischen Ausdehnung zu erheben.

Zu den von mir erwähnten Sätzchen fallen euch sicher noch weitere ein, mit denen ihr in derselben Weise verfahren dürft, um sie aufzulösen.

Nun möchte ich euch noch einmal auf das Solidaritätsmuster hinweisen. Bedenkt, mit wem oder mit was ihr euch solidarisch erklärt.

Ist es ein begrenzender Gedanke, so trennt euch. Erklärt ihr euch mit anderen Menschen solidarisch, um den Frieden, die Freiheit und die Liebe zu unterstützen, so ist es insofern zu begrüßen, als dass ihr dabei schon einmal eure eigenen Vorstellungen von Freiheit, Frieden und Liebe erweitern könnt und zudem diese Schwingungen zum Wohle aller einsetzt.

Um den Verjüngungsprozess in Gang zu setzen und ihn als ganz natürliches Erbgut aus eurer geistigen Ahnenreihe anzuerkennen und dabei zu bleiben, ist jegliches Begrenzungsdenken abzulegen. Oft spielt euer Ego dazwischen, um euch davon abzuhalten. Doch über dieses Thema sprechen wir noch.

Was könnt ihr also definitiv tun, um Verjüngung zu erreichen?

1. Die göttliche Ahnenreihe anerkennen, denn alle
   Wesen, die dazugehören, fühlen sich jung und

sehen auch so aus, wenn sie sich euch zeigen. Euch selbst als göttliche Wesen sehen und anerkennen.

2. Alle begrenzenden Vorstellungen ausschalten, beziehungsweise umwandeln lassen – von Wesen aus der goldenen Ebene.

3. Die Vorstellung dessen, wie ihr euch sehen möchtet, immer im Vordergrund haben, was bedeutet, wenn ihr in den Spiegel schaut, so seht das Bild der Vollendung. Ihr solltet jedes Fältchen, auf das euch übrigens euer Ego aufmerksam macht, sofort in eurer Vorstellung glätten und sofort das entsprechende Ergebnis im Spiegel sehen.

Bleibt konsequent dabei, es wirkt in die Richtung, die ihr euch selbst als Ziel vorstellt, und ihr werdet schließlich zum lebendigen Bild eurer Vorstellung.

Auch wenn es euch unbewusst war, so habt ihr die ganze Zeit in die Gegenrichtung programmiert.

Ganz übel kann euch bei allen guten Vorsätzen jedoch der Satz erwischen, den vielleicht ein Bekannter zu euch sagt: „Wie alt bist du inzwischen? Ja, wir werden alle *nicht* jünger! Hast Du auch schon Alterszipperlein?" In dieser Richtung wird euch einiges zugetragen, was euch ganz schnell wieder von eurem Vorhaben abbringen könnte.

Doch erforscht ihr daraufhin eure Gedanken, die ihr vor dem Gespräch hattet, so könnte es durchaus sein, dass ihr dachtet: Oh, ist der aber alt geworden. Hat der aber viele Falten bekommen usw.! In einem solchen Fall, der zu Anfang der Veränderung fast immer eintritt, wenn man in diese Art Gespräch verwickelt wird, ist wieder einmal der euch bereits bekannte Spiegeleffekt eingetreten: Gedanken und die Antworten darauf. Und es ist eine Falle, in die ihr getappt seid.

Also: Immer das Jungerhaltungsprogramm auch für eure Mitmenschen einsetzen. Auch in diesem Falle gilt, was du mir tust, das tue ich dir ebenso, doch diesmal ist der Satz liebevoll gemeint. Und ihr könnt auch an diesem Beispiel wieder erkennen, wie ihr miteinander verbunden seid. Bis ihr das auch fühlen könnt, vergeht noch ein wenig Zeit, doch sie kommt.

In dem Moment, wo euer Gegenüber euch diese Dinge sagt, ist es möglich, dass ihr eure alte Vorstellung wieder annehmt und euch in einem sichtbaren Spiegel auf die Ergebnisse dieser alten Vorstellung hin untersucht und euch vielleicht sogar ähnliches fragt. Und dabei werdet ihr wieder Fältchen sehen, so lange, bis ihr an den Erfolg glauben könnt, gleich, wer euch davon abbringen möchte und wie.

Es gehört schon einiges an Willenskraft dazu, bei seiner neuen Vorstellung zu bleiben, und wie immer gehört auch dazu – Vertrauen in eure Fähigkeiten zu haben, in die göttlichen Kräfte, über die ihr verfügen könnt, weil sie euer göttliches Erbe sind.

Habt ihr das jetzt oft genug gehört? Hat es euch weitergebracht? Das sollte es!

Sagt mir doch bitte einmal, wie hat denn zum Beispiel ein Mensch, der dreißig, vierzig oder siebzig Jahre gelebt hat, auszusehen? Gibt es eine Norm dafür? Ihr hört eine Jahreszahl und reagiert nach den Vorstellungen eurer Eltern und denen der Menschen in eurem Umfeld. Warum glaubt ihr, dass deren Vorstellungen richtig sind?

Bei unserem Prozess ist Konsequenz das erste Gebot. Fallt ihr einmal raus, so fangt euch wieder, indem ihr euch sagt, dass ihr in jeder Sekunde wieder die neue Vorstellung leben könnt. Und vermeidet, euch eine zeitliche Begrenzung zu setzen, denn dadurch könnt ihr wieder enttäuscht werden und vielleicht aufgeben.

Alle Situationen, die euch begegnen und die euch in die alte Verfassung zurücktransportieren wollen, sind dazu da, euch zu zeigen, inwieweit ihr euch selbst vertraut.

Lebensfreude sollte diesen Prozess begleiten. Denn ein kummervoll gebeugter Rücken zeigt jeder Zelle eures Körpers zum Beispiel, dass es Zeit wird zu altern.

Um sich zu verjüngen, sind natürlich auch die irdischen Möglichkeiten einzubeziehen, die ihr bewusst dazu nutzen solltet. Da ist zum Beispiel das Atmen. Jede Zelle in eurem ganzheitlichen Körpersystem möchte auch durch den Atem mit Lebensenergie aufgefüllt werden – und sie wartet darauf, dass ihr bewusst – zuerst nur in eurer Vorstellung – goldenes oder auch weißes Licht in euren Atem aufnehmt, ihn dadurch energetisch aufladet und euren Zellen so dazu verhelft, euer äußeres Erscheinungsbild zu verjüngen.

Dann kommt das Gefühl des Jungseins hinzu, das noch in eurer nahen Erinnerung vorhanden ist. Fühlt so, wie ihr euch als junger Mensch gefühlt habt: Jung, aktiv und gesund, strahlend und voller Lebenskraft. Voraussetzung ist natürlich, dass ihr das damals auch gefühlt habt. War es anders, so stellt euch heute einfach vor, wie es sich anfühlen könnte.

Dann ist Bewegung ein unterstützendes Hilfsmittel, denn ein junger Mensch möchte sich mehr bewegen als ein alternder. Voraussetzung ist natürlich auch hier, dass ein relativ normaler Ablauf von der Jugend zum Altern absolviert worden ist. Bei aller Art von Blockaden sind natürlich erst diese aufzulösen.

Dann ist da noch die Nahrung, viel Frisches hilft dabei, die Haut glatt zu halten, beziehungsweise wieder zu glätten. Und reichlich Wasser trinken gehört ebenso dazu. Die Nahrung sollte mit dem Magen abgestimmt werden, den ihr bitten könnt, bei einem Zuviel sofort zu reagieren und sich zu verschließen, und ebenso kann er euch verraten, was ihr für diesen Prozess zu euch nehmen solltet.

Ihr könnt das jetzt selbst alles wieder! Und doch biete ich euch an, euch bei diesen neuen Verhaltensweisen zu helfen. Ich kann euch ebenso aufmerksam machen, wenn ihr das gerne möchtet.

Doch bei allem bedenkt bitte auch, dass wieder Geduld gefragt ist.

Euer Körper kann zunächst verunsichert reagieren. Erklärt ihm wie einem guten Freund – denn das ist euer Körper –, welches Ergebnis ihr anstrebt und dass es euch ernst damit ist. Bringt ihm das liebevoll bei, doch achtet darauf, dass ihr vermeidet, ihm zu sagen, dass er so, wie er ist, unschön ist.

Denn der Körper hat euch gedient und hat euer Aussehen so gestaltet, wie ihr es ihm aufgetragen habt. Er verdient eure Achtung und Liebe. Seid einfach liebe- und verständnisvoll mit ihm, und dann seid ihr es auch mit euch selbst.

In dieser Weise könnt ihr euch auch auf Güterfülle programmieren. Sprecht das Wort Güterfülle aus, denn es könnte ansonsten auch auf die Körperfülle wirken. Dabei bedenkt, dass ihr auch formuliert, dass sie euch auf der irdischen Ebene eures jetzigen Zuhauses, das euch im momentanen Tagesgeschehen bewusst ist, erreichen sollte. Verbindet euch dazu auch mit eurer inneren Gottheit und bittet sie, den Lebensplan so umzugestalten, falls er euch für die Verwirklichung der neuen Wünsche im Wege stehen sollte, dass ihr das Ziel erreicht. Ein Lebensplan kann immer verändert werden, wenn man genug der in ihm enthaltenen Erfahrungswünsche gelebt hat. Sprecht mit eurer Gottheit und lasst euch sagen oder zeigen, warum

die Erfüllung eures Verjüngungswunsches bisher ausge-
blieben ist. Und sprecht genau ab, wie ihr es gerne haben
möchtet.

Der göttliche Wille hat immer ein offenes Ohr für
euch, vertraut ihm.

Nun hört sich das alles ganz einfach an, doch ihr werdet
bemerken, dass man auch schnell in eine Falle tappen
kann. Und eine der Fallen ist die, die ich euch schon genannt habe, als ich auf eure Bekannten und deren Reaktion auf eure Gedanken hinwies. Und ich sage euch: Ihr
werdet häufig in diese Falle tappen, denn schon wenn ihr
in eine Zeitung schaut, die euch das Foto eines bekannten
Schauspielers oder Politikers oder, oder, oder zeigt, das
euch sein älter gewordenes Gesicht sehen lässt, und ihr
trefft die Entscheidung, die Person als *im Aussehen älter
geworden* zu beurteilen, so reagiert euer Programm in der
Weise, dass es dieser Beurteilung auch mit dem „Beweis"
eures eigenen „Älter-geworden-seins" antwortet.

Jetzt könnt ihr einwenden, dass das doch stimmt, was
ihr festgestellt habt. Das mag für euch schon so sein, doch
dadurch habt ihr euer eigenes Verfallsprogramm wieder aktiviert. Eure Zellen reagieren auf die kleinste Regung eines
Gedankens und arbeiten mit ihm, also auch mit denen,
über die wir gesprochen haben. Und was die Wahrheit des
Augenblicks angeht, indem euch das alte Bild im Spiegel
entgegenblickt, so bedenkt doch bitte, dass dieses Bild eine
Erschaffung eures künstlerischen Gestaltens ist, das ihr ab
sofort neu moduliert. Und dazu braucht ihr eure Vorstellungskraft ebenso wie jeder gestaltende Künstler.

Solltet ihr euch in die gerade erwähnte Falle begeben haben, so vermeidet bitte, euch darüber zu ärgern, denn ihr
braucht auch Übung darin, den Verfallsprozess wieder

umzukehren. Und sich über etwas zu ärgern, sagt euren Zellen, dass sie versagt haben. Das ist wenig produktiv.

Reagiert lieber mit einem Lachen, statt euch zu ärgern, und vielleicht unterstützt ihr das Lachen, indem ihr euch sagt: Gut, bin ich eben wieder reingefallen! Und jetzt steige ich wieder aus diesem alten Loch aus. Stellt euch das dabei ruhig auch vor.

Das Leben ist ein Spiel, liebe Freunde, erkennt das doch bitte!

Solltet ihr euch in der Falle ertappen, bittet euren Körper und eure Innere Führung darum, euch bei dem Verjüngungsprozess zu unterstützen, und geht dann davon aus, dass sie es tun.

Möchtet ihr dieses Kapitel mit einer Meditation unterstützen, so kreiert euch kleine Filme in eurer Vorstellung und lasst sie ablaufen. Seht euch jung und geht tanzen und verliebt euch neu, oder geht in die Erinnerung zurück, in der euch das widerfahren ist. Holt eure Freunde und Bekannte hinzu und seht auch sie jung und frisch und singt aus reinem, glücklichen Herzen heraus. Singen hält jung, wenn das Herz daran beteiligt ist.

Ihr habt so viele Hinweise, wie Jung-erhalten oder Verjüngung wirkt, ihr solltet sie erkennen – mithilfe eures Körpers und euren inneren Aspekten die zu eurer Verfügung stehen, um euch auch weiterhin zu dienen.

Ihr seid göttliche Geschöpfe, die weder kleine Lichter noch unfähig sind, sondern die bloß zu erkennen brauchen, was sie bisher erschaffen haben und wie!

Ich wünsche euch viel Erfolg und noch mehr Freude bei diesem Spiel.

Engelsebenen und einige der Aufgaben der Engel in Erdnähe

Bezüglich unseres vorhergehenden Themas ist es sinnvoll, um den erwünschten Erfolg zu beschleunigen, die Engelsebenen, die ihr erreichen könnt, aufzusuchen.

Um diese schnellstmöglich besuchen zu können, gehen wir wieder gemeinsam in eine Meditation.

Seht, euer ganzes Leben entstand aus eurer Vorstellung heraus. Natürlich haben auch alle, die euch in eurem jetzigen Leben begegnet sind, daran teilgehabt – mit ihren Vorstellungen. Denn was ihr für euch in Anspruch genommen habt, das stand auch ihnen zu.

Doch ihr musstet Wege finden, wie ihr eure Vorstellungen auf einen gemeinsamen Nenner bringen konntet. Und diese Wege verliefen in den letzten Jahrtausenden selten in harmonischer Weise. Ihr seid euch selbst dabei immer fremder geworden und noch mehr die Menschen, die euch begegnet sind.

Nur selten ist bei einer Begegnung ein Erkennen erfolgt – ein Erkennen des Wesens, das hinter dem heutigen Körper steht. Indem ihr weiter in die Neue Zeit hineingleitet, wird es euch auch passieren, dass ihr auf immer mehr Bekannte aus anderen Ebenen trefft und bewusst erkennt, wer sie sind.

Das ist auch durch das Zusammenwachsen eurer verwandtschaftlichen Strukturen möglich geworden. Und viele von euch kommen aus den Engelsebenen.

Macht euch jetzt bitte bereit.

Bitte lest zuerst den Text ganz durch und gebt euch dann Zeit, in die Meditation hineinzusinken.

Atmet wieder in der tiefen Weise, die ihr schon kennt.

Und seid ihr soweit, dass ihr euch entspannt fühlt, so lasst uns wieder in die Chakrenwelt reisen. Die jetzige Reise beginnt beim zwölften Chakra, in dem euch eure Seele und ein Weiser aus der Ebene der Engel erwartet, in der wir unsere Reise beginnen.

Diese Ebene schaut aus wie ein großes, freies Feld, auf dem Korn zu wachsen scheint. Es weht leicht im Wind, der auch euch sehr sanft umstreicht. Die goldene Farbe des Korns ist sehr intensiv und berührt euer Herz ebenfalls in sanfter Weise.

Lasst uns alles gemeinsam aufnehmen und genießen.

Der Weise spricht zu uns:

Seid mir willkommen, geliebte Geschwister des Lichts. Gestattet ihr mir, dass ich euch hier herumführe?

Dieses Chakra trägt noch eine verborgene Weisheit in sich, die ich jetzt vor euch ausbreiten möchte – als Geschenk von euch an euch selbst.

Die Zeit, in der ihr euch vor eurer göttlichen Größe verborgen habt, ist vorüber. Drum begleitet mich jetzt bitte in die Geheimkammern dieses Chakras.

Wir folgen ihm und kommen zu einem großen Raum, der leicht über dem Kornfeld schwebt. Eine weiße Marmortreppe mit drei Stufen führt vom Feld nach oben in den Raum. Wir gehen sie hinauf und betreten den Raum, der festlich mit vielen bunten Blumen geschmückt ist. Ein Tisch steht mitten im Raum, der mit einer strahlend weißen Tischdecke abgedeckt ist, auf der ein goldenes Buch liegt. Brennende Kerzen und Blumen in Kristallvasen stehen an den Seiten des Tisches, der schon ein wenig Ähnlichkeit mit einem Altar hat.

Um den Tisch herum stehen weiße Sessel, die uns zum Sitzen einladen. Der Weise bittet uns, uns hinzusetzen, und stellt sich vor den Altar und beginnt wieder zu sprechen.

Es ist mir eine große Freude, euch mit eurem Ego bekanntmachen zu dürfen.

Wir bemerken hinter dem Altar ein Wesen, das für jeden anders aussieht. Es kommt nach vorne und stellt sich abwartend neben den Weisen. Dieser spricht weiter:

Ich bitte euch, eurem Ego für seine geleisteten Dienste zu danken, indem ihr eure Hände über eurem Herzen verschränkt und ein Verbindungsband aus goldener Farbe zu seinem Herzen webt. Ich danke euch dafür.

Nun kommen wir zu dem Geschenk, das ihr einst vor vielen, vielen Äonen geplant und hier versteckt habt.

Um seine Leistung noch einmal zusammenfassend zu würdigen, waren die Dienste folgende:

Diese wundervolle Wesenheit hat euch in der gesamten Dunklen Zeit zur Seite gestanden, in der ihr Situationen zu durchleben hattet, die Ängste in euch hinterlassen haben. Ihr hattet einen menschlichen Willen vom göttlichen zu trennen und zu erfahren, was euch vom menschlichen Willen abbringen will, ist sehr gefährlich. So sind eure Ängste fast ins Unermessliche angewachsen, denn Erfahrungen habt ihr unzählige gemacht.

Zu den irdischen kommen noch die aus anderen Ebenen dazu, die euch heute vergessen scheinen. Doch auch diese hat das Ego betreut. Es hat sie für euch verwaltet.

Es hat Wege gefunden, euch von eurer spirituellen, freimachenden Entwicklung abzuhalten und euch immer wieder

317

in den kleinmachenden Zustand zu versetzen. Es hat euch vor göttlicher Strafe gewarnt, und eure Ängste damit noch vergrößert. Es hat euch kritisiert und manipuliert, nur, damit ihr vor dem, was ihr als gefährlich gespeichert hattet, geschützt wurdet. Es hat euch immer wieder verunsichert, damit ihr vermeidet, in eure Größe hineinzuwachsen. Es hat dem Lebensplan immer wieder gedient. Denn letztendlich wusste auch das Ego, dass die Zeit kommt, in der diese Aufgabe erledigt sein würde.

Manche nennen das Ego auch den inneren Kritiker. Und das Ego hat euch immer wieder Opfer sein lassen, denn euer Glaube an Strafe musste die Täterschaft bis aufs Äußerste leugnen.

Ich bitte euch nun, eurem geliebten Ego, eurem Freund aus alten Zeiten, zu vergeben und ihn um Vergebung zu bitten.

Nehmt euch ein wenig Zeit dazu.

Ich salbe nun das Ego und lasse es sich in das goldene Buch eintragen, in dem die Unterschriften der Wesenheiten verzeichnet sind, die eurer spirituellen Entwicklung im Wege standen, denn außer ihm sind noch andere beteiligt, die die Rollen der unterschiedlichen Ängste gespielt haben.

Auch ihnen solltet ihr danken, ihnen vergeben und sie um Vergebung bitten.

Hinter mir steht ein großer Friedensengel, der die Vergebungsaktion leitet und euch alle in Liebe miteinander vereint.

Und damit ist der Weg für das Ego frei, euch mit anderen Aufgaben zur Seite zu stehen und nur noch die Situationen anzuziehen und zu pflegen, die eure Lebensfreude unterstützen.

Ich danke euch für eure Bereitschaft zu vergeben. Wir verstehen, dass der eine oder andere ein wenig mehr Zeit benötigt, um meine Worte zu verdauen, doch auch ihr werdet sehr bald erkennen, was ihr euch selbst an Strafe verabreicht habt, die ihr aus der göttlichen Welt erwartet hattet.

Atmet jetzt noch einmal bewusst in das gerade Erlebte hinein, und dann dankt dem Weisen und verabschiedet euch von allen.

Wer sich noch Bedenkzeit wünscht, dem sei dieser Wunsch erfüllt. Und wer glaubt, dem Ego lieber den Garaus machen zu wollen, wie es häufig von weniger der Liebe und dem Frieden dienenden spirituellen Menschen geraten wird, der wird irgendwann trotzdem diesen hier vorgeschlagenen Weg gehen, denn er ist eine der Bedingungen für die Verbindung mit den noch fehlenden zehn DNS-Strängen. Darum ist die Vergebungsaktion ja im zwölften Chakra zu vollziehen.

Wir verlassen nun den Raum und gehen ins dreizehnte Chakra.

Eure Seele bleibt bei uns und führt uns weiter, bis wir schließlich ins einundzwanzigste kommen.

Im dreizehnten Chakra sehen wir viele Engel, die zu handarbeiten scheinen. Sie weben Muster, die sie an euer Ego mit den neuen Aufgaben übergeben. Die Muster beinhalten Lichterfahrungsmöglichkeiten und werden mit dem sich dort befindlichen DNS-Strang verbunden und von diesem mit weiteren Lichterfahrungsmöglichkeiten erweitert.

Wenn ihr mögt, fragt einen der Engel dort, ob er eine Botschaft für euch hat.

Danach lasst uns weitergehen ins vierzehnte Chakra. Dort finden wir wieder viele Engel, doch sie sind diesmal mit eurer Post beschäftigt. Wie in einem riesigen Postamt, so sieht es hier aus. Und es gibt hier die unterschiedlichsten Abteilungen, die eure Wünsche lesen, begutachten und zur Erfüllung an Engel weitergeben, die sie wiederum an andere Engelinstanzen weiterleiten.

Diese beschäftigen sich dann noch intensiver mit ihnen, vergleichen sie mit dem Lebensplan und werden sie manchmal ein wenig verändern, damit sie zu eurem Erfahrungsweg laut Lebensplan passen. Doch es gibt auch den Ort, der eure Wünsche hortet, bis ihr euch im Klaren über sie seid und euch eure Entwicklung auch erlaubt, sie in Liebe und Dankbarkeit annehmen zu können. Denn oft wünscht ihr hin und her, oder ihr bittet immer wieder um die gleiche Wunscherfüllung, die dadurch immer wieder in der ersten Abteilung, wo die Sichtung eurer Post stattfindet, landet und den ganzen Weg noch einmal zurücklegen muss. So kann das mit der Erfüllung kaum etwas werden. Also wünscht und dann lasst los.

In der Sammelstelle, in der eure Wünsche gehortet werden, liegen die meisten Wünsche, die mit Geld zu tun haben. Doch ihr findet genau an dieser Stelle auch die Verwünschungen, auf das Geld oder die „Reichen" bezogen, und auch sie werden immer wieder mit den Wünschen abgeglichen, damit das Signal, dass ihr dem Geldfluss nun zustimmt, rechtzeitig bemerkt wird.

Ein Tipp von mir, der sich auf den materiellen Reichtum auf eurer jetzigen Ebene eurer Existenz bezieht: Lasst eure Vorurteile den Reichen gegenüber los, gönnt ihnen ihren Reichtum von Herzen, und ihr werdet frei, selbst in diese begüterte Klasse einsteigen zu können. Alle Kritik an den Menschen, die viel Geld haben, entstammt einem niedrigen Beweggrund, egal, wie ihr diesen ummantelt.

Achtet auf eure innere Welt der Resonanz und ihr werdet immer besser erkennen, warum ihr so denkt und abweisend handelt.

In einer Botschaft auf meiner Homepage habe ich auf dieses Muster hingewiesen und den Rat erteilt, immer das

Beste in jedem Verhalten zu sehen. Das macht euch frei und bewirkt, dass ihr dem von euch verurteilten Verhalten eure Unterstützung entzieht. Andernfalls verstärkt ihr das, was ihr verurteilt.

Wenn ihr auf dieser Ebene Fragen stellen mögt, so sprecht wieder einen Engel an. Habt ihr eure Antwort, so dankt ihm und lasst uns weitergehen ins fünfzehnte Chakra.

Hier liegen den Engeln eure Lebenspläne und eure Verträge vor, die von euch geändert werden wollen, und sie werden sortiert. Es sieht hier so aus wie in einem Notariatsbüro. Auch hier dürft ihr einen Engel ansprechen und ihm Fragen stellen. Habt ihr Antworten bekommen, so lasst uns nun weitersteigen zum sechzehnten Chakra.

Im sechzehnten Chakra haben wir die Ebene der Richter und der Gutachter erreicht. Die Richter haben die Aufgabe, eure Wünsche, die meist eine Veränderung eurer Lebenspläne verlangen, mit euren Lebensplänen und euren Verträgen zu vergleichen und abzustimmen, inwieweit sie euch zustimmen könnten. Doch dazu werden auch die Gutachter befragt, die genau wissen, wie es um eure Entwicklung steht und wie ihr voraussichtlich reagieren werdet, wenn einer Änderung zugestimmt wird. Sie haben also die endgültige Entscheidung zu fällen, ob euren Anträgen stattgegeben werden sollte.

Könnt ihr euch vorstellen, dass ihr all diese Engel um Mithilfe gebeten, ihnen einen Sicherheitsstempel übergeben habt, der nur dann bei einer Freigabe benutzt wird, wenn ihr spirituell soweit seid, mit dieser Veränderung eures Lebensplanes zum Wohle aller umgehen zu können?

Habt ihr Fragen, so sprecht wieder einen Engel an und bittet um Antwort.

Habt ihr sie bekommen, so lasst uns weitergehen ins siebzehnte Chakra.

Was ich bisher noch unerwähnt ließ, ist der Weg der Verbindung von Chakra zu Chakra, den ihr darum auch übersehen habt. Für unseren gemeinsamen Aufstieg ist das weniger wichtig, doch solltet ihr es trotzdem wissen, denn ihr könnt, nachdem wir diese Meditation abgeschlossen haben, immer wieder in die Chakren reisen und vielleicht noch weitere Arbeitsgänge der Engel entdecken.

Der Weg vom zwölften bis zum einundzwanzigsten Chakra wird jeweils über eine goldene Treppe mit drei Stufen begangen, deren oberste dann den Wechsel zum nächsthöheren Chakra ermöglicht.

Jede Stufe verläuft in einer langen Ebene, die sich nach hinten ausdehnt. Die Stufe bildet eine Plattform, an deren Ende sich weitere Ebenen anschließen, die fächerförmig angeordnet sind. Und aus jeder Ebene dieses „Fächers" gehen weitere Ebenen in die Weite des Universums. Dies ist eine gigantische Welt von Ebenen. Und in jeder werden weitere Aufgaben erfüllt, die mit euch persönlich, doch auch mit allen Wesen aus den diversen Universen zu tun haben.

Da ich jetzt jedoch bestrebt bin, euch erst einmal langsam an diese Weite zu gewöhnen, bleiben wir in Erdnähe und bereisen die höheren Chakren, die zu euch gehören.

Wir gehen nun vom sechzehnten Chakra die drei Stufen hinauf ins siebzehnte und schauen uns die erste Ebene auf der dritten Stufe an, die im vorderen Bereich hell glitzert. Weiter hinten sehen wir sieben Pyramiden, die auf grünem Grund stehen. Wir sind in der Heilebene der grünen Engel angekommen.

Die sieben Pyramiden sind jeweils mit einem eurer sieben Hauptchakren verbunden und in einem Halbrund angeordnet.

Die Verbindung ist durch eine feine, golden schimmernde Schnur gewährleistet, die sehr dehnungsfähig und flexibel ist, denn eure Chakren sind in ständiger Bewegung, wie ihr wisst. Von jeder Pyramide senkt sich eine Schnur zum jeweils zu ihm gehörenden Chakra. Alle Pyramiden haben drei Seitenwände und einen Eingang in Form eines Tores. Die Seitenwände sind an den Rändern geschliffen, und diese leuchten abwechselnd in den Farben der sieben Strahlen. Schaut euch dieses Spektakel ruhig erst einmal an.

Wir beginnen, den Halbkreis von links anzugehen. Die erste Pyramide betreten die meisten von euch mit etwas gemischten Gefühlen, denn mit Pyramiden haben sie doch sehr schmerzhafte Erfahrungen verbunden.

An jedem Eingang der Pyramiden stehen drei grün gekleidete Engel mit hell leuchtenden Gesichtern, die euch voller Liebe entgegenblicken.

Und so stehen auch in der ersten Pyramide drei Engel. Es gibt jeweils nur einen Raum in den Pyramiden, in dessen Mitte eine Bahre steht. Der Raum jeder Pyramide erstrahlt in der jeweiligen Farbe des Hauptchakras, zu dem sie gehört.

Die Engel in der ersten, rot strahlenden Pyramide erklären euch, dass dort die Heilung aller Vergewaltigungen im Bereich des Wurzelchakras erfolgt, was auch die Heilung der Beine bis zu den Zehenspitzen beinhaltet, wenn ihr bereit seid, euch auf die Bahre zu legen und von den Heilengeln behandeln zu lassen.

Ihr könnt das sofort tun, doch ihr könnt auch wiederkommen, solltet ihr noch Bedenkzeit brauchen.

Die Engel erklären uns, was in den anderen Pyramiden geheilt wird. In der zweiten, die orangefarben leuchtet, wird alles, was mit Geburten, Abtreibungen und Operationen, die heftigste Verletzungen im feinstofflichen Bereich hinterlassen haben, geheilt. Doch auch das Steißbeinchakra wird hier geheilt.

Die dritte Pyramide erstrahlt hellgelb, und in dieser wird eure unterdrückte Wut, die ja ursächlich Verzweiflung war, geheilt und ebenso das rückwärtige Chakra einschließlich des Lendenwirbelbereiches.

Die vierte Pyramide strahlt rosa. In ihr wird die Heilung aller Herzverletzungen vorgenommen, auch wieder einschließlich des rückwärtigen Chakras, das auch die Organe zum Atmen mit einbezieht.

Im Übrigen werden alle Organe, die sich im Bereich der jeweiligen Chakren befinden, in die Heilung mit einbezogen.

Die fünfte Pyramide ist die des Halschakras, die hellblau leuchtet, und in ihr werden eure bisherigen Vorstellungen über die göttlichen Aspekte in euch geheilt, indem ihr diese noch einmal intensiv erfahren dürft. Manchmal wird dazu der logische Verstand auseinandergenommen und mit dem göttliche Willen und dessen Logik verbunden, was den Blick ins Außen weitet und äußerst tolerant anderen Wesen gegenüber werden lässt. Die so gerne gelebte Halsstarrigkeit löst sich auf, und ihr werdet auch im Bereich des Nackens weich und flexibel.

Doch es werden auch noch einmal Ängste beleuchtet, die sich hartnäckig in eurem Nackenchakra halten wollten, obwohl die Auflösung bereits abgeschlossen war. Alte Muster können dermaßen hartnäckig sein, dass sie euch doch immer wieder einholen können. Durch Situationen, die Erinnerungen in euch wecken, wird auch die Erinnerung an das alte Denkmuster geweckt. Die Erinnerung ist ein weiteres Programm, das euch in die alte Zeit zurückversetzt. Ihr könnt es nur Stück für Stück umwandeln.

Sagt euch, wenn sie euch wieder einmal einholt und die momentane Situation oder Befindlichkeit belastet:

Ach, das ist doch nur noch eine Erinnerung! Und dann schneidet diese von euch ab – wieder mit einem goldenen Werkzeug oder so, wie ihr es gelernt habt.

Die sechste Pyramide ist die des Dritten Auges. Der Raum in ihr strahlt in einem dunkleren Blau. In dieser Pyramide wird die Lichtverbindung geheilt, die durch das Verhalten des Inneren Kindes immer wieder unterbrochen wurde. Alle Augenkrankheiten haben damit zu tun. Viele Menschen glauben, wenn sie einige Zeit mit der Heilung des Inneren Kindes verbracht haben und es dann wieder links liegen lassen und kaum auf dessen Bedürfnisse eingehen, dass das Innere Kind sich damit zufriedengibt. Doch dieses möchte immer wieder beachtet werden, so wie auch ihr euch selbst immer wieder beachtet. In der Pyramide der Lichtheilung wird euch klargemacht, was es für die kindliche Struktur, die ich als *Inneres Kind* bezeichne, bedeutet hat, in dieser Weise unbeachtet neben der erwachsenen Person bestehen zu müssen. Konkurrenzdenken kann sich entwickeln, das dann wieder in der Rolle des Erwachsenen dessen Leben beeinflusst. Dass sich auch dadurch wieder Ängste aus längst vergangenen Zeiten melden, liegt auf der Hand.

Die siebte Pyramide leuchtet silberfarben. Leichte violette Schatten unterbrechen den silbernen Strahl, der dort vorherrscht.

Die siebte Pyramide ist mit eurem Kronenchakra verbunden, und die Heilung, die hier stattfindet, ist die Heilung der Partnerschaft mit den göttlichen Kräften.

Noch einmal darf kurz erlebt werden, was die Dunkle Zeit für diese Partnerschaft bedeutet hat. Die Loslösung von den göttlichen Eltern, die Verzweiflung, die durch das Verlassenheitsgefühl hervorgerufen wurde, wird geheilt, und ihr werdet wieder in die Partnerschaft hineinwachsen, euch selbst lieben und achten können – und ihr werdet wieder vollkommen gesund aus der Pyramide heraustreten. So sollte zumindest euer Bild von euch gesehen werden. Denn dieses sollte die Zukunft bestimmen.

Lernt, euch von allem zu befreien, was euch beschwerlich scheint. Lernt, die Hintergründe zu sehen, wenn es trotzdem beschwerlich für euch zu sein scheint. Lernt, jede Situation so zu betrachten, dass sie euch etwas lehrt und schließlich weiterbringt. Die göttliche Partnerschaft bettet euch in eine Welt ein, die Vertrauen schafft. So geht ruhig auch in diese Pyramide.

Stellt auch jetzt wieder Fragen, wenn euch noch etwas unklar ist, oder fragt nach Botschaften. Ihr seid an der Stelle in eurem ganzheitlichen Körper, wo ihr alle Antworten bekommt und Botschaften ebenso.

Nun lasst uns weiter hochgehen in das achtzehnte Chakra.

Seht wieder die drei goldenen Stufen und auf der dritten die Ebene, die hier rotgolden erstrahlt. Hier ist die Ebene des ewigen Feierns. Hier wird alles als Anlass zum Feiern betrachtet und so wird hier auch immer gefeiert.

Auf dieser Ebene könnt ihr eurer Seelenfamilie begegnen, wenn ihr das möchtet. Sie ist anwesend, wartet jedoch ab, ob ihr sie auch sehen möchtet.

Ich lasse euch hier ein wenig allein, damit ihr in die fröhliche Stimmung der Feiernden hineingezogen werden könnt.

Wenn ihr bereit seid, das nächste Chakra zu besuchen, so kommt wieder zu mir.

Wir gehen ins neunzehnte Chakra hinauf. Auf der obersten Stufe empfängt uns der goldene Friedensengel und einige Meister, die gerade anwesend sind. Hier ist das Chakra, das jedem ermöglicht, mit hohen Geistwesen zu kommunizieren. Hier wird gechannelt. Und hier werden die Kontakte zu Wesen geknüpft, die euch fürs Channeln schulen. Dieses Chakra ist deshalb die Ebene der Channelschulen. Es gibt unterschiedliche Ausbildungen. Denn jeder Meisterlehrer hat seine eigenen Vorstellungen, wie er mit seinem Kanal arbeiten möchte. Hier könnt ihr erfahren, wohin ihr gehört, und eventuelle Unsicherheiten von bereits tätigen Kanälen werden hier geheilt, indem sie die Ursache für ihre Unsicherheiten erfahren.

Dieses Chakra verbindet eure Herzensqualität mit der der Meister und Engel, die auf dieser Ebene als Lehrer tätig sind.

Schaut euch hier um und seht, wer euch gegenübersteht. Lasst euch in Gespräche verwickeln und seid einfach glücklich in dieser Atmosphäre.

Seit ich euch nähergekommen bin, habe auch ich hier Ausbildungsplätze für diejenigen, die sich durch mich schulen lassen wollen. Ich heiße euch willkommen!

Vom neunzehnten steigen wir jetzt hinauf ins zwanzigste Chakra.

Gibt es noch Steigerungsmöglichkeiten nach all den Erfahrungen, die ihr bisher in den anderen Chakrenstufen gemacht habt? Ja, die gibt es in der Tat.

In diesem Chakra, das ja wie alle oberen Chakren mit eurem feinstofflichen Körper verschmolzen ist, ist eine Art Kino eingerichtet. Unendlich viele Filmrollen aus jedem eurer Leben lagern hier. Rote Sessel stehen bereit, die euch einladen, Platz zu nehmen. Und ihr dürft die Filmrolle aussuchen, die ihr euch ansehen möchtet.

Macht es euch gemütlich und entspannt euch noch mehr. Genießt, was ihr zu sehen bekommt.

Ich sitze hinter euch und gebe hin und wieder Kommentare ab, wenn ich bemerke, dass ihr Fragen habt.

Nachdem ihr den Film gesehen habt, lasst uns das einundzwanzigste Chakra aufsuchen.

Hier werdet ihr euren göttlichen Eltern begegnen. Sie erwarten euch. Der Tisch ist gedeckt, und sie bitten euch, sich vorher in ihre Arme zu begeben, um euch begrüßen zu können. Werdet wieder zu den kleinen Kindern, die von den Eltern im Arm gehalten werden möchte. Lasst euch in sie hineinfallen und genießt das Glücksgefühl.

Wenn ihr danach mögt, setzt euch zu ihnen an den Tisch und redet über alles, was euch bewegt. Lasst sie euch antworten und nehmt ihre Antworten in euer Herz auf, damit ihr sie immer parat habt, falls ihr sie braucht.

Ich lasse euch nun allein, weil ich weiß, dass Engel bereitstehen, die euch ins Hier und Jetzt zurückbringen.

Ihr dürft diese Meditation ganz oder in Etappen immer wiederholen, wenn euch die Sehnsucht treibt oder, ganz einfach, wenn ihr Antworten braucht.

Diese Reise ist eine in euren ganzheitlichen Körper, die wirklich alles beantworten kann, was euch betrifft.

Zum Schluss bitte ich euch, in den Spiegel bei euren göttlichen Eltern zu sehen, den euch die göttliche Mutter entgegenhält, und euch selbst als das Geschöpf zu erkennen, das ihr seid.

Es wird euch eine strahlende Schönheit ohne Geschlecht gegenübertreten. Lasst euch auch von ihr in die Arme nehmen und für euren weiteren Weg segnen. Wisst, dass dies ihr selbst als eure hohe göttliche Erscheinung seid, mit der ihr ebenfalls jederzeit in Kontakt treten könnt, und wenn ihr bereit dazu seid, werdet ihr wieder miteinander verschmelzen.

Das verloren geglaubte Gefühl des eigenen göttlichen Zuhauses und die Erkenntnis des eigenen ICHS sind nun wieder geheilt.

Fühlt in eure Größe hinein. Und vielleicht stimmt ihr einer Verschmelzung für eine kleine Weile ja jetzt schon zu?

Mein Segen, der aus meinen Händen zu euch fließt, berühre eure Stirn und euren Scheitel. Die Energie dieses Segens möge durch euch fließen und sich in euch ausbreiten.

In tiefer Liebe

Vywamus

Krankheiten

Bei den Erlebnissen, die ein jeder von euch auf der letzten Meditationsreise hatte, scheint es kaum noch notwendig, ein Kapitel über Krankheiten anzuhängen. Und doch, ich sehe, dass noch feinstoffliche Hintergründe erklärt werden sollten – für diejenigen von euch, die ihr Leben in vollkommener Gesundheit verbringen und den Weg dorthin auch verstehen wollen.

Einige von euch glauben immer noch, dass sie die feinstoffliche Welt weder hören noch sehen können. Euch gebe ich den Rat, die letzte Meditation immer wieder zu machen, bis ihr einen Erfolg verspürt. Vertraut den hohen Energien, die euch sanft führen. Ihr habt im Kopfbereich Energiestaus, die allesamt damit zu tun haben, dass ihr dem Göttlichen misstraut.

Wer glaubt, sehr krank zu sein, was ihm letztendlich dann auch durch seinen physischen Körper gezeigt wird, dem sage ich, dass auch Arztbesuche notwendig sein können und man die Vorschläge der Ärzte zur Heilung durchaus annehmen kann, ja, manchmal auch sollte. Es kommt darauf an, wie weit ihr der Krankheit erlaubt habt fortzuschreiten.

Das habe ich jetzt für die unter euch erwähnt, die ihr der ärztlichen Kunst zu ängstlich gegenübersteht. Manchmal ist es daher auch aus diesem Grund sinnvoll, parallel zu arbeiten, das heißt, auf der irdischen Ebene mit den Methoden und Medikamenten der Ärzte und der Naturmedizin und feinstofflich in den Körpern, in denen die Blockaden sitzen. Da jede Krankheit einer Blockade entspringt, die ja zuerst einmal ein Energiestau im feinstofflichen Körpersystem ist, muss sie auch im feinstofflichen Körpersystem geheilt werden, will man eine erneute Erkrankung ausschließen.

Um euch zu versichern, was für euch persönlich von Vorteil und das Beste ist, könnt ihr euch bei eurer Inneren Führung und auf den feinstofflichen Ebenen beraten lassen, die ihr ja gerade kennengelernt habt. Doch ein starkes „Bauchgefühl" gibt auch oft Antworten. Das Bauchgefühl kann allerdings auch durch alte Erfahrungen belastet sein und daher eine Fehlinformation weitergeben. Und daher ist dieses ebenfalls zu untersuchen, was auf der Heilebene geschehen kann. Seid ihr ganzheitlich gereinigt, sagt euch euer Bauchgefühl die ungeschminkte Wahrheit.

Solange ihr bei Entscheidungen, die eure Gesundheit betreffen, noch unsicher seid, solltet ihr euch bei Operationsvorschlägen auch bei anderen Ärzten und/oder Heilpraktikern rückversichern, es sei denn, dass eine Notoperation erfolgen muss, bei der Rückversicherungen schon aus Zeitgründen ausfallen.

Medikamente solltet ihr immer hinterfragen und dann eventuell mit der Hilfe aus den erwähnten Heilebenen abwägen, ob eine Einnahme sinnvoll ist, oder in diesen Ebenen um Ausleitung der Giftstoffe bitten und darauf vertrauen, falls ihr sie ohne euer Wissen injiziert bekommen habt.

Oft sind alternative Heilvorschläge zu bevorzugen, besonders dann, wenn ihr mehr Vertrauen in einen Heilpraktiker habt als in einen Arzt. Das Erfolgsergebnis hängt meist von eurem Glauben und Vertrauen in die Person ab, die euch den von euch akzeptierten Weg zur Heilung vorgeschlagen hat. Ihr wisst ja: Der Glaube versetzt

Berge! Trotzdem kann eine Heilung auch dann stattfinden, wenn dieser Glaube fehlt. In diesen Fällen wirkt die Hohe Führung, indem sie dem Lebensplan und den demnächst zu erfüllenden Aufgaben gerecht wird.

Bei denen, die trotz allem krank bleiben, sollte der Lebensplan eingesehen und eventuell um Veränderung gebeten werden. Wie das geht, wisst ihr nun auch.

Die meisten Menschen suchen immer wieder Zuflucht in Krankheiten und festigen ihren Glauben daran. Denn wer krank ist, der muss seine Arbeit erst einmal niederlegen. Die Verunsicherung darüber, ob ihr Lebensweg wirklich der richtige für sie ist, bringt sie dazu, eine Pause einzulegen. Ihr möchtet vielleicht lieber das Wort *Unzufriedenheit* statt *Verunsicherung* wählen. Doch Unzufriedenheit wird aus Verunsicherung geboren.

Da ein Eingeständnis dieser Situation den meisten Menschen unangenehm ist, hören sie doch im Hintergrund immer noch die „Lehrsätzchen" der Eltern oder ihrer Mitmenschen: „Wer sich weigert zu arbeiten, der ist faul", so suchen sie sich im Physischen einen Weg, ihr wahres Gefühl zu verstecken – allerdings auch vor sich selbst. Und in der Krankheit kann man erst einmal verharren und dem ungeliebten Leben entfliehen.

Krankheit wird im Allgemeinen als Pause akzeptiert. Und der physische Körper dient euch dabei, sie so lange einzuhalten, bis ihr bereit seid, erst einmal ins alltägliche Leben zurückzugehen und weiterzumachen.

Und ich habe diesen Prozess gerade durch meine Wortwahl noch unterstützt, denn ich sprach hier von Krankheiten, doch es sollte besser Gesundheit heißen!

Das Wort *Krankheit* beinhaltet bereits, dass eine starke Disharmonie in eurem Körper vorherrscht, während das

Wort *Gesundheit* den *ICH-BIN-HEIL*-Vorgang im Körper entweder aktiviert oder stabilisiert und Hoffnung mitschwingen lässt, sollte bereits eine starke Disharmonie entstanden sein.

Ein gesundheitsfördernder Satz könnte also lauten: Meine Gesundheit bedarf im Moment einer kleinen Hilfe, statt: Ich fühle mich krank, oder erst recht: Ich bin krank!

Der erste Satz ist mit Humor getränkt, der ebenfalls einen Heilstrang in euch aktiviert, während der zweite und dritte bereits *Aufgeben* signalisiert.

Probiert einfach immer wieder aus, wie ihr euch bei den gewählten Worten fühlt. Ist der Satz oder das Wort bereits gesprochen, kann das Hineinfühlen auch im Nachhinein geschehen, wenn ihr euch die Situation und die Worte noch einmal ins Gedächtnis ruft.

Und vielleicht wendet ihr meinen Vorschlag auch auf andere Situationen an, wenn ihr bemerkt, dass ihr euch nach Abwicklung der Situation unwohl fühlt. Ruft euch die Worte, die gesprochen wurden, noch einmal ins Gedächtnis und ersetzt sie in eurer Vorstellung durch andere, die euch ein Wohlgefühl vermitteln.

Dabei entwickelt sich ein interessanter Vorgang. Die neuen Gedanken erreichen den Situationspartner und wirken auf einer höheren Ebene daran, dass eine Harmonie in der Situation entsteht, was sich euch dann früher oder später auch im Physischen zeigt. Sucht immer nach den Worten, die liebevoll klingen und es euch leichter machen.

Jeder Satz und jedes Wort, die nach unten ziehen, könnten mit anders gewählten Worten einen wahren Himmelsflug verursachen, den man vielleicht auch „Paradieseszustand" nennen könnte. Das erfolgt selbst in Situationen, die noch verworren und unlösbar schienen.

Mit dem Gefühl, angehoben zu sein, tut sich auch ein Lichtweg für eine Lösung auf. Vertraut den himmlischen Kräften, denen ihr durch die neue Wortwahl signalisiert: Ich tue, was ich kann, doch jetzt tut bitte das, was ihr könnt.

Bleibt ihr jedoch in der jetzigen Zeit mit den neuen, intensiven Schwingungen bei den Worten, die euch Schwere bescheren, bleibt ihr auch meist in den bedrückenden Situationen hängen, bis ihr euch bereit erklärt, die niedrige Schwingungsebene verlassen zu wollen.

Ein Verharren in der niedrigen Schwingungsebene konfrontiert euch immer wieder mit eurem Muster des Aufgebens. Und wer zu häufig oder zu lange gegen die höheren, lichtvollen Schwingungen ankämpft, der kann schnell in Depressionen verfallen.

Depressionen

Und mit dem Thema *Depressionen* möchte ich jetzt beginnen, denn sie sind im Moment am weitesten verbreitet, man könnte auch sagen, sie sind die Volkskrankheit Nummer eins.

Fehlt die Sonne am Himmel, so leiden sehr viele Menschen aus unterschiedlichen Gründen unter depressiver Stimmung. Manche Menschen machen dann die fehlende Sonne und das Wetter im Allgemeinen für ihre Stimmung verantwortlich. Je öfter sich ein Mensch vom Wetter abhängig macht, umso wahrscheinlicher wird, dass die dunkle Stimmung in ihm anhält und schließlich zu einer Depression wird. Natürlich ist das Wetter nur ein Auslöser für etwas, das schon sehr lange im Unterbewusstsein der Betroffenen gärt. Doch bleiben wir erst einmal bei dem Auslöser *Wetter*.

Ihr alle habt Sonne im Herzen, und ihr könntet diese immer wieder aktivieren und euch dadurch in den sonnigen Lichtzustand versetzen. Auch das ist eine Möglichkeit, die bereits in euch angelegt ist. Und sie zu aktivieren, ist leichter als ihr denkt.

Der neue Tag sollte ohne Zeitdruck beginnen, und darum könntet ihr euch einen Wecker stellen, der euch ein wenig früher aus dem Schlaf holt, damit ihr noch etwas Zeit im Bett verbringen könnt. Räkelt euch ruhig ausgiebig, und dann könntet ihr zum Beispiel den Tag mit einem Lachen begrüßen. Vielleicht in der Form, dass ihr lachend sagt: Guten Morgen, liebe Sorgen, seid ihr auch schon wieder da? Und dann lacht einfach so herzlich, wie es euch möglich ist. Einige Menschen haben das schon in ähnlicher Weise ausprobiert. Sie haben erfahren und anderen gezeigt, dass ein so begonnener Tag durchaus sonnig und freudvoll bleiben kann. Die täglichen Herausforderungen sind dadurch einfacher und leichter zu handhaben.

Eine junge Mutter wird das kaum können, wenn das Baby schreit, doch auch sie kann es dann vielleicht, nachdem sie ihr Kind versorgt hat oder gleichzeitig während des Versorgens des Kindes. Dieses wird darauf reagieren und ebenfalls lachen.

Natürlich weiß ich, dass meine Vorschläge immer nur von einigen Menschen umgesetzt werden können, doch die anderen könnten trotzdem versuchen, sie in ihr Leben einzubauen. Wo ein Wille ist, da wird sich ein Weg eröffnen. Trotzdem ist auch Flexibilität in der täglichen Gestaltung notwendig. Und so könnt ihr vielleicht nur an drei Tagen lachend beginnen, weil die Umstände es gerade nur so zulassen. Trotzdem nehmt euch vor, dadurch eure Stimmung so oft wie möglich anzuheben.

Jetzt könnt ihr wieder sagen: Lieber Vywamus, wenn ich jeden Morgen Schmerzen habe, wie kann ich dann lachen?

Oder: Lieber Vywamus, wenn ich meine Existenz bedroht sehe, wie kann ich dann lachen? Oder: Lieber Vywamus, wenn ich mir Sorgen um meine Kinder/ Familie mache, wie kann ich dann lachen? Oder: Lieber Vywamus, wenn ich jeden Tag den Tod vor Augen habe, wie kann ich dann den Morgen mit einem Lachen beginnen?

Ganz abgesehen davon, dass jeder Mensch täglich den Tod vor Augen sehen könnte, denn wer weiß schon, in welchem Moment er die irdische Ebene verlassen wird, ist es doch so, dass trotzdem und vielleicht sogar gerade darum die letzten Stunden in Frieden und Freude verbracht werden sollten.

Weise Menschen haben immer wieder darauf hingewiesen, jeden Tag so zu gestalten, als ob es der letzte sei. Und das bezieht sich auf die Gedanken. Sie sollten so eingesetzt werden, dass nach dem Übergang Frieden in den Herzen der Hinübergegangenen einkehren kann. Mit dunklen Gedanken ist das erst einmal ausgeschlossen. Auf den Tag und die Lebenden bezogen, wird die Verrichtung der Arbeit mit anderen Gedanken leichter.

Ihr Lieben, erhebt ihr Einspruch, so lasst euch sagen: Das ist alles richtig – aus eurer momentanen Sicht!

Wer glaubt, den Start in den Tag ohne Lachen beginnen zu müssen, und sich stattdessen lieber seiner beängstigenden Situation hingeben möchte, der erlaubt vielleicht, dass diejenigen, die den Tag lachend beginnen möchten, damit auch ein wenig Schwingungserhöhung an diese Bedürftigen weitergeben. Ich hoffe, ihr seid bereit dazu, ihr lieben, fröhlichen Lichtträger.

Im Moment fällt mir dazu gerade wieder das kleine Liedchen ein, das wir gemeinsam mit den Naturgeistern gesungen haben, und das euch vielleicht auch aus der niedrigen Schwingungsebene herausholen kann: *Wem Gott will rechte Gunst erweisen, den schickt er in die weite Welt, dem will er seine Wunder weisen, in Berg und Tal und Strom und Feld.* Summt oder singt es immer wieder. Auch das bewirkt eine Veränderung eurer Stimmungsfrequenz.

Und Wunder umgeben euch wahrlich überall.

Mit dem Wort *Wunder* verbindet der Mensch im Allgemeinen etwas wundervoll Schönes! Er hat Erwartungen und schränkt schon dadurch allein die Wunderwelt ein. Wunder begegnen euch immer wieder, doch könnt ihr sie auch wahrnehmen? Indem ihr euch Sorgen macht, die unter anderem auch auf mangelndes Vertrauen in die Wunderwelt hinweisen, verschließt ihr auch eure Wahrnehmung vor Wundern. Sorgen wirken wie ein dunkles Vorhängeschloss, das die Lichtwelt aussperrt.

Ihr bleibt in diesem Fall für eine lange Zeit im Gefängnis eurer Sorgen!

Es liegt immer an euch selbst, wie ihr mit allem umgeht!

Und jetzt höre ich einige schon sagen: Ach, Vywamus, du hast leicht reden! Wenn du wüsstest, wie ich mich gerade fühle. Mir geht es wirklich ganz schlecht. Und mir ist nach Weinen statt nach Lachen zumute.

Ja, ihr Lieben, ihr habt wieder recht! Doch was haben wir in den Unterrichtsstunden gelernt? Mitleid, in diesem Fall Selbstmitleid, verstärkt die Situationen! Wollt ihr das wirklich – auch von mir?

Ein kleines Beispiel dazu sollte euch wieder einmal zum Nachdenken bringen:

Stellt euch eine Situation vor, in der ihr zu einer Gruppe anderer Menschen sagt, dass es euch gut geht. Was tun die Menschen dann oft? Sie wenden ihre Aufmerksamkeit wieder den Dingen zu, die sie vor eurem Geständnis ins Auge gefasst hatten. Doch sagt ihr ihnen, wie schlecht es euch geht, habt ihr ihre Aufmerksamkeit, und sie unterstützen euer Unwohlsein dann meist in der Weise, dass sie ihr eigenes Unwohlsein mit in den Gesprächstopf werfen. Wie wollt ihr wieder aus dem Topf kommen, wenn ihr andauernd darin herumrührt?

So wird doch das Unwohlsein bei allen gefestigt statt aufgelöst. Was ihr durch gemeinsames Leid eventuell empfindet und was euch ein wenig zu erleichtern scheint, ist, dass ihr euch den anderen zugehörig fühlt – und in der alten Zeit feststeckt.

All das sind Verhaltensweisen aus alten, vergangenen Zeiten.

Und ich helfe lieber, das Unwohlsein zu unterbinden, es in Wohlsein umzuwandeln, statt es noch zu steigern, was ihr natürlich auch erst nach einigen Tagen bemerken werdet. Und je häufiger ihr in diesem Topf die gleiche Suppe rührt, umso wahrscheinlicher ist es, dass ihr krank werdet. Denn ihr haltet euch dadurch an den niedrigen Schwingungen fest, was, wie ich schon sagte, Depressionen zur Folge haben kann, in jedem Fall jedoch krank macht – früher oder später.

Der Hintergrund, der Depressionen möglich macht, ist, auf das jetzige Leben bezogen, ursächlich die Eltern-Kind-Beziehung. Entweder war sie so unbefriedigend für euch, dass ihr schon damals die Trauer in eure Zellen einprogrammiert habt, oder es ist die Trauer darum, dass ihr erwachsen geworden seid und euch nun weniger an die Eltern anlehnen könnt. Hinzu kommen Verluste von Partnern oder eigenen Kindern, die euch verstärkt in diesen Zustand fallen lassen können.

Der Verlust der Sicherheit, die ihr aus eurer himmlischen Heimat noch in euch gespeichert, doch immer wieder unterdrückt habt, lässt euch in Gefühle der Ohnmacht und Trauer fallen, die sich dann oft als Depression zeigen.

Natürlich haben in erster Linie Vorstellungen damit zu tun, die euch erzählen, wie ein Leben sein sollte. Und es gibt wie immer auch andere Gründe, die von euch als die Verursacher eurer Krankheit gesehen werden wollen. Doch schaut euch die Eltern-Kind-Beziehung trotzdem einmal an und erkennt selbst.

In euren feinstofflichen Körpern sind ähnliche Erfahrungen aus anderen Existenzen zu erkennen, die ihr als Programmierung in das jetzige Leben mitgenommen habt. Wahrscheinlich ist, dass im jetzigen Leben so vieles zusammenkommt, was euch dermaßen stark depressiv werden lässt, dass ihr sie beenden möchtet und wirklich nach Auflösungsmöglichkeiten sucht. Und ihr habt auf der Erde viele Möglichkeiten geschaffen, die euch aus diesem Gefängnis befreien können.

Grundsätzlich gilt jedoch, sein Denken zu verändern und die positiven, erhöhenden Schwingungen anzusteuern, so wie ich es euch geraten habe. Und viele eurer Therapien bestätigen das.

Seid ihr bereit, die Disharmonie hinter euch zu lassen, werden sich viele Wege vor euch öffnen. Doch bedenkt bitte, dass eine Heilung durchaus auch Zeit benötigen kann. Sucht ihr die Heilebene auf, so erfahrt ihr ganz persönliche Hinweise.

Im Übrigen können Depressionen auch oft durch Medikamente ausgelöst werden. Doch die Anlage dazu muss auch dann bereits seit langem in den Zellen vorhanden sein. Möglich ist auch, dass ihr durch euer momentanes Leben das eines noch lebenden oder verstorbenen Familienmitglieds weiterlebt. Doch das ist nur so lange möglich, bis ihr es erkennt und zur Auflösung, die in diesem Falle eine Verabschiedung ist, bereit seid.

Erforscht doch einmal in eurer Familiengeschichte, ob ein Familienmitglied ebenfalls depressiv war. Schaut euch dann sein Leben und seine Ansichten und Wahrnehmungen an, falls ihr noch Verbindung zu ihm habt. Ist das Familienmitglied bereits verstorben, so erfragt bei Hinterbliebenen, welche Erinnerungen sie an ihn haben, und vergleicht die Informationen mit eurem Gedankengut. Dies ist ein einfacher Weg zur Erkenntnis, der jedoch auch Schritt für Schritt gegangen werden muss.

Eine Depression kann nur durch die Veränderung eurer Vorstellungen geheilt werden, die durch eine andere, schwingungserhöhende Wortwahl unterstützt wird.

Und ja, eine neue Liebe wirkt wie ein neues Leben! Die Liebe kann sich auch auf ein Haustier beziehen, das dann heilend wirkt.

Falls ihr glaubt, Medikamente nehmen zu müssen, so lasst euch sagen, dass euch zur Überbrückung dieser Situation allenfalls Tees helfen können, die eure Schwingungen erhöhen, oder andere Naturheilmittel, die dies können. Medikamente gegen Depressionen machen abhängig, auch wenn sie euch das Gegenteil versprechen. Denn die Angst vor der Krankheit lässt euch zu den Medikamenten greifen, und das ist die Abhängigkeit.

Alternative Angebote habt ihr genug, nutzt sie. Und habt ihr schon einiges ausprobiert, und der Erfolg ließ auf sich warten oder blieb aus, so versucht es weiter – vielleicht mit anderen Naturheilmitteln. Ein anderes Denken und Loslassen von Sorgen wird im Übrigen auch mit Yoga erreicht, falls man sich durch diese Meditationsart erlaubt, die tiefen Ursachen in sich zu heilen.

Seht, ich gebe euch immer einen Rat, so habe ich auch einiges dazu gesagt, wie ihr umdenken könnt. Doch es ist wirklich so, dass ihr selbst den ersten Schritt tun müsst, um aus dieser Situation herauszukommen.

Stellt euch doch einmal vor, ihr säßet in einem tiefen, dunklen Loch und wollt nun wieder heraus, doch ihr haltet euch an den Wänden so fest, dass der hilfreiche Arm, der von oben kommt und euch hinausziehen möchte, dazu Gewalt anwenden müsste. Der Arm würde euch zerreißen. Um *heil* zu werden und dann zu bleiben, ist euer Mitwirken wichtig. Und hier spielt es weniger eine Rolle, wie tief ihr im Loch sitzt als dass ihr bereit seid, den göttlichen Arm der Hilfe anzunehmen. Und das heißt, die Wand loszulassen.

Nach den Depressionen möchte ich auf die Selbstmordsucht und damit auch auf alle Arten von Sucht eingehen.

Sucht

Nun, auch Depressionen gehören unter diesen Begriff, denn Depressionen werden gerne immer wieder gelebt. Das bedeutet, dass sich die Betroffenen in einem Suchtverhalten befinden.

Ihr wisst, dass depressive Menschen oft soweit abrutschen und den Sinn in ihrem Leben kaum noch erkennen können, dass die behandelnden Ärzte ihrerseits beginnen, sich Sorgen um das Leben ihrer Patienten zu machen, und sie gerne in psychiatrische Abteilungen in Krankenhäusern überweisen, um einen Selbstmord zu verhindern.

Heilungen, die andauern, geschehen durch einen Klinikaufenthalt nur sehr selten, und meist werden die Patienten nach ihrer Entlassung medikamentenabhängig, was den Wechsel von einer Sucht zur nächsten bedeutet. Doch bei den Geheilten entwickelt sich häufig der Wunsch, anderen zu helfen, und sie steigen dazu aus ihren alten Berufen aus, um psychologischer Therapeut zu werden.

In diesem Fall war der Weg zuvor mit hoher Wahrscheinlichkeit ein Aspekt ihres Lebensplanes.

Selbstmordabsichten sind Wünsche, die das Innere Kind entwickelt und die der Erwachsene auslebt. Hintergründe sind auch hier in Partnerschaften zu finden, ebenso im Kind-Eltern-Verhältnis, was immer mit Verlust zu tun hat, und auch diese Anlagen sind in vielen Leben zuvor entstanden. Der Selbstmord soll eine Bestrafung sein für alle, die sich den Vorstellungen des Inneren Kindes widersetzt haben. Seht, das Kind hat immer wieder Enttäuschungen erfahren und eine unbewusste Wut aufgebaut, die sich jedoch im Ursprung auch gegen sich selbst richtet. Das kann euch auch jeder Psychologe sagen, doch der eigentliche Grund liegt tiefer, nämlich in der Trennung vom göttlichen Elternpaar.

Der Flug zur Erde ist für viele zum Fluch auf der Erde geworden. Was an Vorstellungen in den Menschen vorhanden war, ist fast immer zerstört worden. Im menschlichen Dasein ist vergessen worden, dass dies eine Erfahrung sein sollte. Und so geht fast jeder Mensch mit dieser unbewussten Enttäuschung durchs Leben, die sich erst auflöst, wenn er sich klarmacht, dass sein Leben ein von Gott gewolltes ist, dem er zugestimmt hat – und zwar mit großer Freude im Herzen. Und manches Mal war es auch so, dass ihr die göttlichen Eltern um das Erdenleben gebeten habt, dem sie dann auch mit Freude im Herzen zugestimmt haben.

Sehr häufig ist die Ursache für Suchtverhalten ein verdrängter Verlust, der auch mit Totgeburten jeder Art zu tun haben kann. Erst viel später ruft die Seele des toten Kindes die Seele des Elternteils, der die Zurückweisung dieses Lebens gedacht oder ausgesprochen hat. Auch in diesem Fall hängt eine Reihe von Leben an solchen Erfahrungen.

Dass diese Art von Erfahrung auch wieder im Lebensplan des Erwachsenen sowie des verstorbenen Kindes enthalten sein kann, spielt dabei kaum noch eine Rolle. Denn die Erfahrung und ihre Loslösung sind dann ebenso im Lebensplan enthalten – bei beiden!

Auch dieses Beispiel zeigt eine Störung im Eltern-Kind-Verhältnis an – aus welchen Leben auch immer.

Sucht bedeutet, dass der Süchtige sich an irgendetwas klammern möchte, was er sucht. Sucht und Verlust bedingen einander. Und das Wort Sucht weist auf Suchen hin. Und wer sucht, hat etwas verloren.

Einen Weg aus diesem Verhaltensmuster zu finden, scheint kaum möglich zu sein.

Denn wer in ihm steckt, der kann sich kaum aufraffen, meine Vorschläge umzusetzen. Das Muster wird ihn wieder zu neuen Suchtverhaltensmöglichkeiten bringen, und der Betroffene wird diesem meist gehorchen. Wird mit harter Disziplin dagegen vorgegangen, so wird dieses Verhalten zur Sucht.

Der Vertrauensverlust gegenüber den göttlichen Eltern – in Vertretung spielen die irdischen Eltern diese Rolle – kommt im gegenwärtigen Leben dann in derart heftiger Weise in den Betroffenen hoch, dass sie selbst nur diesen einen Ausweg sehen. Im Übrigen ist das Muster *Aufgeben* auch ein Suchtverhalten.

Mit dem Muster der Sucht übt der Betroffene eine Selbstbestrafung aus, die ihm unbewusst ist und die eine Antwort auf seine unterdrückten Schuldgefühle aus vielen Leben ist. Und fast immer ist der Betroffene einst derjenige gewesen, der sich selbst schuldig gemacht hat, das sagen seine Schuldgefühle ja deutlich aus, auch wenn sie ihm unbewusst sind. Doch dass er sich ursächlich schuldig fühlt, weil er sich von der göttlichen Kraft gelöst hat, ist wohl den wenigsten in den Sinn gekommen.

Um zu heilen, kann auch hier eine neue Liebe helfen. Denn es gilt zuerst einmal, wieder Vertrauen in diese im Herzen vorhandene Kraft zu gewinnen. Und der Weg der Heilung besteht in diesem Fall darin, sein Herz zu öffnen, zunächst wahrscheinlich wieder für ein anderes Wesen, das dann dabei helfen kann, dass das Herz auch für sich selbst geöffnet wird. Und bei dieser Herzöffnung sollten alle Schuldgefühle in Liebe umgewandelt werden.

Da ich vorhin von Wundern gesprochen habe, so lasst sie geschehen. Sendet ihr eine diesbezügliche Bitte an die Engelwelt, lasst dort die Wunderkiste öffnen und wartet ab, was die Engel euch schicken. Vorstellungen sind hinderlich dabei, die Wunder zu erkennen. Hört auf, etwas Bestimmtes zu erwarten. Das ist eine schöne Übung des Loslassens, die ihr dann auch auf alle anderen Situationen anwenden könnt.

Nervenleiden

Nerven sind Empfindungsbahnen, die eng mit eurer Gefühlswelt verbunden sind. Das emotionale Feld eures feinstofflichen Körpers trägt alle Informationen bezüglich eurer Empfindungen in sich.

Geleitet werden die Hauptnervenstränge durch euren Nacken, das heißt, durch einen sehr engen Kanal, der innerhalb der Wirbel an dieser Stelle liegt. Hier befindet sich der göttliche Wille, der mit eurem kollidieren kann, wenn ihr eurem zu viel Durchsetzungskraft verleiht, die euch zwingt, Verkrampfungen in diesem Bereich zu leben. Und aus diesen entstehen dann die unterschiedlichsten

Nervenleiden. Es gibt natürlich auch bei diesen Krankheiten wieder angeborene oder genetisch bedingte Leiden. Doch auch in diesen Fällen gilt das, was ich gesagt habe. Mensch gegen Gott!

Wie bei allen Disharmonien so liegen die Ursachen für euer Leiden in vergangenen Leben. Wenn ich *euer* Leiden oder *eure* Krankheit sage, so meine ich damit die betroffenen Menschen. Seid ihr leidensfrei, so gilt diese Wortwahl der Menschheit im Allgemeinen. Mit dieser direkten Ansprache verbinde ich euch alle. Und das ist eine Qualität der Neuen Zeit.

Auch für vorhandene Nervenleiden schicke ich euch in die Meditation auf die Heilebene der Engel. Ihr werdet hier Antworten bekommen.

Für alle Leiden gilt derselbe Heilvorschlag – der Besuch in den Pyramiden. Denn dafür habe ich diese Meditation durchgegeben.

Und sagte ich euch, dass ihr euch immer mit dem göttlichen Willen vereinen solltet, so hat auch diese Verbindung Heilwirkungen.

Ihr solltet Vertrauen zurückgewinnen, wobei euch auch eure göttlichen Eltern helfen, wenn ihr sie akzeptiert und um Hilfe bittet.

Jede physische Krankheit hat ihren ursprünglichen Grund im feinstofflichen Körpersystem gespeichert. Und in den Pyramiden wird er euch offenbart. Und ebenso werdet ihr dort die Auflösungsmöglichkeiten erfahren.

Bei Nervenleiden sind wieder Schuldgefühle zu verarbeiten, um frei von ihnen zu werden.

Und sehe ich das irdische Angebot an alternativen Heilmethoden, so kann ich nur sagen: Die Menschen haben ihre Hausaufgaben gemacht!

Nun könnte ich jede Krankheit spezifisch beleuchten und euch doch immer wieder nur dasselbe dazu sagen.

Doch trotzdem möchte ich jetzt noch einmal auf die Alzheimer-Krankheit mit ihren diversen Krankheitsbildern eingehen.

Ich hatte euch schon darauf hingewiesen, dass dies eine Art von Vergessen ist, die mit Zurückweisung der Lebenssituation mitsamt den Menschen, die sie in irgendeiner Weise enttäuscht haben, zu tun hat.

Doch letztendlich sind sie von sich selbst enttäuscht und begeben sich wieder in die kindlichen Strukturen, die es ihnen ermöglichen, jede Verantwortung für sich und alles, was zu ihnen gehört, in andere Hände zu legen.

Alle Disharmonien sind durch Ängste in den verschiedensten Ebenen entstanden. Diese begleiten die Aufgaben, die ihr euch im Lebensplan gestellt habt.

Schaut sie euch in den Pyramiden an und lasst euch helfen, sie aufzulösen.

Natürlich können dies nur Menschen, die erst am Anfang eines Leidens stehen, beziehungsweise die, die sich noch ihrer geistigen Gesundheit erfreuen.

Die anderen Menschen werden von denen betreut, die sich dafür zur Verfügung gestellt haben.

Die physischen Ursachen für die meisten Krankheiten haben Ärzte und Wissenschaftler bereits erkannt. Und die, die noch fehlen, werden sie in Kürze ebenfalls erkennen.

Zu dem Volksleiden Nummer zwei, dem Krebs, habe ich schon einiges gesagt und andere Meister und Engel ebenfalls.

Krebs ist ein Wutgeschwür. Hier ist die Wut anzusehen, ihre Ursache zu erforschen und darauf zu vertrauen, dass die Heilung geschieht.

Heilung geschieht immer! Doch manchmal möchte der Kranke einfach einen neuen Körper, der gesund ist. Und um ihn zu bekommen, geht er auf andere Ebenen.

Des Menschen Wille ist sein Himmelreich, und will er einen neuen Körper, so solltet ihr diesen Wunsch achten. Und wenn sich der göttliche Wille mit dem menschlichen verbindet, wird dieses Himmelreich noch größer und schöner.

Noch ein Hinweis für diejenigen, die Erkrankungen an der Wirbelsäule oder in den Gelenken haben. Sowohl die Wirbelsäule wie auch die Gelenke unterstehen den „Befehlen" des göttlichen Willens. Ihr seid in Disharmonie mit diesem. Auch das wird euch in den Pyramiden erklärt.

Mit diesen Worten möchte ich den Unterricht beenden.

Ich segne euch und wünsche euch, dass ihr alle erkennt, welche großartigen Wesen ihr seid, und euch wirklich vor euch selbst verbeugt und damit der Liebe zu euch den Weg freimacht.

Ich kniee vor euch nieder und danke euch von ganzem Herzen für eure Bereitschaft, den Weg in die ganzheitliche Heilung zu gehen.

Vywamus

Aktuelle Situation auf der Erde

Bevor ich nun das Buch beende, erlaube ich mir, noch etwas zu der momentanen Situation auf der Erde zu sagen.

Ich erzählte euch zuvor von den neuen Kindern und dass ich noch mehr darüber sagen würde.

In den letzten Jahrzehnten sind immer wieder Gruppen von Kindern geboren worden, die bestimmte Lichtaufgaben zu erfüllen hatten. Sie kamen nach und nach auf die Erde. So wurden die ersten *Indigo-Kinder* genannt. Über sie könnt ihr vieles auch in anderen Büchern lesen. Sie hatten die schwierige Aufgabe, mit teilweise erwachtem Bewusstsein in der vollkommen unbewussten Welt unter den Menschen Fuß zu fassen. Dass viele von ihnen in den Psychiatrien gelandet sind, zeigt auf, wie schwer diese Aufgabe war. Doch es hat noch einen anderen Grund, dass sie dort gelandet sind. Denn sie haben dort Licht verbreitet, um denen zu helfen, die sich verloren glaubten. Sie haben, um dorthin zu kommen, oft bewusstseinserweiternde Drogen genommen. Manchmal sind sie durch ein Zuviel davon auch wieder schnell in die heimatlichen Ebenen zurückgegangen. Doch das hat für sie bedeutet, dass sie sich der nächsten Gruppe anzuschließen hatten, die ihr *Kristallkinder* genannt habt. Auch über sie findet ihr Informationen. Kristallkinder haben sich immer durch Indigo-Eltern gebären lassen. Das zeigt schon, dass sich die Entwicklung auf der Erde immer schneller bewegte. Nun sind auch die Kristallkinder zum Teil schon wieder in der Rolle, der nächsten Gruppe von Kindern auf

die Erde zu helfen. Und sie kommen wie ein Schnee-
sturm, der euch auf den Weg zur göttlichen Ganzheit eines jeden Wesens führt.

Ja, ihr werdet noch viele Überraschungen erleben.
Denn diese Kinder der dritten Gruppe sind sozusagen
eure Erlöser. Doch bitte versteht das so, dass sie euch helfen, Wege zu euch selbst zu entdecken.

Und dazu gehört, dass die meisten von ihnen erst einmal als Wunderkinder erkannt werden. Sie können im
Säuglingsalter Dinge, die sie eigentlich erst mit fünf Jahren können dürften. Die anderen Kinder, die weniger auf-
fallen und trotzdem zu dieser Gruppe gehören, sind jedoch ebenfalls Wunderkinder, die sich im Verborgenen
aufhalten. Sie sind diejenigen, die in die Familien der
Waffenlobby hineingeboren werden und in die Familien
der Kriegsstifter und in die der Politiker, die sich durch
Menschen schädigende Manipulationen „verdient" gemacht haben. Überall dort, wo Dunkelheit herrscht, werden sie sich als Babys hineingebären lassen.

Was glaubt ihr, welche Leiden sie den Menschen bringen, die sich in der Dunkelheit verrannt haben?

Ihr habt sicher davon gehört, dass schon fünfjährige
Kinder zu Mördern werden, zum einen, weil sie ihren Eltern den erwähnten Schaden zufügen müssen, doch zum
anderen werden sie ja auch zu Terroraufgaben ausgebildet.
Dass sich der Terror später gegen das eigene Regime wenden wird, können die Ausbilder jetzt wohl kaum erkennen. Und doch wird es so sein.

Doch bevor ihr jetzt schadenfroh reagiert, lasst euch sagen, dass auch euch ein solches Kind geboren werden kann,
wenn ihr selbst den dunklen Schatten Verurteilung statt
Heilung angedeihen lasst. Wer verurteilt, hat sich mit den
Kräften der Dunkelheit solidarisch erklärt. Wie viele Menschen das noch sind, könnt ihr euch vielleicht vorstellen,

und wie viel Macht der Dunkelheit dadurch eingeräumt wird, ebenfalls.

Versteht ihr jetzt, warum ich euch immer wieder bitte, eure Schatten anzusehen und aufzulösen?

Gewalt ist der Weg, der Gewalt anzieht, ob sich das nun auf euren Körper bezieht oder auf die Situationen um euch herum.

Diesen ist ohnehin kaum etwas hinzuzufügen, denn sie sprechen für sich selbst. In den nächsten Jahren wird sich noch mehr der Schreckensnachrichten verbreiten. Doch bedenkt bitte, dass ihr auch aus dem Grund auf der Erde seid, um die harmonische Schwingung immer wieder zu aktivieren.

Ich weiß, dass diese Aufgabe im Moment unlösbar scheint. Doch vertraut auch hier bitte den himmlischen Kräften.

Es ist ein vollkommener Umbruch auch auf den anderen Planeten innerhalb und außerhalb eures Sonnensystems zu beobachten. Es scheint, als ob alle Dunkelheit genug von diesen Erfahrungen hat.

Doch bis sich diese Wesen aus ihrer Gewohnheit befreit haben, dauert es eben auch einige Zeit.

Bitte bleibt standhaft und helft mit, die ganzheitliche Heilung voranzubringen.

Im Vertrauen darauf helfe auch ich mit, dieser Aufgabe nachzukommen.

Und jetzt bitte ich euch, uns allen einige Minuten mentaler Verbindung zu schenken, damit wir uns gemeinsam hinknien können, um uns gegenseitig zu huldigen. Dann seht euch bitte aufstehen und vor einen großen Spiegel treten. Schaut euch in die Augen, bis ihr die Rührung in euren Herzen spürt. Jetzt ist der Zeitpunkt da, wo ihr euch vor euch verneigen und euch im Gefühl des ganzheitlichen Seins mit eurer großen Seele verschmelzen lassen dürft.

Zu Anfang habe ich gesagt, dass jeder von euch das am Ende des Buches tun wird.

Und so ist es!

In tiefer Liebe zu euch

Vywamus

Danksagung und Ermutigung
von Vywamus

Liebe Schüler, liebe Freunde, ich habe euch auf eure eigene Weisheit hingewiesen, und das bedeutet, dass ihr die Situationen, die ihr verändern wollt – immer auf euch selbst bezogen –, jetzt selbst verändern könnt. Von euch aus werden sie sich ausdehnen und das, was ihr im Außen wahrnehmt, ebenfalls verändern.

Ihr habt alle Weisheiten in euch gespeichert und außerdem den Zugriff auf die Weisheit der Engel und Meister.

Was soll ich euch unter diesen Umständen noch sagen?

Unser Unterricht hat euch erwachsen werden lassen. Und das war meine Absicht. Jetzt bleibt mir noch, jedem von euch ein Abschlusszeugnis zu überreichen. Stellt es euch in goldener Schrift vor. Doch eine Benotung fehlt. Stattdessen habe ich geschrieben, dass ihr die Erlaubnis bekommt, eure DNS wieder vollständig anzunehmen, und dass ihr die Reife erlangt habt, die euch die Nutzung eurer Weisheit zum Wohle aller ermöglicht. Und somit ermutige ich euch, eure wiedererkannten Fähigkeiten auch zu nutzen. Verbreitet Liebe zu allem, was euch begegnet.

So sei es!

Ich liebe euch, und ich danke euch noch einmal für die wunderschöne Zeit mit euch.

Euer Lehrer Vywamus

Danksagung des Kanals

Voller Liebe und Achtung vor euch verbeuge auch ich mich vor euch, vor Vywamus, den Engeln, den Meistern und unseren göttlichen Eltern und all dem, was sie durch ihre Kraft in uns bewegt haben.

Ich bin von Herzen dankbar, dass ich dieses Buch aufschreiben durfte. Wie viel habe auch ich dadurch wieder lernen dürfen!

Die Prozesse durfte ich ebenfalls durchlaufen, wie immer, wenn ich über solche Dinge schreibe, und schließlich habe ich sie auch als Geschenk erkannt.

Ich wünsche euch allen unendlich viel Kraft, Liebe und Vertrauen.

Eure Lichtschwester

Petronella

Kontaktdaten von Vywamus und seinem Kanal

Vywamus: Verein: *Herzen im Frieden*
Vywamus: Homepage: *www.vywamus-zentrum.de*

Vywamus-Erfahrungs-, Heil- und
Schulungszentrum in Portugal

Petronella Tiller
Labarito
Caixa Postal 7195
7630-373 Cabacos/Reliquias – Portugal
E-Mail: petronella.tiller@web.de

Wer gerne mehr über den Verein, das Zentrum
und Petronellas Arbeit erfahren möchte,
der soll sich bitte mit Petronella in Verbindung setzen.

Zum Thema empfohlene Bücher
von Meister Saint Germain:

Das Tor zum Goldenen Zeitalter

ISBN 978-3-89568-135-6

Die Schlüssel fürs Tor
zum Goldenen Zeitalter

ISBN 978-3-89568-177-6

Das Tor zur
körperlichen Transformation

ISBN 978-3-89568-137-0

Das Tor zur
partnerschaftlichen Liebe

ISBN 978-3-89568-145-5

ch. falk verlag